刑事法律诊所教程

主　　编　徐岱
副 主 编　陈劲阳 王军明
其他撰稿人（以姓氏拼音为序）
李方超 李海滢 李立丰 李綦通 王志远

高等教育出版社·北京

内容简介

刑事法律诊所教育可以被简洁地描述为“在运用中学习刑法知识”，其目标是开创新型实践教学模式，培养新型法律人才，创造新型法律援助模式。本教材立足于刑事法律诊所教学与实务，共分为刑事法律诊所概述、刑事法律诊所教育的域外发展、律师职业道德与职业礼仪、当事人会见与法律咨询、刑事法律诊所与刑事法律援助、刑事法律检索、刑事法律诊所与法律文书写作、刑事法律诊所与庭前策略、刑事法律诊所与庭审策略九章内容。

图书在版编目(CIP)数据

刑事法律诊所教程 / 徐岱主编. --北京 ：高等教育出版社，2018.12

ISBN 978-7-04-050251-0

Ⅰ. ①刑… Ⅱ. ①徐… Ⅲ. ①刑法—中国—高等学校—教材 Ⅳ. ①D924

中国版本图书馆 CIP 数据核字(2018)第 168549 号

策划编辑　帅映清　　责任编辑　帅映清　　封面设计　张志奇　　版式设计　徐艳妮
责任校对　刘　莉　　责任印制　耿　轩

出版发行	高等教育出版社	网　　址	http://www.hep.edu.cn
社　　址	北京市西城区德外大街 4 号		http://www.hep.com.cn
邮政编码	100120	网上订购	http://www.hepmall.com.cn
印　　刷	北京市鑫霸印务有限公司		http://www.hepmall.com
开　　本	787mm×1092mm　1/16		http://www.hepmall.cn
印　　张	12.75		
字　　数	300 千字	版　　次	2018 年 12 月第 1 版
购书热线	010-58581118	印　　次	2018 年 12 月第 1 次印刷
咨询电话	400-810-0598	定　　价	30.00 元

物 料 号　50251-00

前　　言

刑事法律诊所教育可以被简洁地描述为“在运用中学习刑法知识”，其目标是开创新型实践教学模式，培养新型法律人才，创造新型法律援助模式。本教材立足于刑事法律诊所教学与实务，共分为刑事法律诊所概述、刑事法律诊所教育的域外发展、律师职业道德与职业礼仪、当事人会见与法律咨询、刑事法律诊所与刑事法律援助、刑事法律检索、刑事法律诊所与法律文书写作、刑事法律诊所与庭前策略、刑事法律诊所与庭审策略九章内容。

刑事法律诊所教育萌发于20世纪60年代的美国，目前在美国许多法学院校，刑事法律诊所教育是一门主要课程，其充分发挥了作为法学专业学生实践平台的功效，并为社会带来了长足的正面影响。而我国受到外国法学教育改革的启示，也在较早以前引入了刑事法律诊所的教育理念和方法，一方面，为我国的刑事法学教育提供了一种新的教学途径，另一方面，也为社会提供了一种新的法律援助形式。刑事法律诊所教育以模拟课堂教学、代理真实案件以及学生反馈与评价等几种方法为主要的教学方法，以培养法科学生法律分析和法律推理的思维、锻炼其甄别和研究法律问题以及事实调查、交流、提供建议的能力和对法律诊所的组织与管理的能力为主要的教学目标。

我国刑事法律诊所教育需要学习、借鉴国外相关刑事法律诊所教育的经验和优点，包括美国、德国、日本、波兰等，明确我国刑事法律诊所教育理念与目标，确定刑事法律诊所教育的地位，建立理论与实践相结合、真实与模拟相结合、传统与创新相结合的教育方法。

我国刑事法律诊所教育要培养法学专业学生的律师职业道德，明确职业道德的具体内容，及其价值目标，通过职业道德教育提高律师自身素质、为整个律师职业的发展开阔更美好的前景。律师职业礼仪也是刑事法律诊所教育的内容之一，培养法学专业学生的律师职业礼仪，使法科学生知晓职业礼仪的重要性，训练法科学生职业着装打扮，言谈举止，以及待人接物的能力，为其律师事业的成功打下坚实的基础。当事人会见与法律咨询是刑事法律诊所教育不可或缺的内容。与当事人会见的目的在于了解案情，理解当事人的意图和诉求，取得当事人的信任，以获得当事人的委托。刑事法律诊所教育意在使法科学生掌握与当事人会见的过程中需要注意的问题，在会见中能够树立正确的心态、控制会见的节奏、获取案件重要信息，为整个案件的后续工作打下基础。而在律师的众多业务活动中，法律咨询处于最基础的位置，刑事法律诊所教育意在促进法科学生全面了解法律咨询的程序，促使其在法律咨询中能够以事实为基础，以法律为依据引导当事人准确全面陈述，获取真实、准确、全面的信息，并能够通俗易懂地正确解答当事人的问题，最大限度地维护当事人的合法权益。

刑事法律援助也是刑事法律诊所教育内容之一。在我国，刑事法律援助的历史源远流长，经历了数个发展阶段，目前我国刑事法律援助基本制度及其工作机制也已确立完善，刑事法律援助案件逐年增长。法律援助契合法律诊所的职能定位，是法律诊所实践课程的重要组成部分。同时，法律诊所开设法律援助需要进行一系列的评估，建立刑事法律援助个案风险评估、提供刑事法律援助学生的资格评估机制，建立刑事法律援助的“SOP”、刑事法律援助的质量跟踪监督机制，并设立相关指标对具体的刑事法律援助行动进行整体评估。

刑事法律检索是刑事法律实践的重要组成部分，作为一名法学院的学生，掌握高效的法律检索技能不仅有利于其在学业上取得成功，并且也有助于其今后进一步学习和工作。刑事法律诊所教育通过对学生进行刑事法律检索训练，使学生能够科学地对定罪规范及量刑规范进行检索。

法律文书写作在刑事法律实务中极其重要，因此，法律文书应是法律诊所教育一项必不可少的内容。刑事法律诊所通过相关训练，促使学生在法律文书写作中能够紧紧围绕被告人是否构成犯罪，如何承担刑事责任这个中心，掌握刑事法律的特点，熟悉刑事法律的规定，能够注意刑事案件法律文书用语的特殊性，并准确表达。

开庭前辩护人可以采取的策略和开展的工作，很大程度上会直接影响案件的走向，因此，庭前策略的训练也是刑事法律诊所教育不可或缺的内容。庭前策略主要包括侦查阶段、审查起诉阶段的主要工作，庭审之前的准备工作以及刑事和解和被害人谅解四个方面。刑事法律诊所意在通过相关训练，增强学生在这四个阶段中的实务能力，为庭审策略与能力的提高打下基础。

刑事法律诊所的重要任务之一，就是通过实践教学，让参与刑事法律诊所的学生了解上述相关理念，并将这一理念贯彻、落实在具体的法律活动之中，其中最为重要的，莫过于庭审环节。模拟法庭的庭审活动，是刑事法律诊所实践教学的重要形式，是培养学生司法实践能力的重要平台，因此，有必要让学生掌握庭审各个环节的技术性要点。刑事法律诊所意在通过相关训练，培养学生对诉讼争点的总结与诉讼策略的选择的能力；培养学生在庭审中的语言技巧，及针对争点进行逻辑论证的能力；培养学生做开场陈词，提出诘问，及做出结案陈词的能力。

本教材由徐岱教授组织编写，陈劲阳、王军明任副主编。具体分工如下：第一章，陈劲阳、李方超撰写；第二章，徐岱撰写；第三章、第四章，李海滢撰写；第五章、第九章，李立丰撰写；第六章，王志远撰写；第七章，王军明撰写；第八章，李綦通撰写。

目　　录

第一章　刑事法律诊所概述

第一节　刑事法律诊所的概念与目标

一、刑事法律诊所教育的概念

五百年前，我国著名思想家王阳明就提出“知行合一”的命题，意在教导我们在求知的路途中不能仅仅满足于“知”，更应当外化为“行”方能称为“善”。对于刑法学科而言，“知行合一”是学子在获得刑法专业知识、培养刑法实践技能过程中应当时刻践行的原则。正是基于这种原则，刑事法律诊所教育得以创设。刑事法律诊所教育可以被简洁地描述为“在运用中学习刑法知识”，这一概念借用自医学教育。在医学教育领域，医科学生往往在培养阶段深入临床一线，在执业医师的指导和监督下对患者进行诊断和治疗，并在这一过程中不断丰富和加深临床专业知识和技能。这一教学模式和刑法学教育中强调实践的原则不谋而合，因此刑法学教育引入这种实践教学模式，并称之为“刑事诊所”。在“刑事诊所”中，刑法学科学生在教师的指导下为刑事案件当事人提供法律服务。具体说来，学生可以在实际询问当事人的基础上对案件事实和证据进行判断，比之于医学中的“诊断”；在形成判断的基础之上为当事人提供相关的合法建议，比之于“处方”；在刑事诉讼过程中为当事人处理一定的法律事务，比之于“治疗”。这一做法类似于医科学生的临床实习，学生可以从中培养专业技能、学习专业知识。

“刑事诊所教育”的概念可以进一步解构。“刑事”一词代表着这种教育模式面向的领域为刑事法学领域，根据目前的法制体系可以进一步细分为刑法领域和刑事诉讼法领域。此种教育模式的目的就在于强化学生在这两个领域内的专业知识和实践技能，为将来进入社会实际职业打下坚实基础。“诊所”一词则代表着双重的含义，其一指的是对于法律实践的强调，要求学生将所学刑事法学知识外化为法律实践并在实践中不断深化知识形成良性循环，其二则代表着这一教学模式对于专门组织实体的依托，刑事诊所教育必须依托于专门的刑事诊所机构进行，这一实体机构负责为学生的实践教学提供必要的支持和指导，其组织形式与以往常见的教学团队形式并不相同。“教育”一词意味着这种实践模式的本质在于教育学生掌握专业知识和培养实践技能，其一切行为必须围绕教学这一中心目的进行，并最终对学生负责，而不是出于其他目的。

二、刑事法律诊所教育的目标

（一）开创新型实践教学模式

就目前来看，我国法学教育尤其是刑事法学教育仍然以理论教学占据绝大多数，实践教学不管是规模上还是深度上都无法和理论教学相比拟。刑事诊所教学模式引进以前，我国刑事法学教育主要以专业实习、案例分析为主，辅以模拟法庭教学。这些教学方式在长期的实践中暴露出较多问题。以专业实习为例，往往出现以下三种问题：第一，实习时间过短，学生无法在短暂的时间内对实习工作获得全面的了解，对能力培养而言作用有限；第二，各实习单位对于实习生的要求不尽相同，在不同实习单位实习的学生很难获得均质性的实践教育，不利于实践技能的全面发展；第三，在实习期间学生实际上已经脱离学校教学机构管理，因此对于实习成果的检验不可能制定细致的系统的考察方法，为验证学生实习效果的评价带来困难。而刑事诊所教育基于校内教育体系，将法律理论课程和实践实习结合起来，使得学生可以长时间大规模地接触法律实务，在学校指定的统一标准下进行学习和实践，效果评价也由学校统一进行。在刑事诊所教育中，学生可以接触到真正的案件，也能够受到系统的技能训练。

刑事法律诊所教育开创了新型实践教育模式，丰富了我国刑事法实践教育的教学方法。在相当长的一段时间内，我们只能通过两种方式达到理论与实践相结合的目的，即实习中作为学徒跟随执业人员一起办理案件和在课堂中进行案例的讨论。第一种模式中，学生跟随执业人员办理案件是一种学徒式的学习方式，其学习过程严格限定于执业人员实际从事的事务工作之中，严格受控于执业人员的引导和指挥。第二种模式中，案例的来源大多来自于教师的遴选，与实际工作中的案件尚有区别，且教师处于绝对的主导地位，通过自己的思维引导学生得出结论，检验结论的标准也由教师一人进行。在这两种模式中，学生都不可能成为真正的主体，也不可能全面提升理论水平和实践能力。学生只是被动地接受指导，跟随教师的思维寻找解决方案。而刑事诊所教育的设立初衷就是以学生为本，在课程设置的过程中以学生为主体让学生在真正承办案件中提出问题进行自我学习，教师只是进行框架性的引导。这种教育模式为刑事法学教育开创了一种科学合理且卓有成效的实践教育模式。

（二）培养新型法律人才

刑事法学教育的一个主要目标是面向社会提供高层次的刑事实务人才。随着社会、经济的不断发展和政治、法治制度的不断完善，涉及刑事法律的各种社会关系越来越成为人们关注的焦点，围绕此类关系产生的纠纷和案件也愈加需要高层次的刑事实务人才进行办理和解决。这就要求刑事法学教育不仅仅要面向立法、司法等法律部门服务，也要面向社会培养和输送高素质的实务人才，以期在刑事法律实务中发挥更加重要的作用。这一培养方向和培养目标的转变直接影响到了刑事法学教育在课程设置和教育形式上的转变。传统意义上的刑事法学教育更加强调理论性，重视基础理论的传授，与实践存在一定的脱节，致使培养出来的学生实务能力普遍较弱，无法在进入社会伊始就能够很好地融入实务体系之中，难以满足社会对于高素质实务人才的普遍需求。这种理论与实践相脱节的教育模式产生了让人不安的后果：一方面，学生在理论教育的熏陶下轻视实务学习，眼高手低以致无法满足用人单位对于实务人才的需要；另一方面，社会对于实务人才的要求迟迟得不到满足，实务部门无法找到具有经验、有能力实际办理案件的人才，形成了刑事法学教育的一种怪圈。学生在经过传统的刑事法学培养之后，进入社会仍然需要一段时期去进行专门的适应和学习才能很好地驾驭所学知识，形成社会需要的法律专业技能，这种时间成本的付出既不利于社会法治实践也不利于学生个人的职业发展。

长期以来，法学教育尤其是刑事法学教育始终将反映社会需求和回馈社会需求作为教育的重点。无论是为立法和司法部门提供专业建议和支持还是法学教育本身，都应当和社会的普遍需求相呼应，必须融入国家的目标和政策中来，必须符合政治和时代背景。就目前而言，我国刑事法学教育所面临的最为重要的课题就是如何培养新型实务人才。这就要求刑事法学教育必须面对实际作出调整，而不可以转进象牙塔中构建虚幻的体系。刑事诊所教育所确立的培养目标更能适应社会对法律人才的需求，可以弥补传统刑事法学教育的不足。刑事诊所教育注意到了我国法学教育目标与社会实际需求之间的差异，以培养复合型、应用型人才为目标，将刑事法学理论、实体法、程序法、司法实践、职业技巧、理念、态度和价值观综合起来，引导学生从律师的角度思考问题，培养学生的学习态度、职业技巧、洞察力和责任感。通过学生对于实际案件的接触，能够将法学教育与社会需求相衔接，促进学生从理论向实践的转换，为其未来实际执业做好准备。

（三）创造新型法律援助模式

法律援助一般是指是指由政府设立的法律援助机构组织法律援助的律师，为经济困难或特殊案件的人无偿提供法律服务的一项法律保障制度。法律援助有狭义和广义之分，狭义的法律援助仅仅指政府根据法律规定设立法律援助机构提供的法律援助；广义的法律援助则包含了政府法律援助机构和社会法律援助机构提供的法律援助。作为司法制度的重要组成部分，法律援助通过向这些缺乏能力、经济困难的当事人提供法律帮助，使他们能平等地站在法律面前，享受平等的法律保护。法律援助的宗旨是保障经济困难的公民获得必要的法律服务，解决诉讼双方能力平等的问题，特别是帮助弱势当事人表达诉求，维护其合法权益。法律援助制度是人类法制文明和法律文化发展到一定阶段的必然产物，是国家经济、社会文明进步和法治观念增强的结果。

法学教育一直以培养具有责任感和社会担当的法律人才为己任，刑事法学教育更是为了培养具有强烈的正义感、责任感的“法律人”为目标，在法律人贡献社会维护正义之时，法律对于社会特别是需要保护的弱势人群的公益性得以彰显。刑事诊所教育中参与办理的实际案件往往是以社会法律援助活动为载体的。在刑事案件中，学生以法律援助工作者的名义承担案件办理的任务，实际参与诉讼过程。通过办理案件，一方面促使学生加深对所学法学知识的理解，培养了专业实务能力；另一方面使学生在实务中深化对于法律职业的认识，树立崇高的使命感和责任感以及职业自豪感，更加重要的是刑事诊所为社会大众提供了一种专业化、高效率、易获取的法律援助活动，为弱势群体和特殊人群的诉讼能力平等问题提供了一种行之有效的解决途径，促进了社会的公平和司法的公正，进而树立起法律职业群体高尚的社会形象，促进社会法治的进步。

在刑事法律诊所进行法律援助的过程中践行了法律服务于社会的根本任务，让学生从实际案件出发对于公平公正进行思索、探究、讨论和追求，有利于学生养成崇高的使命感和责任心，使得法学教育突破原有的知识教育的界限延伸到培养学生社会责任感和思想道德水平的新领域。诊所式教育让学生了解法律作为一种职业不仅仅是一种谋生手段，也是一种实现自我价值的手段，更是一种维护社会公平公正、保护弱者权益的渠道。由此，学生在刑事诊所的教学和活动中更加积极主动地参与实务、服务社会，刑事法律诊所也能够更好地和法律援助活动相结合。不仅为我国的刑事法学教育提供了一种新的教学途径，更为社会提供了一种新的法律援助形式，二者相辅相成，为我国刑事诊所教育改革提供了新的思路和广阔前景。

第二节　刑事法律诊所的产生与发展

一、刑事法律诊所教育的产生

美国诊所教育的兴起壮大可以说是社会发展的产物。刑事诊所教育萌发于20世纪60年代，顺应了当时美国社会保障民权的普遍呼声，高涨的民权运动为其发展营造了良好的社会氛围。加之现实主义法学观和实用主义哲学为其发展提供了坚实的理论基础，美国践行的普通法也为其产生和发展提供了宽松的环境。

美国最早的法律教育模式是“学徒式”，要想成为律师首先就得跟着一名正在执业的律师作为他的助理，处理一些基本的文书杂事，然后在实际工作中通过观察和阅读掌握执业的必要技能，直至最终成为一名合格的法律职业者。随着美国大学教育尤其是刑事法学教育进行了标准化和规模化的改革，“学徒式”的教育模式只能为学生提供个案化、有限性的法学教育，加之培养时间较长，已不能满足社会现状，法学教育领域开始出现了对于传统教育方法的创新和改革。以“案例教学法”为代表的一系列教学方法随之出现。然而，这些方法虽然克服了传统教育方式传授法学知识的弊端，对于学生法律思维能力的获得及形成法律共同体的同质性有着积极意义，但却忽略了法律实践中的其他问题，如接待、咨询、谈判、起草文书等诸多基本技能，也忽略了在判断力、职业责任和社会角色等方面的培养，因而受到批评。

法学教育改革的主要推动者之一、现实主义法学派代表人物弗兰克(Jerome N. FranK)认为法学教育更应当看到法律规则的不确定性和事实的不确定性，让学生学习在社会实际中出现的真实案件和事实，改革法学教育模式。弗兰克是“法律诊所”这一概念的提出者也是这一教育方式的倡导者。他在《为什么不是诊所教育》一文中针对性地批判了案例教学法并提出四条改进意见，建议法学教育应该学习医学院的方式，推行诊所教育，他之所以选择诊所模式而非法律援助模式是想扩大法律诊所的服务范围，不仅仅服务于穷人，同时也服务于政府机构和其他团体。法律诊所教育模式呼之欲出。法律诊所教育一方面吸收了案例教学法的精髓即经验式的教学方法，另一方面又借鉴了医学领域的临床教学模式，强调通过教师指导学生参与实际的法律运用过程来培养和提高法律实践能力，从而加深对于法学理论和法律制度的理解。

然而，诊所教育作为一种可行的教学模式，虽然得到了社会与学生的广泛欢迎，但迟迟未能真正建立推行开来，其最大的阻力来自于法学教育领域。保守观点认为这种教育模式颠覆了传统的法学教育体系，对于法学理论研究可能产生负面影响。耶鲁大学作为诊所教育的最早实践者，在最初遭到了一些学者的强烈抵制，认为实务教学方式的介入影响了法学教育应有的学术氛围，有碍于法律学术研究。学生对于实践学习的强烈呼声促使耶鲁大学给诊所教育以生存空间，这些让步也为未来诊所教育的发展壮大提供了必要的基础。第二次世界大战后，耶鲁大学法学院的学生以社团的形式开始了法律诊所教学的最早实践，但由于缺乏法学院教师的专业指导，成果有限。19世纪60年代末，耶鲁大学学者高登斯坦(Abraham S. Goldstein)发文对于法学教育进行了深入的思考，指出诊所教育在今后的法学教育改革中将起到重要作用，由此诊所教育为法学教育领域所接纳，法律诊所教育步入正轨。随着法律诊所教育的不断演进，法律诊所教育在各法律领域内进行了教学方法的深化和探索，细分出面向不同法律部门的分支，刑事诊所教育得以独立出现。

美国黑人运动、女权运动、反战运动、环保运动等民权运动风起云涌，加之整个西方世界掀起的“接近正义”浪潮，为刑事诊所教育的发展提供了时代背景。各种民权运动促使律师和法科学生重视法律规则在实践中的运用，尤其是履行宪法和正当程序中的作用，也使人们认识到将书本中的法律转化为实践的重要性。在这种大的时代背景下，法学院的学生越来越不满足于当时法学院课程的开设，他们极力要求接触社会，承担更多社会责任。美国法律界和法学院校开始更多地思考刑事法律教育在解决这方面问题上应起到的作用，认识到法学院校不仅应当提供法律知识，更应当培养学生有意识地为社会提供法律服务。正是基于以上思考，法学院校开始全面铺开刑事诊所教育。刑事诊所为弱势群体和特殊人群提供法律服务，在培养学生法律职业技能和道德的同时，也践行着“法律面前人人平等”的法治目标。

二、刑事法律诊所教育的发展

美国律师协会下设的法学院与律师执业工作组于 1992 年发表《麦考利特报告》指出，法律诊所作为一种形式，使法学院提高毕业生向当事人提供合格、有效代理的能力。法律诊所教育已经得到了全面的认可，无关乎学术立场。报告称，到 1977 年，根据美国 139 所法学院的报告，在 57 个实体法专业中，设置了 494 个法律诊所教育项目。仅从 1970—1976 年，报告实施了法律诊所教育的法学院增加了 39 个，诊所教育项目增加了 192 个，推行法律诊所教育项目的专业增加 307 个，法学教师理事会将法律诊所教育列作教学重点的法学教授由 1971 年的 107 人增加到 700 人。虽然没有权威的统计数据，但美国律师协会（ABA）规定法学院都必须开设法律诊所课程以提供给学生完整的法律教育，所谓完整的法律教育，既包括传授学生毕业后有效从事实务工作的技能，也包括培养学生以负责态度从事实务工作的职业道德，而能够将职业技能与职业道德完美结合的教育模式非法律诊所莫属，故在美国各大法学院，法律诊所之风日渐盛行。

目前在美国许多法学院校，刑事诊所教育是一门主要课程。美国百分之九十的法学院校采用了刑事诊所教育方法，法律诊所教育甚至成为评价法学院校的参考因素之一。刑事诊所已经成为一个将法律理论与法律实践相结合的重要工具和场所。美国的刑事诊所教育历经半个世纪的发展已日益成熟完善，充分发挥了其作为法学院校学生实践平台的功效，并为社会带来了深远的正面影响。美国刑事诊所教育模式的兴起和发展是美国法学教育界顺应社会发展要求的一次重大创新，经过多年的探索，美国的刑事诊所教育已经成为世界上最为成功也是最为成熟的刑事法实践教学模式，并为世界许多国家所效仿。目前，刑事诊所教育已经成为拉丁美洲、欧洲、大洋洲以及南亚等地区诸多国家刑事法学教育体系中不可或缺的组成部分，这些国家和地区多数法学院校已经成功地应用了这一教学模式。以英国为例，该国法学院校在刑事诊所教育的基础上开创性地提出了“真实诊所”和“模拟诊所”两种模式，在 20 世纪 90 年代，刑事诊所教育课程已经在法学院校的课程设置中日渐明晰而稳定，开始了广泛的应用。

我国受到外国法学教育改革的启示，也在较早以前引入了刑事诊所的教育理念和方法，直接目的在于借鉴外国先进经验，根本原因在于法学教育界对于我国目前刑事法学教育模式的反思。与中国其他高等教育模式相同，作为其重要组成部分的刑事法学教育，长期以来也采用传统的教育方法对学生进行知识传授。我国传统刑事法学教育的特点有：一是概念化、教条化和形式化的色彩太浓厚，主要是解释概念、注释条文、阐述理论、抽象议论。尽管案例教学、讨论课、实习等教学方法也都在不同程度地加以采用，但是并没有改变概念化、教条化和形式化的教育模式。二是刑事法学教育在内容上有诸多改进之处。比如如何发现、证明和重构事实，法律与其他社会规范和社会现象的相互关系，法律思维的训练等。法律实践是一种创造性工作，而不是简单的逻辑推理过程。从抽象的正义到个案的具体正义，从普适性的法律规范到具体事实中的行为规范和法律结论都需要艰巨的创造性努力，但是法学院培养方案中并没有多少课程致力于这种能力的训练和培育。在传统教学方式下，教学双方缺乏互动，突出的问题是没有显现法学的专业性和实践性。尽管在我国刑事法学教育中也存在以训练学生实际操作能力为主要目的的其他辅助性教学手段，如案例教学、模拟法庭、实习和法律援助活动等，但是这些方式是非主流的教学方法，而且在实践中也存在着诸多问题。刑事法学教育是一门应用性很强的学科，不能脱离实际而进行孤立的理论研究；同样，刑事法学教育也应该做到知与行相统一，理论与实践相一致。这就要求刑事法学教育既要重视理论讲授，也要重视实践应用。在中国法学教育改革与发展不断深入、中西法律教育不断加强交流与合作的大背景下，开创一种既能掌握扎实的理论基础，又具有运用所学知识解决实际问题能力的新型法学人才的教育模式成为大家共同的期待。

我国刑事诊所教育开展始于 20 世纪 90 年代，大致经过以下几个阶段：(1)引入刑事诊所教育阶段。刑事诊所教育模式自产生以来，作为一种新型的教学方式，其影响力逐渐渗入到我国的法学院。2000 年 9 月，我国第一批法律诊所在一批高校设立，其中包括北京大学、清华大学、中国人民大学、复旦大学、华东政法大学、中南财经政法大学以及武汉大学。各高校法学院根据自己的师资力量和优势条件建立起不同的法律诊所，构建法律诊所教学体系，对外开展法律援助。2002 年 7 月，经中国法学会批准，“中国法学会法学教育研究会诊所法律教育专业委员会”成立，旨在团结和组织全国从事诊所法律教育的工作者、管理者及有识之士，开展诊所法律教育的理论与实践研究，开展国内外诊所法律教育的交流与合作，推进诊所法律教育事业在中国的普及、推广、繁荣和发展。诊所法律教育专业机构的成立标志着中国诊所法律教育有了自己的专门组织、指导和协调机构。该机构的主要任务为科学地指导各成员单位诊所课程开设，积极推动诊所教育本土化的理论发展和创新，引导和规范成员单位的实践。(2)刑事诊所教育本土化阶段。2002 年至 2008 年，开设法律诊所课程的院校增多，诊所法律教育覆盖了全国主要的法律院校。各院校根据自己的专业特点设立法律诊所，法律诊所朝着专门化和类型多样化的方向发展，刑事诊所教育体系进一步完善，教学内容和形式更加丰富。刑事诊所教育成为诸多法学实践教学模式中富有特色的一种。(3)刑事诊所教育深入发展阶段。2008 年以后，我国开设诊所法律课程的院校覆盖面更为广泛，有中国特色的诊所法律教育已初步形成。主要表现为：各院校已经建立符合本院校实际情况并具有地方特色的专门法律诊所，法律诊所教学成效显著；积极开展刑事诊所教育研究，出现了一大批有关刑事诊所教育的论文、专著、教材、译著、参考资料等，形成具有中国特色的刑事诊所教育的理论成果，刑事诊所教育进一步规范化，在课程设置、教学大纲、诊所机构、考核评估等方面有了指导性标准。刑事诊所教育已经成为我国刑事法学教育的组成部分。

目前，我国开设刑事诊所教育的院校大约占开设法律专业院校比例的百分之十左右，较为有知名度的包括：中国政法大学刑事法律研究中心刑事法律援助部、西北政法大学法律服务中心、北京大学妇女法律研究与服务中心、复旦大学法律援助服务中心、武汉大学社会弱者权利保护中心等。这些组织机构是依托学校资源，特别是高校强势学科和研究方向下成立的大多具有专门方向领域的诊所性教学机构同时也是法律援助机构。其中，西北政法大学法律服务中心自成立以来，先后从这里走出了近万名参与过法律援助工作的同学，这些实践经验对这些法科学生日后踏上工作岗位，从事法律工作的影响极为深远。“麻旦旦处女嫖娼案”在当时震惊了全国，关注媒体多达 70 多家，而承担法律援助，参与这起案件法律服务的正是在西北政法大学法律服务中心从事公益性法律援助工作的两位在校学生，这场案件最终的胜利维护了当事人的合法权益和司法的正义。

第三节　刑事法律诊所的教学方法

一、模拟课堂教学法

目前，几乎所有开展刑事诊所教育的法学院都运用这种教学方法。在上面的分析中我们可知，刑事诊所的学生要通过代理真实案件为弱势群体提供法律援助。因此，刑事诊所教育的教师为了学生能适应实际工作需要，在诊所课堂上让学生模拟律师所面临的诸种情况，例如庭审辩论、上诉辩护、谈判调解、非诉讼和解、会见接待等。在这些课程中，教师通过给学生讲述案例或提供阅读材料，由学生站在不同角度上去分析、理解或就不同的角色进行扮演并通过思辨激发灵感，鼓励创造性的观点，最后，由教师进行综合评价。在这种教学中，学生并不接触真实的客户案件，他们只是在虚拟的场景中扮演律师或为律师角色设计的其他角色，这就给诊所学生的角色扮演技术提出了挑战，同时，也给诊所教师控制课堂教学场面的能力带来了考验。作为一种诊所教育的技巧，模拟具有不少优点。由于指导者完全控制场景，他们可以针对学生的发展能力，或单个学生的特殊需要，或为最理想的教育目的来设计学生的活动。在模拟的过程中，允许学生犯职业错误，他们可以从实验性的后果中吸取教训。学生可以轮换角色，以便在单一场景中培养多角度观察力。“真实的时间”可以延长或中止，以使各项活动联系起来，使学生将整个过程视为一体。

二、代理真实案件法

许多美国法学院开设的刑事诊所教育课程都要求学生代理真实案件。在这类“真实委托人诊所”里，学生在教师的监督与指导下，保证当事人能够得到合格的法律代理。这种教学法优点在于：通过代理真实当事人案件使学生获得模拟教学法中无法获得的经验，同时，这种教学法要求学生在与那些在法学院中不会碰到也无法实际想象的各种不同类型的人打交道中学会与人交往的技巧。因为场景不是人造的，学生会遇到实践中大量存在的意外，这样打破一切控制之中的惬意想法，要求他们面对一切都不受控制的世界，并且向他们提供一个机会，检验在这样的世界里，他们将如何操作。这种教学方法将带来模拟无法带来的紧张和焦虑，也为学生和教师提供一个试验场，以确保通过模拟技术所培养的洞察力、观察力和构思，在现实中继续保持稳定和准确。除此之外，这种教学方法能为学生提供大量有价值的法律职业道德知识，这是因为职业“道德领域中的人部分”内容，是律师与客户、律师与竞争对手、律师与公众的关系。而这种关系只有通过学生自己亲身经历才能感受得到，并对其所蕴涵的道德问题进行思考与反思。在美国法学院里，代理真实案件的法律诊所最常见的有以下两种：第一种，综合的实习诊所。法学院通常都有一门综合法律实习课程。只要教师认为他们有处理案件的能力，学生可以办理各种不同类型的案件。第二种，专门化法律诊所。在美国法学院，还有一种只办理某一特定类型案件的诊所。例如，只办理来自地方公共辩护人事务所提供的轻微刑事案件的诊所，或只办理儿童福利案件的诊所，或只办理上诉案件的诊所；等等。

三、学生反馈与评价法

学生的反馈与评价法也是刑事诊所教育过程中必不可少的一种与传统法学教育方法不同的教育方法。在刑事诊所教育中，反馈(feedback)主要是针对学生的实践(角色模拟、真实案件的代理等实践方式)、为该实践所进行的准备以及实践结果进行。反馈的方式可采用不同的形式，既可与一个学生单独进行，也可以与参与法律诊所的所有学生在一定时间内集中进行。而集中反馈是刑事诊所教育方法的主要方式，这种方式的优点在于：它能够让更多的学生有机会对自己的行为进行审视，分享大家的智慧，扩大学习机会。刑事诊所教育中的反馈并不是简单地列举练习过程中出现的错误，然后告诉学生怎样以被认为是正确的或更好的方法去完成，而是帮助学生形成对自己的理论和行为进行思考的职业习惯，从经验中学习，从而在自己执业时能进行自我思考和自我纠正。在反馈过程中，学生能够认识到自己的成功与不足，因而反馈是一种教授学生再学习和相互学习的方法。评价(evaluation)是对法律诊所教育中学生的工作进行的评判或衡量。评价的主体包括指导教师、诊所学生自己、客户、其他学生等。评价的对象主要是学生通过实践所获得的技能以及为获得这些技能而进行的思考。诊所教师一般不对学生的信念、态度和价值进行评价。评价的方法是互动性的，包括教师对学生的评价、学生的自我评价、学生之间的评价、学生对教师的评价、客户(如当事人)对学生的评价等。评价的方式既可以是口头的，也可以是书面的。评价不以“分数论英雄”，而是学生对出现的问题思考的质量为标准。评价方法的运用是持续性的，贯穿于整个诊所教学活动的始终，诊所学习的每一个过程，包括行动计划的制定、行动过程以及行动后的反思都会运用评价这一教学方法。诊所评价不仅作出总结性的论断，而且更侧重于建设性的意见。诊所评价的目的在通过评价学习，将评价融入学习之中，让评价在学生学习中发挥作用。

第四节 刑事法律诊所的教学内容

一、解决问题的技能

解决问题的能力包括：

(1) 甄别和诊断问题；

（2）找出替代解决的方法和策略；

（3）形成行动计划；

（4）实施计划；

（5）随时准备根据新获得的信息或新策略修改计划。

刑事诊所教育似乎是为实现以上技能而生的。学生在其值勤的会见当事人的时间里接触到活生生的问题，在解决这些问题时，必须考虑到委托人的切实利益。就是在这个过程中，学生会迅速意识到法学分科的分类并不完全与实际相符，而学生之前在学习法律时依据的恰恰就是这种分科。为了帮助委托人，学生需要跨越部门法的界限，在必要时整合各部门法的知识。实际上，现实问题往往是普遍存在的、在一个法律学科中无法得以解答的，这既是对学生的挑战也是对教师的挑战。对于一个教师的擅长领域外的问题，教师需要花费许多精力才能做好对学生解决方案的督察工作。教师应当对一个问题是否已经超出了他们的胜任领域有清醒的了解，随后或者作出驳回该案件的决定，或者去寻求专业的帮助。尽管给诊所工作带来了难度，但这种跨越法律部门的特征是诊所教育的特质之一。它改变了大家思考法律的维度，不论是对教授特定部门法的教师而言，还是对一个面对着现实问题而非抽象理论问题的律师而言，都是如此。

部门研讨会、与单个学生讨论这两种诊所活动，其目标都在于培养学生处理问题的能力。对于这两种场合，学生在参加时都应当准备好提出对问题的判断或一个经过反复思考后的策略理念。这些主张需要学生个人独立提出或者同其他学生合作提出。在研讨会的进程中，教师往往忍不住想要为学生的行动指明一个方向，以简化学生的任务，但这一行为应当是不到万不得已不能采取的，学生才是承担诊所所有工作的主体，而工作也会带给他们动手解决问题的机会。这种工作达到了何种效果，应当拿来在研讨会上讨论。受到之前的教育经历的影响，学生习惯于由老师提供现成的解决方案，在课堂中也总是持被动的态度。改变这种态度亦是法律诊所的目标之一。学生才是进行分析、思考案件特点、找出最佳的解决方法的主体。教师的角色只在于发动学生对其自身提议的讨论并指出其不足，建议学生进行更深入的分析或者搜集进一步的信息。只有在教师认为学生们的讨论无丝毫进展，可能伤及委托人利益的情况下，才能进行更深入的干预。学生通过独立工作、思考调查所获得的，远比教师提供的现成解决方法更深入其骨髓。这也是刑事诊所教育如何将学生从法律知识的被动接受者转变为一个“主动”并独立行动的律师形象的关键所在。不过，在解决特定案件为目标的研讨会和与学生单人的会谈中，老师需要经常确认学生没有任何分析上的遗漏，也未犯下任何法律、策略或者其他方面的错误。教师需要紧跟学生的思维步伐，以便在讨论学生的决定、思考中时刻跟上，最终才可以决定是否支持一个学生制定的计划和策略。

在甄别和诊断一个问题的时候，学生的行动任务是全方位的。他们不仅需要完全了解委托人的境况、真正的诉求，还应当认识到并非每一项在法律意义上可行、有效的行动都能为委托人实现他们所想要达到的目标。学生建议的解决方法需要全盘考虑委托人的处境，比如他们的社区、家庭，业务联系，以及这一解决策略对委托人其他关系所产生的影响。在此我们要考虑的是：要避免一项虽然表面上奏效的策略对委托人生活产生更麻烦、甚至比委托人的初始问题更为严重的后果，学生需要从委托人的利益出发，考虑解决其问题的最可行、委托人最为满意的方法。同时，学生需要确定当事人会接受或拒绝哪一行动方案(以及背后的原因)，尽管从一个律师的角度来看，各种行动方案对于实现委托人目标而言效果是同等的。

鉴于以上原因，学生应向委托人提供几个他们之前与老师探讨过的问题解决方案，并与委托人共同从中选择一个最佳方案。同时，学生还应当从时间的角度出发寻找解决策略——委托人在哪些案件中可以通过加速、延缓行动而获益，在采取这种行动时的最低道德准则如何。对于每一具体行为，都应当明确其需要花费的费用。一般情况下，法律诊所的学生接待的都是经济条件困难的人士，因此选择一个对委托人在经济上可行的办法也是一个紧迫的任务。对案件的方方面面，学生都必须详尽告知委托人。经济问题常常会对案件产生决定性的影响，而学生也必须清楚这一情况下造成的局限。

下一阶段便是为案件做好策略准备，例如，构想解决问题的备选方案。委托人应当知晓由法律诊所学生处理案件难免存在一定的局限性。显然，这些具体的局限(例如学生无法会见犯罪嫌疑人)会影响委托人策略的选择。诊所必须告知委托人这种局限所在，比如，一位专业的律师会在特定的案件中选择更适合的策略，这一策略无论在法律层面或是事实层面都是法律诊所的学生无法企及的。在一些案件中，由于诊所不具备有效解决问题的途径，它根本就无法为委托人提供任何援助。在选择实施何种策略时，学生必须认识到采取一种策略会在多大程度上影响到其他策略的选择，例如，会排斥所有其他策略的使用。学生必须适当地建议委托人，并依据委托人的决定作出最终的选择。在部门研讨会中，应由大家集体对每一个案件的策略进行考量、权衡和完善。在为委托人起草书面的意见书时学生必须就案件的不同策略作一个阐述，并说明哪一种选择是他们认为最好的。

解决问题的下一阶段是实施委托人和诊所老师都接受的这一行动方案。在这个阶段，学生仍然需要同老师密切合作(一般采取为单个学生提供建议的形式)，向老师咨询关于行动的建议。同时，对于已经采取的措施，学生应及时收集关于该措施效果的信息，以随时灵活地根据新环境调整行动计划。毋庸置疑，学生为案件撰写的所有文稿需要同老师进行事先讨论并得到其同意，老师需要核实的是文本是否正式、正确并与案件策略相符。

二、法律分析和法律推理

诊所的教育方法可有效实现学生对法律分析和法律推理的掌握。学生通过参与诊所项目、负责一个案件而掌握的法律分析方法，并非传统的以传授某一法律领域概况的教授式教学可比的。法律分析能力需要权衡所有利弊，在此，每一个决定都会导致实际的后果。只有在有老师提供解释、指导的情况下，学生在具体、真实的案例工作的过程中才能习得法律分析的能力。在这种学习方式中，从法律出发的思维、设想对方当事人论点、决定自己如何辩论的过程，替代传统的抽象理论化思考。

法律分析和法律推理的能力由下列具体的技能组成：

(1) 甄别和确定法律问题；

(2) 构建相关法律理论(即解决问题的方案理念)；

(3) 阐述法律理论(即解决方法的理念)；

(4) 理论的评估；

(5) 法律辩论的修正和系统化。

诊所教育是掌握上述技能最有效的方法。首先，学生必须认真准备诊所的活动。他们必须以非常审慎的方式甄别法律争点——这种程度的准备工作意味着对于学生先前已甄别的法律问题，还应当加以讨论并从中查找新的问题。学术课堂中，更青睐对法律问题进行抽象、法官式的分析，并应持有不受任何一方利益影响的中立态度。诊所教育则能促使学生从诊所委托人的实际利益角度审视案件的事实。它促使学生不是以法官而更多以律师或者公诉人的视角审视案件——思考和构建解决问题的策略，去建立一个理论系统并从法律角度予以衡量。

这种必要的分析和研究会促使学生更深入地去分析法律，最终形成对法律标准的内容、适用中的局限的更深刻的认识。诊所的研讨会和学生个人从老师那里获得的咨询意见可以使学生正确地认识到以上局限，并更为全面地发展法律分析和辩论的能力。在研讨会中，负责某案件的学生与老师和其他学生之间经常性的沟通可以使学生对于一个案件有更多角度的认识。让学生独立地介绍、评估其对案件的认识是非常重要的，非常重要的一点是：学生应当独立地提出可能的理论并且评价这些理论；教师需要通过向学生发问引导其寻求更具体的解决方案，但绝不应试图替代学生直接指定一个解决方案。当然，教师可以通过将学生的思路引回正确的轨道上，提醒他们所犯的错误。然而，最终形成对委托人问题的解决方案的，却是学生自己。只有当委托人的利益受到威胁时，老师方可有深入的干预。

三、甄别和研究法律问题

这一技能是刑事法学教育长期关注的重点。几乎所有的大学法律课程和法科实习项目的绝大部分，都是为了使得学生尽可能详尽地掌握法律条文。

甄别法律问题的能力包括：

（1）了解法律条文和机构的本质；

（2）能使用最基本的工具辨别法律问题；

（3）为了辨别特定案件中的法律问题，懂得如何修改和实施一个协调、高效的计划。

虽然以上具体的技能也是大学教育的核心，但是在诊所中传授的技能要比学校的讲课中更为全面。成年人最高效的法律学习方式是实践。在诊所中，学生们在对案件的情感认同中，认识到了法律条文是如何作用于其案件的，同时，特定法律架构的内容和含义也变得生动、易于记忆起来。

当然，教师在这个过程中主要扮演着监督的重要角色，包括监督学生是否对现行司法系统、法庭规则以及现存的相关法理进行了透彻的研究。

诊所活动的经验表明，学生们对于法律问题的研究总是泛泛的，他们总是寄期望于诊所老师给予一些指引，从而大大减轻他们的工作。在事态较为繁杂时，这个问题就更为凸显。然而，从教学方法的角度看，这种做法没有任何好处。因此，在诊所开始任何活动前，通常是在部门研讨会上，诊所必须向学生们强调：彻底的、方法得当的分析过程是非常必要的；同时，在他们起草任何案例意见、构建任何初步策略设想前，都应当阅读节选评论，研究现有法律规定，查阅相关的教科书和论文。只有在履行完这些步骤后，学生才能开始判断案件的基本问题——法律争点，这个过程中也需要更多的阅读。此时，学生才能在诊所的研讨会中将案件提交讨论。他们必须建立自己对案件的看法。在研讨会上，教师通过提问的方式促使学生以批判的眼光去看待他们自己的意见和设想，并尝试采取其他措施。唯有在此时，教师方可给予学生指引并推荐其他可供研读的法律资料。然而现实中，学生忙于接手太多的案件，诊所被它们的社会使命所左右，以至于相对忽视了法律诊所的教育要求。我们并非否认诊所教育的社会使命的重要性，以及它在培育学生、未来律师方面的影响，我们只是不能忘记诊所的初衷——教育。学生必须有时间和机会去充分分析每一个案例中的法律问题，教师的角色只是作必要的修正，引导学生注意他们忽略的问题。只有这样，学生才能真正有效地掌握甄别法律问题的技能，而忽略此点则会极大地削弱法律诊所的教育功能。同样重要的是，学生分析法律问题必须确实以解决特定问题为目标。在诊所，时间表是一种有用的工具。学生可通过时间表记录他们在特定案件中的有效投入时间。时间表中应列明各个不同的行动，包括对法律问题的甄别。教师应当监督时间表并与学生一起讨论最为高效、省时的法律问题甄别方法。教师应当具备评估学生行为的能力：他们采取的是否是最佳策略，是否选择阅读了正确的材料，是否阅读了与案件相关的大量裁判文书，还是仅仅满足于阅读了一些裁判的概要信息。教师必须使学生认识到以上资料对法庭来说是非常重要的，而裁判概要并不能反映裁判和辩论的本质。

通常，参加诊所的学生都能熟练使用电子数据库。教师需要对这一点加以确认，并向那些未能掌握这项技能的学生施以援助。同时，教师必须告知学生不能完全将这些数据库视作认识法律问题的唯一或者主要渠道。他们确实有一定的帮助作用，但案件解决的真正法宝却往往在其他地方，而非数据库。即使是那些包括了文章摘录的数据库，也只是一种信息来源，而非对全部法律观点的准确展示和研讨。

四、事实调查

在我们的教育体系中，对事实的调查是一种被边缘化的、只有在一些关于特定程序的课程中才会得以介绍的技能。同样，对事实调查的分析也是从法官的角度以及证据开示的程序要求的角度进行的，而没有教导如何从律师的角度进行事实调查。

不过，为了选择到最好的策略，律师同样需要确定案件的事实，否则他们极其容易遭到新的或未曾料想的情形的突袭，颠覆他们之前对案件的所有认识。对令人不舒服或未完全如意的信息加以隐瞒(包括自我隐瞒)是人类天性使然，律师应当了解这一点。我们非常清楚，诊所学生获取案件信息的首要来源是委托人自身，但学生应当知道，在调查案件事实的某些情形下，他们绝不能为委托人的信息所束缚。尽管在程序上存在着一定的困难，学生也应积极去进行阅读法庭笔录、查阅原始证据等行为。老师必须确认学生们已经充分利用时间进行调查，并作了准确的记录。同时，老师还应当督促学生为与委托人的会面做好准备。由于了解到律师在看待问题时总是从一个事实是否能构成某一规范要件的角度出发，这与委托人的思维是非常不同的，因而学生在向委托人收集信息的时候应当采用一些策略。每学年开始，学生们接受的心理学和专业化培训在其准备和委托人的会面中也会起到一定的帮助作用。老师同学生在诊所一同工作，学生因而有了掌握调查案件事实技能的机会，这是其他学术教育所不能有效实现的。在同委托人的会面中，应当由学生准确地寻找所有案件的事实要素。老师的职责则在于帮助学生发展这一技能。

调查案件事实包括以下方面的能力：

（1）确定哪些情形需要事实调查；

（2）计划事实调查；

（3）实施调查策略；

（4）以可行的方式记忆、组织信息；

（5）决定是否停止事实收集过程；

（6）评估收集的信息。

掌握上述各种具体的技能，可以最终实现对每个案件事实的准确调查，这是在实现良好的法律执业时所必需的。尽管存在许多困难，但教授学生如何在现实情况下进行事实调查是诊所的职责。在委托人提供的信息与案件事实大相径庭的情况下，学生必须了解如何处理。在学生向老师陈述其根据所收集的证据而作出的事实推测时，老师必须跟上思路，以便能给学生选择一种援助的策略。

五、交流

在诊所里，学生们第一次被期望去获得一项非凡的成果——掌握同委托人交流，从而与任何受众交流的艺术。这对于崭新(但并不稚嫩)的法律实习生来说确实是一项卓越的技能，对于在诊所工作的大学其他成员来说，也是非常必要的。自打接受法律教育开始，学生们接触的就是专业术语、精确构造句子的特定方式。他们学习的是一门对于非法律人来说比较深奥和晦涩的语言。为达到表达精确，牺牲了该语言的通俗性。这一进程对于法律体系来说是不可避免的，这种系统建造了解决特定社会矛盾中的整个表达网络，我们在这条路上走得太远。不过，诊所教育教授的是：学习法律语言的过程要求学习者认识到需要将法律语言转化成清晰、为所有人所理解的通俗语言。教师常常会收到由学生撰写的法律意见虽然毫无专业差错但对委托人而言却是不可理解毫无价值的。因此老师们肩负的另一任务是不断确认学生们提供的信息是否清晰以及能被受众理解。在与老师共同工作的每一个案件中，每一名学生都应当努力去寻求精确与通俗之间的最佳平衡。

掌握以下两项具体的技能，对于发展这种交流技能也许会起到帮助作用：

（1）评估受众的视角；

（2）采用有效的交流方式。

在发展这两项技能中，诊所内进行的心理学和专业化培训会大有裨益。

接下来，我们将目光移转到老师监督学生起草请求书的阶段上。需要强调的是，教师必须非常注意学生撰写文书的格式，特别是针对各个机构，尤其是法院的请求书的格式。诊所不仅仅需要让学生学会如何撰写一份从专业和格式角度而言毫无错误的请求书，还应当教会学生如何使请求书读起来会使人产生符合委托人利益的认识。教会学生以一种能够为非法律人士所理解的方式进行交流的技能，对于诊所教师来说，这是一项实施起来非常艰巨的任务。作为法学的学术教育者，他们是深奥式法律语言传统的持有人，却不是法律语言简化的传导者。这也是诊所教育家们所面临的主要问题。此时，来自其他专家，如心理学家的帮助可能会有所帮助。从这个角度言之，每一学年的心理学和专业化培训在实现诊所教师的技能的持续发展中也起到了一定作用，包括因诊所工作的性质而对教师所要求的其他技能。

六、提供建议的技能

从诊所的目标和既存的法律限制出发，诊所向委托人提供法律援助的主要途径是提供建议。在司法实践中，建议是一项非常重要的技能。直到现在，仍少有律师接受过任何有关提供法律建议方面的授课教育。在实务中，该技能被认为是一种律师天然具备的技能，不需要事先的任何其他准备。但是，实际上并非如此。同其他律师技能一样，这种技能也需要有目的地加以完善，而并非从自然推断或从职业直觉中就能得到的。

提供建议的技能包括：

（1）在尊重律师的职业本质和限度的前提下，与建议的接收方建立关系的能力；

（2）收集与委托人决定相关的信息的能力；

（3）分析委托人决定的后果的能力；

（4）实施委托人决定的能力。

诊所项目的一个重要方面，在于教育未来律师与委托人建立一种恰当的关系。学生应当懂得，律师角色的首要职责就是帮助委托人作出正确的决定。尽管委托人是案件的最后决定者，但他们的决定依据的是律师向其提供的各个选项，以及每个选择带来的后果。此外需要做到的一点是，委托人——学生/律师的关系不能超越法律援助设定的界限。通常，年轻的学生们在其负责的案件中容易感情用事，他们会不小心过于融入委托人的案件中，以至于超越了委托人——律师关系为其设定的界限。基于此，学生应当仅在诊所办公室、公共行政办公室才能与委托人接触，委托人亦不应获知学生的个人住址或者电话号码。另外，诊所应该是一个鼓励委托人和学生/律师建立友好、相互尊重的关系的地方。综合以上两种理念后，诊所才能正常运转。

学生给委托人提供的建议需要在事前获得诊所负责教师的同意。在学生初次同委托人接触且未与诊所负责教师沟通的情况下，"即刻"给予委托人建议是不被允许的这些瞬时反应的建议非常容易出错。更进一步言之，它通常是不成熟的——它没有经过对委托人真实处境的全面分析或者是法律援助各种选择的考虑。鉴于以上原因，诊所中并不存在电话咨询。

此外，从教育的角度看，这种即刻答复的做法也毫无根据——学生会因此而失去同教师一起寻找最优解决方案的机会。传统教育强迫学生记忆大量信息、参与"闭卷"考试的教育体系，已经在一定程度上造成了年轻法律人的畸形化。学生往往在观念中错误地认为：对委托人提供帮助是指在会见委托人的过程中唤醒他们在学习中背记的法律知识，而不是尽可能获取足够多的信息，从而针对某个特定案件设计一个行动计划或决策程序。法律诊所的任务在于消除传统教育中导致的畸形影响，让人改变关于律师需要掌握大量材料从而从记忆中引用法律的认识。这种认识不仅使得律师需要一再确认自己记住的法律是否准确，也给学生们造成了一种错觉，认为他们在提供法律意见的时候无需细致地分析案件的法律问题。

学生需要独立提出一个建议的策略，但从策略提出之时起，老师就应当和学生在研讨会或与单个学生的讨论中一起对策略进行研究。在分析学生的建议策略时，我们可以将本章开头及在此讨论的一些律师基本技能作为一种既定的标准。老师应当用这一标准去衡量学生设计的建议项目。

学生(最好是以小组形式)应该在教师不在场时向委托人提供建议。虽然教师会因此失去纠正或者同学生商讨建议过程的机会，但却能在学生和委托人之间营造一种明了的环境。同时，在研讨会老师在场的情况下，学生可通过模拟当事人会面的方式训练其提供建议的能力。在这种全体的研讨会上举行模拟的一个好处在于，整个团队都可以对模拟的建议过程进行讨论和分析，而老师的角色则是完善学生的建议技能。

委托人必须清楚，学生才是向其提供建议的主体，而学生应树立独立的意识。在整个建议的准备过程中，都应当保证委托人对其咨询不存在任何错误认识。在会面中，若老师在场，无疑是鼓励委托人向老师发问，从而使得会面中的参与人之间的清晰关系被打乱。毫无疑问的是，诊所于一开始就应当多次且以口头、书面等形式告知委托人：诊所的法律建议是由非专业人士提供的。因此，他们需要了解由此导致的所有局限(例如,委托人向学生提供信息可能缺乏保护,因为某些特殊程序可能要求学生作为证人对其作出披露)。他们也同样需要知道这种法律援助的法律局限，例如，学生无法为委托人作当庭代理。诊所的负责人务必保证委托人对于诊所项目和其现有局限的信息有足够的了解，因为这些都可能影响到向委托人援助是否具有帮助。

七、法律诊所的组织与管理

诊所应该像一家小型律师事务所一样设置。法律诊所教育的最主要原则之一就在于由学生提供免费的法律意见。然而，诊所同时是学生学习如何有效管理“诊所组织"的地方。对诊所的管理要实现以最小成本提供最有质量的法律服务的目的。学生必须被教会如何最高效地管理时间，好像他们的委托人是为案件的有效时间付费一样。通常一个学生花数小时在法院阅读卷宗，不受限制地摘录卷宗，但是仍然不能充分地理解案件。因此，诊所最好准备一个登记簿，记载既定案件中的工作类型和花费时间。在诊所讨论会期间，有必要将有效管理“诊所组织”当作一个讨论主题。学生们必须获得机会去思考怎样优化诊所工作的组织。

组织和管理的能力包括如下部分：

(1) 树立有效行为管理的目标和原则；

(2) 设计确保时间、精力和资源有效分配的机制和程序；

(3) 设计确保工作在适当的时间执行和完成的机制和程序；

(4) 设计有效同他人合作的机制和程序；

(5) 设计有效管理法律办公室的机制和程序。

对于诊所负责人来说，最重要的是以上程序能在诊所的组织中设立和运行。法律诊所项目的任务之一是向学生介绍应当建立怎样的程序，怎样去执行和遵守这些程序。目前，这种技巧还是普遍缺乏的。我们人为地局限了法律服务的范围，从一定程度上也导致了律师和法律服务者无需考虑这些问题。然而，在法律服务市场上，只有高效组织的法律行为，才能得以持续发展。法律诊所可能成为小型律所发展优化其组织规范的实验基地。

第五节　刑事法律诊所的课程评价

评价体系是教育模式的关键部分，是法律院系课程改革的重点和难点，具有激励、监督、管理、选拔和推广等多种功能。当代教育理论表明，有效的评价可以促进学生的学习。传统法学理论教学对学生的考核和评价标准多以期末的卷面考试为主，平时成绩作为辅助参考。区别于传统教学的评价方式，刑事诊所教学评价具有如下特点：(1)诊所评价是持续性的，贯穿于整个诊所教学活动。评价是诊所的重要教学方法，诊所学生学习的每一个过程，包括行动计划的制订、行动过程以及行动后的反思，都会运用评价这一教学方法。(2)诊所评价是互动性的，包括教师对学生的评价、学生的自我评价、学生之间的评价、学生对教师的评价、外界(如当事人)对学生的评价等。(3)诊所评价方式是多样化的，教师可以像传统法学课程那样通过笔试来打分，或通过写文章、报告评定学生成绩，也可以采用更为灵活、更有特色的方式评价学生，如口试，举办模拟法庭，对学生综合能力的真实展示作出评价。(4)诊所评价的标准不是案件的输赢。诊所评价的不是办理案件的质量，而是思考的质量。评价的对象是学生通过实践所获得的技能以及为获得这些技能而进行的思考。(5)诊所评价不仅是总结性论断，更侧重于建设性意见。诊所评价的目的是通过评价进行学习，将评价融入学习之中，让评价在学习中发挥作用。

诊所法律课程评价应明确评价目标：(1)认知评价，是指对于学生学习知识或知识掌握程度进行评价。如认知评价包括对于学生是否掌握实体法、程序法知识并加以运用的评价，认知评价以学生运用知识能力为特征。(2)行为评价，是指对于学生在进入诊所学习以前和之后的变化进行评价。行为评价是教师对学生经历进行的观察，但是这些经历并不是规定好的，人为所做的，专门为了评价目的或评分的。例如，教师检查学生是否已经掌握出具书面法律意见的能力，检查学生接待当事人时是否清晰解释了时效问题。(3)表现评价，是指评价专门要求学生执行任务的能力。例如，诊所教师对学生在诊所中完成事实调查过程的表现进行评价。(4)态度评价，是指评价学生在进行相关课程学习之前和之后的不同态度进行评价。例如，诊所教师可以评价学生在学习职业道德课程之后的态度变化。诊所教师可以通过面谈等多种方式了解学生对于课程教学计划规定的特定内容的认识和看法，了解学生对于法学教育、社会问题或者伦理问题的态度。

诊所法律课程的评价方式包括：(1)学生的自我评价，是诊所评价中最基础的一步。这是一个自我学习、自我提高的过程。学生评价分为平时评价和期末评价。平时评价，是指在每一个计划与行动完成之后，学生对前一阶段的学习作出评价，并以此为基础，作出下一步计划。期末评价，是指在每一学期即将结束的时候，要求学生为自己这一学期的学习作出总的评价报告。(2)相互评价，诊所课堂教学中经常采用小组讨论、案件模拟等方式，在办理真实案件过程中，学生也是以小组为单位进行，学生间就课堂学习及办案表现进行相互评价更具有针对性。学生相互评价是陈述自己的思考与倾听他人思考的过程，互动性的思考有助于教学目标的完成。(3)教师对学生的评价，诊所教师参与诊所教学的全过程，诊所教师对学生的评价占有重要地位。诊所教师对学生的评价贯穿诊所教学始终，评价对象包括学生在实践中的总体表现，例如办案数量、质量、效率；律师技能掌握情况，例如访谈的技能、事实调查的技能、取证的技能、谈判的技能、法律知识掌握与运用的技能、文字书写的技能、庭上的表现等技能；律师责任感与职业道德掌握情况，例如学生在履行保密义务、忠实当事人的义务、对案件负责、严谨、敬业、尽力的义务，以及为追求社会正义和司法公正所做的努力。(4)法律诊所的教学评价，诊所法律教育是一种教学方法，也是法学院一门独立课程，对每一门课程进行教学评估是许多院校的常态。诊所法律课程的评估除了遵守与其他课程相同的评价标准外，基于诊所法律课程的特点，特别强调教师与学生之间不断地倾听、理解、反馈与沟通。

第二章　刑事法律诊所教育的域外发展

第一节　美国刑事法律诊所教育的兴起和发展

一、美国刑事法律诊所教育的兴起

刑事法律诊所教育作为当代法学教育领域中教学模式上的重大创新，最初肇始于美国。由于其独特的社会制度和法律文化传统，美国的法学教育在本质上是以培养律师为目标的教育。从美国法学院毕业生的去向来看，绝大多数毕业生从事律师行业，这一结果也符合其定位。在18世纪末之前，美国的法学教育尚未形成标准化系统化的科学体系，其教育模式多为执业律师在执业过程中和生活中对学生进行口授言传。一名法学生要想最终成为执业律师，需要在执业律师手下进行长期的学习，作为执业律师的助理帮助其完成部分法律业务，并在此过程中接受执业律师有针对性的指导。这种教育模式被称为“学徒式”教育模式。“学徒式”教育模式能够让法学生长期受到实务案件的熏陶，以提高法律执业技能为直接目的并附带建立起法学知识体系，能够培养出业务熟练且能迅速融入行业的律师。然而，随着时代的发展，美国社会对于律师的培养提出了新的要求，使得“学徒式”教育模式的弊病日益凸显：第一，城市化的不断发展使得社会对于律师的需求量增加，“学徒式”教育模式并不具备在较短时间内传授大量法律专业知识的能力，使得律师的培养周期过长不能满足社会对律师数量的迫切需要；第二，商业社会的发展带来法律实务问题日益复杂使得律师需要更加完善的法律知识体系来提升自身的专业素质，“学徒式”教育模式构建法律知识体系的能力不足，在一定程度上限制了执业律师的后续发展和进步；第三，社会协作程度空前提高需要律师能够为社会提供质量均一、体系完整、协作便利的法律服务，“学徒式”教育模式由于缺乏必要的统一标准和质量控制措施使得律师个体差异较大、个案化的教育方式使得协作不便，阻碍了律师行业向标准化、体系化的方向发展。由此，“学徒式”教育模式逐步被法学院校正规化教育取代。

然而，美国法学院的教育方式也并不是尽善尽美的，在今天即使一流法学院校的毕业生也会产生困惑，在学院内取得的成绩、国家认可的文凭和荣誉称号等都无法给他们带来充足的信心，使他们相信自己已经为将来的执业做好充分准备。18世纪末的美国法学院教育更是如此。传统的教学方式将法律与现实抽离，在课堂上通过机械的理论灌输试图达到培养合格律师的效果，现实情况却并不乐观。随着大学教育的发展，美国的一些法学院校开始尝试在教育模式上进行突破，其中获得相对成功的著名方式之一便是“案例教学法”。“案例教学法”由兰德尔于1870年至1895年担任哈佛大学法学院院长时推行。“案例教学法”对“学徒式”教育模式进行了彻底的颠覆：主张法律是一门科学而非技艺的传承，学习的重点是法律研究而不是一味强调法律技能培训。学生学习法律的地点主要在教室和图书馆，学习法律的方式为研读案例。同时，“案例教学法”也对传统教学模式进行了批判。“案例教学法”一改往日机械教学的传统不再将知识枯燥地教授给学生，而是要求学生从司法审判决中解读法学知识，学会通过案例进行推理，学会从特殊情况演绎出一般原理。然而，兰德尔首创的“案例教学法”，虽然突破了传统法学教育中仅关注法律知识讲授的弊端，并对学生法律思维能力的获得及形成法律共同体的同质性有着积极的意义，但是“案例教学法”所产生的案件事实与社会真实隔离的缺陷在20世纪早期就受到许多美国学者的抨击。“兰德尔模式培养出来的学生就如同将自己的学习仅限于修枝剪叶的未来园艺学家，或者是只研究图纸的建筑师。他们类似于将来那种只知道给狗填饱肚子的饲养员。”“兰德尔模式最严重的错误在于，他天真地相信，遵循先例原则及其推论具有不容置疑性，在于相信只有在对先例的研究中才能找到‘法庭是如何作出最终判决的’这个问题的答案。”这些批评多立足于法现实主义的角度，指出“案例教学法”和法学院校其他传统教学模式一样存在着严重的“法律中心主义”倾向，忽略了法律与现实之间存在着的、无形的鸿沟。此外，也有学者从法律职业构建的角度提出了“案例教学法”存在的另一重大缺陷：“案例教学、考试制度”使那些对职业道德问题的思考缺乏经验的法律学生简单地认为好律师只需要精通一套技术过硬的辩论技巧就足够了，而不需要任何职业道德、从而将律师执业与职业道德相分离。”

在这种批判与反思的过程中，一些大学比如宾夕法尼亚大学、西北大学、哈佛大学法学院的教师，结合法律援助并借鉴医学院培养实习医生的方式自行开设了法律援助诊所并为其他法学院校所效仿。随着法律诊所的设置，大量的实践指导这一模式向更加细分的法律领域延伸，刑事法律诊所作为刑法学教育的重要模式创新由此发端。

二、美国刑事法律诊所的发展

美国刑事法律诊所最早起源于何时何地多有争论，我国普遍认为其刑事法律诊所教学模式出现于20世纪60年代，由耶鲁大学、哈佛大学等名校引入并推广开来成为主流教学模式之一。而刑事法律诊所作为一项有据可查的学习活动最早出现于1893年宾夕法尼亚大学法学院，部分法学院的学生创立了一个志愿者组织“法律医务室”，专门为那些请不起辩护人的人群提供法律分析，制定出符合案情的解决方法，并从中磨砺自己的律师职业技能。这一组织被认为是最早出现的刑事法律诊所，也是最早出现的法律诊所。19世纪10年代至20年代初中期，法律诊所作为学生志愿组织逐渐为法学教育界和社会公众所认知，然而却很难走进官方教育制度的体系之中，只有极少数的法学院如杜克大学开始将实践活动列为课程。

刑事法律诊所虽已具雏形却迟迟无法形成被广泛接纳的教学模式，这一现象的背后原因来自于当时的美国社会环境和法律文化观念。首先，刑事法律诊所的教育模式决定了法学院校需要为其配备较高规格的硬件设施。相较于传统教学模式或“案例教学法”，刑事法律诊所需要专门的办公场地以容纳相应的人员设施并向公众提供法律服务，除此之外的各类物资设备的配备水平也应当与其所承担的法律服务任务相一致。然而，在此类教学模式受到广泛重视之前，很少有院校愿意为此付出巨大投资，即使时至今日仍然有不少美国的法学院校的刑事法律诊所教育受到经费不足、硬件设置不完备的困扰，从而阻碍了其进一步发展。其次，刑事法律诊所的教育人员需要一批既具有很高理论知识水平又具有很高专业实践能力的教师充任，在当时的美国法学教育中理论界和实务界鲜有交集的情况下，法学院校的教授绝大多数并不具有实务经验甚至没有执业资格，具有执业资格的一线律师又极少能被吸纳进入刑事法律诊所的教育体系之内，故而在人员的配备上存在着极为致命的问题。由于合适的人员不足，刑事法律诊所长期不能真正运作，也反过来影响了法学院校对于刑事法律诊所所能起到的实际效果的评价，这在很大程度上阻碍了刑事法律诊所被传统法学院校接纳。最后，也是最重要的一点，在当时的美国法学教育界盛行着法律中心主义或者法律形式主义，不承认法律与现实之间存在的实际差距，主张通过法学理论与逻辑的体系化推进就可以解决社会中的绝大多数现实问题，对于法律实然运行中存在的问题轻视或无视。这种思想在当时处于主导地位，法学院校的教育几乎就是在这种指导之下展开的，自然也就没有基于法律实际运行而进行教育的刑事法律诊所蓬勃生长的土壤，或者说正是法学教育界价值观的错位影响了刑事法律诊所的早期发展。

早在 19 世纪 30 年代，学界就出现了对于法学教育脱离现实的批评之声。兰德尔的“案例教学法”纵使将审判案例纳入教学，却也存在着和传统法学教育类似的问题，即课堂教学内容或教学案例内容只是在形式上贴近了实务案例，却忽略了大量的细节问题和程序问题，这就使得这些案例相关的法律问题在实务中处置过程甚至判决结果都与其有较大出入，对于实务的关注十分有限，实际上加剧了法学理论与法律实务的隔离。这种质疑的提出既是由于学者对于法学教育的反思，更是由于法现实主义思潮的兴起所带来的效应。法现实主义代表人物弗兰克指出，即使应用了“案例教学法”，课堂中的案例依然与大量在初审法院处理的实务案件相去甚远，他大声疾呼法学教育应当更多地发现法律规则的不确定性和事实的不确定性，将实务案件中的非法律因素纳入学习的范畴，让学生在社会实际中出现的真实案件和事实中增进法学知识，并以此种思想改革法学教育模式。在此基础上，弗兰克主张法学教育应当学习医学教育的模式实行诊所教育，让学生在诊所中接触实际案例的过程中构建法学知识体系，同时也将法学教学推向社会，为穷人、政府机构和团体提供法律服务。同时，也正是由于法现实主义思潮的影响，法学院校的教授认识到法律并不能总是理所当然地支配一切实务活动，更多的教授开始接触实务案件，这也为刑事法律诊所的教育模式培养了一批具有丰富实务经验的理论学者。自此，刑事法律诊所教育模式已经万事俱备，只欠东风。

在法律诊所概念被法学院校广泛接受之时，资金问题成为法律诊所教学模式得以施行的最后障碍。正如前文所提及的，法律诊所的硬件要求远高于一般的教学方式，这也就意味着一旦法学院校采纳并实行了这一教学方式将背上沉重的财政负担，在这一教学模式的优势尚未得以验证的前提下很少有法学院校愿意为此冒险。此时，福特基金会下的职业责任法律教育委员会伸出了援手，给予耶鲁大学法学院 2 万美元的资金支持以启动法律诊所项目。职业责任法律教育委员会是福特基金会授权的独立法人，与福特基金会秉承一致的目标和价值。职业责任法律教育委员会认识到美国当时法学教育的不足，认为应当设法改变教育与实际严重脱节的现状，希望法学院培养人才的前提是将律师作为一个社会人来教育，诊所教育可以提供给学生一个平台接触复杂的司法体系，以及感受这个体系给他和他的代理人带来的影响。不仅如此，在刑事法律诊所的后续发展以及在国外的推动过程中，福特基金会都扮演着探路者和赞助人的角色，可以说，正是福特基金会的支持直接开启了刑事法律诊所的航程。

早在 1977 年，美国 139 所法学院在 57 个实体法专业中设置了 494 个法律诊所教育项目。在 2016 年 8 月美国法律诊所教育协会向美国律师协会委员会提交的报告中，通过该协会注册成为法律诊所教师的成员已经超过 1300 人，分布在或直接或间接由其指导的法律诊所内进行教育活动。现虽然没有权威的统计数据，但美国律师协会规定法学院都必须开设法律诊所课程以提供给学生完整的法律教育，刑事法律方面自然也不例外，刑事法律诊所在美国的发展可见一斑。

经过一段时间的发展，目前美国的刑事法律诊所基本形成了以下几种类型：一是“内设式诊所”，刑事法律诊所设置在院校之内，由院校提供场地为该院校学生提供学习机会，并以该院校的名义对外提供法律服务。此种诊所一般由该院校教授直接指导，由学生直接对外提供法律服务，诊所教师针对具体案件进行指导并拟定针对性的学习计划。二是“外置式诊所”，这类诊所设置于院校之外，常常为院校与律师事务所、社会公益服务机构、咨询机构等组织联合创办，定向接收院校学生进行学习，常常由执业律师等接收单位的法律工作者直接指导、院校教师间接指导，以该机构的名义对外提供法律服务。三是“模拟诊所”，在这种模式的诊所中，由教师带领学生进行法律实务技巧模拟课程训练，学生在模拟的环境中熟悉律师工作程序，提高律师职业技能和职业素养。应当指出的是，这种模拟诊所和“案例教学法”存在巨大的区别，这些案例并不全是业已经过司法审判的案例，也往往没有经过抽象和加工，尽量使得学生进入真实的氛围，此外，学生在模拟诊所中的演练活动并不仅仅局限于实体法律关系的阐释，更重要的是实务案件的处理流程和处理技巧。

三、美国典型刑事法律诊所介绍

（一）威斯康星大学法学院雷明顿研究中心刑事上诉项目

1993 年，在雷明顿中心诊所的教授和威斯康星州公共被告上诉办公室的主任一起建议创建刑事上诉项目，威斯康星大学法学院管理人员基于很多原因同意了这个项目。第一，诊所教育的理念已经普及，诊所的价值和其所能培养的技能已经得到重视，这个项目也强调了分析和写作的技能。第二，这个项目符合现存雷明顿中心的结构，可以将办公地点安排到同一个楼里。第三，威斯康星州公共被告中心也确定有充足的案件可以在适当的时间安排给诊所。第四，也是最后一个方面，该项目并不要求法学院全额拨款，一部分预算由威斯康星州公共被告中心承担。

这个项目开始于 1994 年。其间经过多轮改革，在总结经验、取长补短的过程中不断向前进步。在项目实施后的第一个学期，有十个学生被该项目录取。每一个学生都在雷明顿中心的一个老师的指导和监督之下处理上诉案件的工作，即使遇到暑假也不能暂停。在学生们处理案例的时候，项目的学生也同时参加每周一次的课程以帮助他们学习上诉主张的相关原则。讨论案例的时间没有明确的规定，同时这些学生会参加雷明顿中心的其他的诊所的项目。随后，项目的运行暴露出一系列问题。学生的监管律师还有其他职责，没有充分的时间去检查评价每一个被指导的学生。此外，不同学生之间对于不同问题的处理能力也存在较大差距，尤其在以下方面：代理客户了解复杂的上诉程序，跟踪案件的进程，分析和研究法律规定以及书写材料。有一些学生快速处理完手头上的案件后在下一年无事可做，而其他的学生则对处理很复杂的案件倍感压力。针对这些问题，雷明顿中心进行了一系列的改进，并将项目进行了重新设计。诊所从州的被告上诉服务中心雇用了有经验的律师，他们可以提供新的观点和领导力，并且为诊所的运行制定了六大原则，要求诊所的一切活动应当围绕着六大原则进行。这六大原则主要是：第一，对客户的代理工作要尽最大可能地高质量完成；第二，尽管有密切的监管，学生们也应该对他们所代理的案件负责；第三，该项目的教育目的以及高质量地完成代理工作的目标应当通过学生们之间密切的协作来实现；第四，以客户为中心才能最大程度的实现教育目的和提供最好的服务质量；第五，以事实为依据以理论来处理案件，这是形成有效的上诉代理的至关重要的一个方面；第六，应当鼓励学生从工作中和刑事司法系统中总结经验。

自此后每一年，威斯康星大学法学院都有 18 名学生会参加雷明顿中心的刑事上诉项目。学生们会在两个学期中全程参加法学院的该项目即秋季学期（4 学分）和春季学期（3 学分）。在学习过程中，每一个学生都会有一个学习伙伴，在诊所教授的指导下一起处理两个被告的上诉案件。

每一组代理两个客户，并且所有客户都由威斯康星州公共被告上诉办公室来约定，并且由该机构支付该项目的费用。这些案件有着许多相似之处，所有上诉的客户都是很贫穷的，这些案件都没有预审，有一半以上的案件是有罪起诉，当事人往往被羁押一周以上。

在为期两个学期的学习过程中，对于有关代理犯罪被告上诉的所有事宜，学生们都要进行处理：会见当事人、研究各种复印件和其他法庭相关文件、识别研究文献、处理听证材料和证据文件、向威斯康星州法院提交上诉文件材料。诊所教师对于学生处理案件的情况会进行全程监督，他们会在每一周会见组内学生，以督促和监督学生们处理案件的进程，并跟进案件。

通常情况下，诊所在春季和秋季学期每一周都会组织学生去参加培训以给学生们介绍有关上诉主张的原则。除此之外，学生们和他们的指导律师每一周都会进行小组讨论。每一个小组由六个学生和他们的监管律师组成，共有三个不同的小组。在秋季学期的时候，这些小组会召集所有的小组成员一起研究讨论六个典型案例。在春季学期，所有小组会每一周再次会面，会对每一位学生的诉讼策划进行评论同时提供建设性意见，并伴随口头讨论。

诉讼通常有两种形式：一个是定罪后向审讯法庭提出诉求，另一个是直接上诉到上诉法庭。在威斯康星大学法学院刑事法律诊所实际操作的案件中，上诉的请求被上诉法庭接受之前，被告有权利在审讯法庭提出定罪后的诉求，在此期间被告也有权利提供其未在审讯法庭提供的证据。这包括与法庭代理有关的声明、上诉的请求是否在自愿和了解的情况下作出的声明、新发现的证据以及其他可能性线索的声明。

诊所中上诉项目中的案件大部分都会进入到上诉程序当中。部分原因可能在于威斯康星州的刑事诉讼制度为当事人提供了在判决后于初审法院当庭上诉的制度。更重要的原因可能在于该刑事法律诊所的努力：第一，该诊所很重视对案件的收集整理工作，通过和威斯康星州公共被告上诉办公室加强合作，由相关的诊所的学生和律师一起完成案件的搜集工作，所以很少有案件会遗漏；第二，由于该刑事法律诊所案件代理始终是以客户为中心的，所以这在某种程度上就迎合了客户上诉的心理诉求。只要他们提出，那么诊所就会尽力去争取上诉的机会。对于上诉案件中事实问题和法律问题争议不大的，主要由当事人决定是否上诉，对于其中有事实上、法律上、证据上的争议的，该诊所会帮助当事人厘清其中的关键点，努力为当事人争取利益。但也有一些案件，可能会具有可争议、可论证价值，但是客户会要求不上诉，以此避免再次入狱或者重新判刑。

在 2002 年至 2005 年 4 年之间，该项目中刑事法律诊所经手的案件中 67%是已经有过审判的，50%是有过有罪控诉的，其中很多案件的被告当事人在上诉时获得了减轻刑罚。同样在 2002 年至 2005 年 4 年之间，71%的经过初审作出有罪判决的客户获得了减刑或者无罪释放。除了案件的成功之外，学生们也在处理案件的过程中积累了丰富的实务经验，包括：问题的解决、司法分析和推论、司法研究、功能性调查、口头和书面的交流、法律顾问实践、协商、上诉以及他们在未来司法职业过程中需要的其他各种技能。

（二）哥伦比亚大学法学院刑事法律诊所项目

哥伦比亚大学法学院刑事法律诊所项目创始于 1981 年，立足于使学生在真实环境中学习法律知识和律师执业必备技能。通过在真实的诊所中接触真实案件以促使其在接下来的阶段乃至一生之中成为一名思维缜密、认真负责、技能全面的优秀律师人才。哥伦比亚大学法学院刑事法律诊所在实际运行中将学生置于诊所教授的直接监督教育之下，并力图通过筛选出一批有代表性的案件和当事人帮助学生在实践过程中形成全面的法律知识和技能。除此之外，该诊所还具有另外两个目标：第一，学生通过在法律机构中进行实践可以总结经验并提出建议，以提升法律诊所乃至社会上其他法律机构的服务质量和工作效率；第二，学生通过在诊所中代理案件，可以为经济状况较为不理想的当事人提供廉价甚至免费的法律服务，以达到法律援助的目的并促进社会公正。

该诊所在创设之初并没有对诊所的职员数量和管理模式进行明确的设定，在接下来的探索中，该诊所的人员数量和管理模式不断调整，最终探索出一套适合自身发展的模式。诊所目标的实现始终绕不开的就是教育资源，在诊所的教育资源中最为重要的可能就是师资力量。诊所可以由一个老师来任教，他可以负责十个或者更多学生的教育工作。但是诊所的各种目标很难由一个老师来完成，因为它承担了过多的学生教学和案件处理任务，无法保证教育质量和法律服务质量，最终影响诊所目标的实现。诊所的职员数量不仅决定于法学院自己的意愿或者是提供经费场所等硬件的能力，同时也与诊所要实现的目标有关。在课堂教学的情况下，一名教师可以指导数量庞大的学生进行学习，并能够保证得到较好的教学效果，然而诊所教育却不能如此。由于在某种程度上诊所的目标要远远高于一般的课堂教学，其中包括向学生传授更加复杂的技能如团队领导能力、创造力、决断能力、沟通能力以及其他诉讼实用技能，老师和学生需要分别都投入大量的精力和时间进行教学和学习，那么诊所就需要降低学生和老师之间的比例。经过长时间的摸索，该诊所认为学生与教师的数量合理配比在 7∶1 以上，即平均每一名教师最多只能指导七名学生在诊所中进行学习。在该诊所比例是 4∶1，在大部分的学期，一个教授和两个同事指导 12 个学生。在少数人员较多的学期，两个教授和两个同事指导 16 个学生。在经费并不充裕的诊所，往往不能聘请太多的教师以支撑正常的诊所教学，其实际起到的效果往往不甚理想，但也不排除例外情况。

在管理模式上，在诊所的员工之间有两种可能的模式：一种是有层级的模式，一种是合作的模式。在前者的模式中，只有诊所的领导者有决策权，其他的教师只是帮助学生们去学习案件，但是不会参与重要决定的作出。基于学校的政策和领导者的安排，指导教师参与部分诊所的教学工作，只有诊所的领导才会有一些事项的决定权，例如：怎样分配诊所的预算；向学校申请多少经费；雇佣谁；接什么样的案子；接受新生时应该遵循什么程序；应该有怎样的监管程序；诊所的课堂教学应该包括什么以及其他问题。另一个模式是合作的模式，在这一模式中决定是由诊所成员共同作出；这种合作的模式所作出的决定代表着诊所领导者和指导教师共同的意愿。尽管在美国社会机构中层级式管理是很普遍的，但是这种合作的模式在诊所中却可以很大程度的适用。尽管法学院给诊所的老师设置了不同的头衔，尽管层级模式也可以根据不同的头衔来分配任务以达到类似效果，但是大多数的诊所不会阻止诊所的领导和其他人分权，也不会阻止这种合作的方式。哥伦比亚大学法学院刑事法律诊所的管理模式更加趋向于合作模式。在成立伊始，该诊所对于实施合作式管理模式也存在疑虑，主要担心在合作模式下学院对于该诊所的影响力会变得比较微弱从而失去对于诊所的控制。然而，学院领导层主要关心的都是比较重大的问题，诊所的职员对此类事项往往倾向于听从学院安排，而对于维持诊所运行的日常性事务则比较关心。通过合作模式能够激发诊所职员的工作积极性，更有利于制度建设。同时，哥伦比亚法学院的学生往往都有在政府机构、律师事务所等等级森严的机构中实习的经历，诊所通过合作模式为学生提供的环境有利于其形成今后在职业生涯中更加重要的领导能力、沟通能力和决策能力。

由于诊所中的学生要代理客户的案件并为客户负责，尤其是为经济情况不理想的当事人提供法律援助，所以诊所在招录学生方面就必须深入考量各方面的问题，以期选择最能够满足诊所业务要求的学生入围。目前在美国的法学院校中，选修课一般通过课程分类描述向学生宣传自身的特点，但是诊所教育并不能通过这种宣传很好地向学生传达自身的特点，因此在该诊所招生之时除常规宣传手段外，诊所教师常常会举办一次宣讲会向学生传达诊所教育的基本特点和学习方式。同时，在课程分类描述上，该诊所也进行了完善细致的部署，将介绍更加精细化，通过海报和折页等方式向学生最大程度地说明案件数、工作时长、受案领域等事项，这样一方面可以招录到潜在的申请者，另一方面能够唤起那些潜在的申请者们对未来的欲求。在哥伦比亚法学院，包括刑事法律诊所在内的所有诊所在每年 3 月份开始招录程序。诊所教师会组织一次宣讲会向学生介绍诊所的目标和活动。一周以后，诊所的理事会会对申请加入的学生进行考查，其考查形式常常是通过审阅申请人的自述材料来进行。这些材料应当包括申请加入诊所的目的、对诊所的认识以及他们将如何参与团队合作等内容。该诊所会通过选择程序优先选录一些有多重教育背景的学生。诊所的申请者都会被提前告知，一旦被诊所录取在没有诊所监管者同意的情况下是不能随意退出的。对学生提出这样的要求是因为诊所虽然是教学机构但是同时也是法律服务机构，必须通过诊所成员的密切配合完成相应案件的处置，并为客户负责，一旦有学生擅自退出会影响案件进度且可能对客户造成损失。如果发生此种情况，该学生法律诊所相应课程的成绩会被评定为“F”同时接受一定的处分，严重的甚至可能会影响结业。

该诊所对于学生执业过程中的指导采取何种模式也曾存在取舍。一般来讲，所有的刑事法律诊所都有自身的指导模式，要么是靠分析选择要么是在错误中吸取经验。综合来看，教师与学生之间的指导关系可以分为相对密切的指导关系和相对简单的指导关系。在密切的指导关系中，指导教师会深入参与学生负责的案件，事无巨细地对学生的行为进行周密的指导和计划，甚至在有些情况下会代为处理。支持这种指导关系的人认为学生在不能够独立负责并精通该领域的法律实务问题之前需要一个明确的榜样，而指导教师正好可以通过密切地指导起到这种作用。而支持相对简单的指导关系的人则认为在师资力量并不完全充裕的情况下不宜采取密切指导的模式，这样会严重浪费人力，影响诊所教育的效果。更多的人认为，不论师资力量是否充裕，教师均应当鼓励学生进行适度的探索，用自己的方式去思考问题并作出决定，以此完成任务并增长法律知识技能，而何时应当获取外界帮助、应当获取何种帮助以及如何获得帮助也是实务技能的一部分，故而应当尽可能给予学生自主权。哥伦比亚大学法学院的刑事法律诊所项目基本上也是采纳了相对简单的指导模式并加以完善，即该诊所内部所称的“案例小组方法体系”。具体说来，每两个学生和一个或者两个指导老师组成一个案例分析小组。每一个小组每周至少见一次面，但是当需要的时候学生们可以要求额外的会议。在每一个会议之前，两个学生被要求处理比较有代表性的问题，讨论他们如何利用会议时间，为会议的内容准备日程表，同时他们也得为会议进行笔录总结。指导老师可以为案件办理的日程提供额外的安排，但是除非客户的利益受到不利影响，指导老师还是会竭尽全力去让学生们按他们自己的日程来做。通常小组所承接的案件详情以及该小组所选择的诉讼策略等问题都不能在小组之外公开讨论，在课堂之外有关案例的讨论都要以小组为单位秘密进行。指导老师在会议中的角色是受限制的(尤其是在第一学期上半学期)，教师们往往代之以诘问的方式以提醒学生并提供更多的方案选择。他们鼓励学生们对面谈会议的自我评价，如果学生们要求的话，老师们会反馈给学生们的评价。一般情况下，在诉讼策略的选择上教师往往给予学生很大的自主性，非经学生请求不会提出相关意见，除非该组学生制定的诉讼策略很明显将会侵害当事人的利益或使得当事人在诉讼中处于本可以避免的被动地位时教师才会出面干预。为此，学生们在跟客户第一次见面后被要求写一个正式的“办案计划”，教师则可以在审阅后随时要求学生修改。

为保证刑事法律诊所的实践效果，该诊所还努力与当地法院和法官建立良好的互动关系。是否尝试与法官建立关系对于每一个诊所来说是一个重要的决定，这与当地的机构的条件以及法官个人与诊所教员私人关系有关。诊所和法院以及法官没有建立关系的话也能正常的工作，但是要是有这样的关系会增强诊所的功能。第一，法院和法官能够在很大程度上控制案件的处理日程，通过与法官的协调可以将案件的日程安排调整得更加契合诊所的日程安排，避开节假日等非教学实践，减少学生的办案压力，同时能为学生们提供更好的教育和为客户提供更好的服务。这种情形主要发生在诊所学期的期末，合理安排日程能够让学生们有足够的时间参与到实务培训、法律实践和理论研究中去。第二，可以为学生争取到额外的学习机会。法官有时乐于同诊所中的学生进行交流，传授办案经验，促进学生进步。例如，他们或许会提供与学生们单独见面的机会或者是提供团体讨论的机会。此外法官也会给学生们提供在法庭中做助理的机会，去帮助法院处理公共事务。第三，法官熟悉刑事法律诊所的相关情况对于其自身办理案件也有一定的好处。哥伦比亚大学法学院刑事法律诊所一直努力与当地的法院以及法官建立良好的协作关系，并且在日程协调、实务技能传授、实习机会提供等方面有着良好的合作。

第二节　其他国家刑事法律诊所教育的发展现状

一、德国刑事实务教育的发展现状

由于独特的法律制度和法律文化的影响，在德国并不存在典型意义上的美国式的刑事法律诊所教育。但这并不意味着德国法学教育中不存在实务训练环节，德国的司法执业资格考核制度使得法科学生的培养被基本分为理论学习和实务训练两个阶段。在第二阶段的学习中，其培养模式和美国的刑事法律诊所教育具有很强的相似性。通过研究德国的刑事实务教育模式，可以为我国刑事法律诊所教育模式的创制提供十分有意义的指引和参考。

在2008年之前，由于德国《法律服务法》的限制，任何没有司法执业资格的个人均不得向他人提供法律服务，即使这种法律服务是公益性的也需由具有司法执业资格的主体提供。根据德国各州的司法执业资格考核制度，在毕业之前法科学生不具有取得该项资格的可能性，因此在当时根本不存在刑事法律诊所教育实际施行的可能性。之所以做如此规定可能与德国一贯严谨的刑事法律制度和法律文化有关。立法者可能认为，当事人享受的法律服务应当在任何时候都是高质量的并且是值得信赖的，而任何提供法律服务的个人和机构必须经由国家授权的组织对其进行考核和认可才可以被社会认为其提供的法律服务是高质量的并且是可信赖的。法学院的学生在学业尚未完成且没有参与相关考核的前提下，是不具备法律执业资格的，故而在立法者看来他们提供的法律服务并不一定符合高质量的标准。此外，德国法律作此等规定据说也与律师群里对立法机构的游说有关。尽管2008年后，相关法律的修改为德国法学院校的在校生进行刑事法律诊所相关的学习开放了限制，但是这种长期形成的法律文化使得刑事法律诊所并没有多大作为的空间。德国各级政府仍然没有足够的动力就法律援助等事项与刑事法律诊所展开合作，而当事人也普遍对于刑事法律诊所提供法律服务的质量缺乏足够的信心。因此，目前在德国仅有少数几所大学开设了法律诊所课程，例如洪堡大学、汉诺威大学、比勒费尔德大学，这种由教授指导、学生实践并对外提供法律服务的法律诊所教育模式并未在德国的法学教育界掀起波澜。

更深一步追问，原因可能在于以德国为代表的大陆法系法律思维方式与英美法系存在巨大差别。德国的刑法思维具有高度抽象化、理论化以及教义化的特点，虽然其内部存在着各种学说和流派彼此争论不休，但是这种刑法思维是一致的，那就是对于体系化、系统化法学理论构架的高度崇拜。这种思维在法学教育领域体现为实体问题优先和理论问题优先的教学方式。德国的法学教育界并不像美国一样承认法律与现实之间存在巨大的鸿沟，相反他们认为法律尤其是法学理论应该是对于社会生活有着极强引导作用的核心规范。当然，这并不意味着德国的法学教育轻视实务训练，德国法学教育的第二阶段就是完全的实务训练，在有些方面甚至要超越美国的刑事法律诊所教育。只是德国的法律教育并未像美国同行一样将实务训练抬高至空前的高度。从美国教育界的视角来看，这就是法律中心主义或者法律形式主义，换言之，法现实主义的风潮尚未在德国的法学教育界开花结果。除此之外，德国特有的司法执业资格考核制度也从一定程度上造成了诊所教育得不到重视的现状。在德国，每个州的法学院校毕业生必须通过该州的考核才能具备从业资格，这种考核分为两个阶段。第一次考核在学生从大学毕业之时，考核的重点在于学生对于法学理论和法律思维的掌握，并不涉及非常具体的实务技能。在通过第一次考核之后，毕业生将进入实务训练阶段，在此期间将在实务一线进行真实案件的处理，以锤炼其实务技能。在通过第二阶段的考核后，毕业生将被认为是一名具有丰富理论知识和实务经验的法律从业者，也就具有了申请成为一名法官或律师的资格。这种“分步走”的培养模式使得在大学阶段法学院校并不重点培养学生的实务技能，从而使得法学教育界对于刑事法律诊所的需求并不迫切。

当然，如果将处理实务案件的能力详尽研究，我们会发现所谓的实际技能并不是全部。一名合格的法律从业者除具备会见当事人、撰写诉讼文书、调查证据等技能之外，精准的问题把握能力以及贴近实际的法律思维也是非常重要的。这种能力的培养在德国的法学院校受到了足够的重视，这种重视的结果就是案例教学在德国法学院校中的大规模应用。德国的法科学生在大学期间并不是不接受任何实务教育，通过抽象后的案例进行实务教学是德国法学教育的一大特点。除上课、听讲座之外，德国的法科学生在校期间还必须参加案例学习小组。这种学习小组通常由十至二十人组成，学习的方式一般为案例讨论，小组成员需要在研讨的过程中将已经学到的理论知识运用于案例的研讨之中，通过这种方式小组成员可以迅速养成实务中所必需的把握问题的能力和法律逻辑思维能力，这些能力将是实务工作中起到核心作用的能力。虽然德国的法学院校在教学中并不采纳美国式的案例教学法，但也尽量在理论的学习中加强法律思维的养成和案例的研判。许多教科书也在编写时刻意加入相对应的案例，使得在学习理论的同时直接将该理论运用于案例之中，更有些教科书就是以案例为导向进行编写的。此外，德国司法执业资格第一阶段的考核内容也尽可能贴近实务和案例。虽然每个州之间的考核内容略有区别但基本都是以案例为主进行的考核。考生需要在考核中分析案例，总结争议的问题点并结合相关理论和法律规定阐述解决途径。在某些情况下，考生还必须明确争议焦点背后的理论纷争，并结合不同理论在实务中给出不同的解决方案，以此展现其具有丰富的理论知识背景和完善的法律思维路径。这些案例常常是根据德国各级法院在实务中遇到的案件经过抽象加工后得出的，去除了实务中不重要的细节，突出了对于相关问题的考察。虽然在批评案例教学法的美国学者看来这种案例教学和考核的形式与现实存在巨大的差异，但是不得不承认正是这种培养模式为后续的实务训练奠定了坚实的基础。

在通过第一次考核之后，毕业生就进入了实务训练阶段。这一阶段一般持续两年，在此期间毕业生将在法院、律师事务所、政府相关机构部门以及其他法律服务机构实习，在导师的指导下进行实务操作，以促使其养成良好的沟通能力、表达能力、决断能力，说服能力等实用能力以及文本写作、会见当事人、调取证据、审判、代理诉讼等实务技能。在这一阶段，毕业生接触的将不再是抽象并简化后的案例，而是实实在在的真实案件。他们需要模拟法官、检察官、律师、法律顾问等法律执业主体进行案件的处理工作，将第一阶段所学习的内容完全转化为实务中的决策和行动，并在实际案件中接受考验。这种实习是强制性的，每一名通过第一阶段考核的毕业生理论上都应当接受足够时间的实务训练以保证将来其走向实务岗位时可以胜任其所接手的工作任务。可以看到，这种实务训练对于实务技能的培养模式和刑事法律诊所具有极其相似的目标设定，其所能起到的效果也十分相似。通过这一阶段的培养，毕业生必然涉及刑事审判、刑事诉讼文书的写作和送达、刑事诉讼代理、刑事证据的调取、刑事案件应诉策略的选择等一系列实务工作，对于刑事法律实务的掌握将是深入而全面的，对于理论知识的理解也是系统而扎实的，实际上也能起到非常好的教学效果。

与美国的刑事法律诊所相比，德国的实践教育模式具有其自身的特点，这些特点可以在我国刑事法律诊所教育模式构建之时予以借鉴和学习。第一，德国的实务训练是相对普及性的。根据前文对于美国刑事法律诊所的介绍可以看到，美国的刑事法律诊所课程是一种面向少数优秀学生的精英化教育。为了保证教学的效果，更是为了保证案件的代理质量以使得客户的利益不至于因诊所的代理活动受到不必要的侵害，美国的刑事法律诊所对于申请加入者往往进行严格的筛查，通过对于学生各方面能力的考察，以选出能力突出基础较好的学生进行刑事法律诊所教育。更多数的群体却没有接受这种教育的机会。而德国的实务训练却是普及性的，理论上所有通过第一阶段考核的毕业生都应当进行第二阶段的培养。虽然没有类似的强制性规定，但是一名只通过第一次考核的法科毕业生会发现自己很难在德国的司法体系内找到合适的工作，因为绝大多数工作都会要求毕业生通过第二次考核。第二，德国的实务训练是法律全领域的培养。美国的刑事法律诊所的构架类似于律师事务所，往往具有一个或少数几个业务领域。如前文中所介绍的威斯康星大学和哥伦比亚大学的刑事法律诊所，往往仅仅专注于上诉案件、未成年犯罪案件、医疗犯罪案件、侵犯人权案件等少数案件类型，并不能很好地涵盖整个法律实务领域的问题。这与该法学院校的定位、诊所的定位、与政府合作的工作范围、诊所教授实际擅长的领域甚至与诊所的经费、教育时长、地理位置等都有关系。反观德国的实务训练却几乎涵盖了全部的法律部门和领域。在为期两年的实务训练中毕业生将接触刑事、民事等各种法律部门，在法院和律师事务所实行的过程中刑事案件的处理也是不分领域的，理论上会对各法律部门的实务问题尤其是刑事诉讼中的各类问题都有一定的接触和实际处理的经验。第三，德国的实务训练时间较长。美国的刑事法律诊所课程时间长短并没有明确而统一的标准，一般与其理念定位和服务领域有很大关系，但是较少有超过两年的。而德国的实务训练时长均为两年。以巴登-符腾堡州为例，在通过第一阶段的考核后，所有毕业生都在大学外继续第二阶段的法律教育。这个阶段持续两年，学生必须在民事法庭实习五个月，在刑事法庭或者公诉部门实习三个半月，在律师事务所实习四个半月，在行政机构实习三个半月，第二次在律师事务所实习四个半月，实训并从事实务工作，最后三个月可以选择在德国或者外国从事任意法律工作。

然而，也有学者认为德国的实务训练以及整个法学教育模式有缺陷之处。第一，培养时间过长。法科学生先要在学校进行为期五年的学习，毕业之后还要进行两年的实务训练才有可能从事法律职业。这种历时七年的培养过程相对较长，效率不高。第二，大规模的实务训练造成财政负担。第二阶段的实务训练是普及性的，所有的毕业生在理论上均应该参加，而其中所涉及的费用为政府的财政带来不小的压力。第三，实务训练缺乏自主性。实务训练的过程中，毕业生需要在导师的严密指导下进行工作，不能以个人的名义提供法律服务。这种情况类似于美国的密切指导模式，重大的决策由导师作出，学生只能作为导师的助手和学徒，是导师意志的执行和延伸。这种实训模式可能会在一定程度上限制学生的自主性，而且对于培养学生的决策能力没有太多帮助。

二、波兰刑事法律诊所教育的发展现状

包括刑事法律诊所在内的法律诊所教育兴起是波兰法学教育的一次重大变革，是波兰法学教育迈向新时代的契机。经过一段时间的发展，波兰的刑事法律诊所教育已经形成较为完善的课程体系和科学的组织制度，不失为其法学教育史上的一次壮举，可以对我国的刑事法律诊所制度建设提供重要参考。

自 2004 年波兰加入欧盟以来，根据相关协议波兰法学院校的教育课程需要加以调整以适应欧洲学分转换系统的要求，故而波兰法学教育界以此为契机进行了教育模式和教育计划的调整。当时，波兰私立法学院校也正在兴起，其所采用的更加贴近实务、更加职业化、更加技能化的教育模式对于法科学生以及用人单位而言更具有吸引力，对国立大学的教学方式构成了一定程度的冲击。在此情况下，法学教育界对于国立大学所采取的一成不变的传统教学方式是否仍然适应加入欧盟后的新形势产生了激烈的讨论。另一个趋势更是加剧了这种讨论，即此时波兰的法律服务机构由于种种原因纷纷加紧了对于学生参与实习的限制，学生相较于以往能够进行实习的机会更少以至于不能满足培养实务技能的要求。有学者从维护学生法律职业操练权的角度对现有法学教育制度和实务技能培养体制进行了批评。此外，在加入欧盟的大背景下，通过与其他欧盟成员国的对比，波兰的法律实务界存在着获取法律服务的渠道过于狭窄的缺点，尤其是法律援助或公益性法律服务的缺位使得法律实务界备受批评。

恰逢此时，通过实践的方法传授法学知识和实务技能的法律诊所教育理念传入波兰，它迎合了波兰法学教育界乃至法律实务界甚至整个波兰社会的需求，很快开始占领主流意见高地。为应对以上种种质疑与挑战，响应新型法学教育思想的号召，波兰的华沙大学率先开展了法律诊所的探索。一个直接原因是华沙大学一直存在着为促进就业不遗余力的良好传统。为加强学生的法律职业训练并最终促进法科学生更加轻松更加高质量就业，华沙大学法学院的管理层、教师团队以及学生组织一直以来都在尝试各种办法。因此，从促进就业的角度切入，华沙大学对于法律诊所更加容易接受和采纳。以此为契机，华沙大学法学院掀起教学模式改革。教学改革致力于改良相关课程，使其能涵括更多的、在大学的层次上予以关注的法律职业道德、理念问题。同时，该改革的目标也在满足法科学生在执业中所需法律技能的要求。此外，教学方法的改革也是教学改革的关注重点，他们开始尝试通过解决委托人真实问题的实践性体验方法进行教学。另一方面是因为华沙大学法学院教育理念的变化。此前，华沙大学法学院乃至整个波兰法学教育界都将法学教育定义为精英教育，华沙大学法学院更是被认为是法学精英教育的中心。正是由于长期秉承着精英教育的理念，华沙大学法学院长期将教学重点置于法学理论和法学教义的研究和传授，以相对封闭的教学环境培养较高质量的毕业生。与之相应的就是这种教育方式长期忽视了社会责任的履行，并未能为社会提供太多的直接贡献。基于此种反思，华沙大学法学院认识到法科学生除应当具有高超的法学知识和技能外，更应当有担负社会责任的胸怀以及促进社会公平公正的理想。为实现这一观念，不仅应当促进波兰社会的法制意识和法律素养、提高整体国民教育水平，更应当通过学校的主动作为向社会提供公益性的法律服务，尤其是那些面临刑事指控或为刑事犯罪行为所侵害但是自身经济状况窘迫无法为自己寻求法律帮助的个人。通过这种实践，不仅可以让法科学生有更多的实践操作机会，更为重要的是促进

了社会的公平，避免了刑事诉讼当事人落入迫于经济无法保障自身权利的境地。

华沙大学法学院管理层和教师群体共同推动了包含刑事法律诊所在内的法律诊所项目的开展。1998年时，法律诊所已经成为课程系统中的一项选修课，并计算在教师强制性的教学小时数内。经过5年的运作，法律诊所已经在法学院教学管理中实现了充分的制度化。起初，独立的法律诊所办公室仅有一个，内辖一名专职行政人员。制度化进程完成后，法律诊所获取了跨部门的地位，诊所内设一名教学人员。学生不仅能从诊所领取专门教材，还能获得其他各种教学设备。如今在欧洲学分转换系统中，法律诊所项目已占到6个学分量。

根据波兰当地法律和学院组织管理形式，波兰的刑事法律诊所在发展过程中形成了四种不同的组织形式，并各有特点和优长。这四种形式分别是：学生研习小组、学校内设立的机构、社团或基金会、混合模式。

学生研习小组相当于国内的大学生社团组织，是由大学生在大学中自发设立的学生组织。这种学生建立或参加这类组织的权利不言自明，在波兰更是受到法律明文保护，除非此类机构的构成或者行为构成了对法律、学校规章重大、持续性的违反。此外，波兰《高等教育法》还明文规定，大学可以将某些关系到学术或学校管理的问题交由学生自治组织完成。刑事法律诊所相关的学生研习小组作为一个承担一定学术使命的学生社团组织完全符合该项规定，甚至可以说该项规定在一定程度上为以学生研习小组形式建立的刑事法律诊所的发展指明了道路。通过和学校合作，学生研习小组可以承担学校在刑事法律诊所方面的部分教学任务，相应的学校可以给予学生研习小组一定的经费支持和硬件支持以帮助其顺利完成学术使命。以学生研习小组的形式建立刑事法律诊所的优势在于其设立非常方便快捷，只要能够通过学校的审批就几乎不存在其他方面的障碍，此外在今后的发展过程中学生研习小组还可以比较方便地以学生自治组织的名义向学校争取财政支持。但是学生研习小组并不是独立法人，并不具备法律上的主体资格，因此并不能接受来自社会如企业、基金会的赞助，也不能独立参与竞标以获得政府支持，这对于其进一步向更加专业化的方向发展也构成阻碍。此外，学生研习小组也不具备直接参与刑事诉讼的资格，这就在一定程度上限制了学生的实践范围。

以学校内设立的机构的形式设置的刑事法律诊所则相对于学生研习小组更加组织化、专业化。根据每个学校的规划不同，这种机构常常体现为一个部门、一个中心、一个协会或者一个研究院等。作为学校内部正式设立的机构，学校会安排专职人员作为诊所职员负责管理、决策以及教学工作。与学生研习小组相比，学校内设机构的构架更有利于院校的领导和管理，有利于院校向刑事法律诊所更加直接地提供相应支持。同时，作为学校的专职员工，刑事法律诊所的职员在管理上将更有专业性，在决策上将更有科学性，在教学上将更有系统性。专职教师的加入对于刑事法律诊所拓宽学习领域、深化技能学习具有重要的意义。然而，和学生研习小组一样，这种内设机构依然没有独立法人资格，不能接受来自社会如企业、基金会的赞助，也不能独立参与竞标以获得政府支持。同样也不具备直接参与刑事诉讼的资格，这就在一定程度上限制了学生的实践范围。

刑事法律诊所在波兰建立的另一种组织形式是社团或者基金会。根据波兰相关法律规定，社团分为具有法人资格的社团和普通社团两种，分别具有不同的设立条件。15名以上的个人作为发起人即可以依法向波兰的国家法院申请设立具有法人资格的社团。这种社团作为独立法人可以成为权利主体，对于其所属财产享有所有权，可以占有、处分、使用其财产。这些财产的来源可以是会员缴纳的费用、其他主体的捐赠和赞助、营业收益以及社团财产所产生的孳息。更重要的是，这种社团作为独立法人可以从事商业活动，可以向外界提供有偿服务或者其他根据社团章程可以为的营利活动，并且可以作为独立主体参与刑事诉讼维护当事人的利益。更重要的是，具备独立主体资格的社团可以和波兰政府进行深入合作，承担法律援助等公益法律活动，从而能够更好地践行刑事法律诊所的使命和目标。以基金会的形式设立的刑事法律诊所也具有独立的法人资格，也具有与前述社团相同的优势。当然，波兰的法学院校也有以普通社团的形式开设刑事法律诊所的情况。这种社团不再具备法人资格，但是设置和管理的流程大幅简化，只需 3 名发起人依规定向相关监督机关提交申请即可。但是这种形式的社团并不具备对外从事营利性活动资格，其唯一的收入来源是会员向社团缴纳的会费。

刑事法律诊所并不局限于上述的某一种形式，在有些情况下存在着第三种形式和第一种或第二种同时存在的情况，即学生研习小组或学校内设机构在成立刑事法律诊所的同时也注册成立相应的社团或基金会。这样不仅能够很好地完成刑事法律诊所所承担的教学任务，还可以以独立法人的身份为一定的法律行为，大大拓宽了学生的实践空间，也能更好地为社会提供公益性的法律服务。

三、日本刑事法律诊所教育的发展现状

日本在 2004 年进行的法学教育改革是一次意义深远的改革，这次改革确立了法学院校的培养目标从传统的法学素养养成转向法律职业素质的养成。通过建立法科大学院制度形成了一套由大学本科教育、法科大学院培养、司法考试选拔、司法研修所研修等环节共同组成的法律职业培养模式。以此为契机，包括刑事法律诊所在内的法律诊所教育模式也进行了改进和进一步铺开。

日本的法学教育体制，在西方看来是颠倒的，职业性教育只有在资格考试之后才开始。所有日本的律师和法官都是一直学习法学理论的，多年来通过读书来记忆，平均在本科生水平的大学教育之后还要再学习四年半。日本的国家司法考试通过严格筛选使得精于记忆法律和理论的学生入围，此后这些学生才能进入实习阶段。这种实习在早前的日本也被称为诊所教育，在那里他们人生中首次接触到专业的法律教育。18 个月的实习期中，有 12 个月是接受这种诊所教育，也被称为“实践培训”。12 个月被分为四部分：(1)民事审理；(2)刑事审理；(3)起诉实践；(4)个人实践。他们将在地方法庭待 6 个月，仅仅是坐在桌边看他们的导师做事，差不多一半的时间是在做文书工作。早先日本的“诊所教育”主要是文书工作，学生只是在看，而不是亲自实践。也就是“通过观察来学习”。不少学者认为传统的实习或所谓的诊所教育有不少弊端。第一，它时间太晚，学生在通过资格考试之前应该有诊所经验。学生为了通过资格考试往往花大量的时间来记忆知识，以至于他们的学习激情不高。第二，个人实践太少，而多于 70%的学生将来是要成为私人律师的，因此教育就应该更注重个人实践。第三，它太局限，诊所法律教育更多地应当是通过实践来学习。

此后在法学教育改革的过程中，日本学者引入美国的法律诊所教育的概念，并随着法科大学院的建立在法学教育界被广泛接受。在日本，法律诊所教育又被翻译为“临床法学

教育”，其含义一般被认为是“在律师的监督指导下，针对具体的案件，开展法律咨询、听取案件事实、整理案件、调查寻找相关法律、探讨提出解决问题方案等实际教学活动。”“在教学中，会见实际的案件当事人、委托人(或者代理律师)；开展法律咨询，或者实际参与正在进行中的案件；学生向实际的委托人(或者代理律师)发问等。”

众所周知，日本的刑事法律制度虽然在战后受到了美国的影响建立起了诸如判例制度、陪审团制度等审判制度，但是就其主体来看仍然是较为典型的大陆法系刑法制度。这就使得对于刑法成文法的研究总是处于刑事法律研究的重点领域。当然，日本刑法学界并不回避现实与法律的差异，往往将这种差异加以总结分析，并反过来指导刑法教义学的发展。在这种视野下，日本的刑事法律诊所就具备了三个重要使命。一是，刑事法律诊所可以在真实的环境中对法科学生进行教学，在培养刑事实务技能的同时还可以将通过课堂教授所构建的理论知识和法律思维运用到法律实践中，并与此同时帮助学生建立起对未来职业的初步认知。二是，刑事法律诊所可以在社会上起到一定的积极作用，通过向社会提供法律服务，尤其是向经济状况不理想以至于无法聘请律师为自己主张合法权利的刑事被告人或者刑事案件的被害人提供免费的法律服务，可以促进公益性法律服务行业的发展，促进社会公平公正，同时也能够使得法科学生在这个过程中形成高尚的法律职业道德和社会责任感，增强从事法律行业的自豪感。三是，作为横跨理论界和实务界的桥梁，刑事法律诊所可以在实务中加强对于现行刑法理论的反思和批判，通过教学和实践发现新的理论课题和新的理论领域，为刑法教义学的发展提供强大助力。其中的第三点也是日本对于刑事法律诊所的理解较为独特而透彻的地方。

基于以上认识，为推进法学教育改革，日本文部科学省的中央教育审议会法科大学院分会提出，在法科大学院需要对应性地开展法律实务课程。从2003年开始，各相关学校纷纷提出建设法律诊所教育课程的计划，自此开始在全日本范围逐步形成全国性的学术机构，推进法律诊所教育的制度化。2008年建立的日本临床法学教育学会作为全国性临床教育组织，标志着日本法律诊所教育正式融入了法学教育体系。相对于美国法律诊所教育协会超过1300名会员的规模，日本临床法学教育学会的规模不大。截至2011年，该学会共有正式会员236名，这些会员不仅包括法学院校的教职人员，还包括141名律师和已卸任的法官。

早稻田大学法学院的创立者清楚地认识到法律诊所教育的重要性，以及它总体上在职业性法律教育中扮演的预期角色。在早稻田法学院设立后不久，就于2004年春开设了法律诊所办公室，同年夏天，又大胆地成立了由2名指导者和13名学生(一、二年级)组成的刑事审判诊所。2005年春，早稻田刑事审判诊所正式招收了16名学生(二、三年级)。

在早稻田法学院，刑事诉讼法是一年级学生秋季学期的必修课。职业道德和刑事辩护则在二年级开设，刑事证据在三年级开设。即使有些学生缺乏必要的知识技能准备，通过合适的引导和教育，可以在很大程度上激发他们的学习热情，在遇到实际案例时通过努力工作、团结互助以解决问题。为向新加入的学生展示刑事法律诊所课程，诊所将举办一系列关于刑事程序和法律职业道德基本内容的讲座，然后通过走访司法机关的形式向学生讲述刑事诉讼的运行规则。例如，在地方的警察局，带领学生参观审讯室和其他设施，听取警官讲述近期的犯罪情况；在东京地方法庭旁听审判，并与地方法院的法官进行深入交流。

早稻田大学的刑事法律诊所通过与日本的义务律师系统合作以获得案件来源。日本刑事审判程序的最大特点之一是在预审期间对犯罪嫌疑人的措施。一旦被捕，嫌疑人最多可能拘留 23 日，在这期间必须不断接受警官、检察官的审讯，没有西方所谓的“沉默权”。为了满足被拘留者法律咨询的需要，全国的地方律师协会成立了义务律师系统，会员律师在特定时间值班，接听被拘留者的电话、探访关押室、提供免费法律服务。当嫌疑人想让该系统的律师做代理人时，律师必须接案，如果嫌疑人贫困的话就作为援助律师为其代理。当早稻田大学的刑事法律诊所通过义务律师系统受理案件时，不论当事人经济状况是否拮据，都将作为法律公益服务为其免费代理。

具体而言，早稻田大学刑事法律诊所的学生将会通过以下活动进行法学素养和实务能力的养成。

第一，会见当事人。被刑事起诉的人有获得专业律师帮助的宪法权利，同时享有法定权利与律师在拘留室里秘密谈话。但实际上，这些基本权利的行使被限制在律师个人的活动里，即律师助理或者秘书不能单独会见律师的当事人。按照惯例，法院的实习生可以参与职业律师和当事人的秘密会谈，但不允许在职业律师不在场时与当事人交谈。法律规定并没有明确允许或禁止刑事法律诊所的学生跟随指导律师和当事人进入调查室。因此一些东京的警察局允许该诊所学生参与调查。但是大部分的警察局仍然不允许，认为诊所学生与通过了资格考试的法院实习生有区别。当学生被允许参与时，诊所指导律师会鼓励他们多问问题，向当事人提供建议。当不允许学生参与时，诊所指导律师会让学生制作调查问卷，在当事人同意下进行调查。

第二，参与审前活动。通过审前活动，诊所可以申请取消嫌疑人的拘禁令、保释嫌疑人。为了当事人能早些获释，诊所指导律师会引导学生采取各种可能的行动。比如，通过学生起草一份简要文件，在法官批准拘留之前辩称拘留是违法的或者不必要的；而一旦法官批准了拘留当事人，学生再便想办法申请法官撤回。与一般的私人律师相比，刑事法律诊所在处理相关问题上具有很大优势。每个案件的处理小组，都有一位职业律师和三四个努力工作的学生，平均每人的工作量很小，让学生能花更多的时间研究案件。在早稻田大学刑事法律诊所承接的所有 9 个有关开庭前拘留的案件中，有 2 个案件通过诊所的努力使得法官最终没有批准对嫌疑人的拘留，其比例高达 22%。尽管样本总量偏小使得这样的比例说服力不强，但确实可以从中看出早稻田大学刑事法律诊所在此类案件中付出的努力。

第三，参与庭审。诊所的学生可以做所有职业律师庭审前的准备工作(调查证人、起草辩护书等)。但是，学生不能单独参与审判，甚至不能在庭审时坐在辩护人席位上。学生仅仅能像普通观众那样旁听审判。虽然警察局的答复各有不同使得学生有机会参与会见当事人，但法官的答复总是拒绝让诊所的学生坐在辩护人席位上。法院实习生，按照惯例是可以与他们的指导律师一起坐在辩护人席位上的，但不能辩论或质证证人。

诊所是一个精深和耗时的专业培训。一旦诊所接手一个预审拘留的案件，学生就必须平均每天花三到四个小时。一旦案件起诉，学生们每周要碰头两到三次来为庭审做准备。这样学生在 60 天左右的时间内总共要花 80 到 100 个小时。诊所学生能会见真实的当事人，接触真实的社会，尤其是刑事审判程序的真实面。毫无疑问，这样帮助诊所实现了教育目标，增强了学生的实务技能：(1)学习基本的辩护技能；(2)了解刑事审判程序如何进行；(3)了解当事人的境况。根据反馈，几乎所有的诊所学生都认为诊所是学习法律和刑事程序实践的最好的方式。诊所学生因为意识到书本法律和实践法律的巨差感到震惊，与当事人会见自然更激发他们思考“自己能为他做什么、怎么做”。尽管诊所课程需要辛苦的工作，但学生并不感到累或受打击。一个二年级学生在他的报告中写道：“我很兴奋，这是一种乐趣。”

第三节　刑事法律诊所教育的域外经验

一、教育理念与目标

目前在美国的许多法学院，诊所法律教育是一门主要课程。美国90%的法学院采用诊所教育方法，诊所法律教育甚至成为评价法学院的参考因素之一。法律诊所已成为一个将法律理论与法律实践相结合的重要工具和场所。美国的诊所法律教育历经半个世纪的发展已日益成熟完善，充分发挥了其作为法学院学生实践平台的功效，并为社会带来了深远的正面影响。总结美国和其他先行国家的经验，可以为我国的刑事法律诊所教育发展提供借鉴。为促进我国的相关教育模式发展，我们必须回溯到刑事法律诊所教育兴起的时代，分析其理念和目标，为我们建立类似的模式提供指引。

（一）职业化教育之需要

刑事法律诊所教育乃至法律诊所教育兴起的直接原因在于法学教育由传统教育模式向职业化教育模式的转变，因此刑事法律诊所教育的重要理念之一就是通过面向法律业务实际开拓职业化教育的新形式。就美国法学教育的现实情况而言，美国的法科学生多数在接受 J. D. 学位教育后走上工作岗位。在法律诊所出现之前，J. D. 的教学方案存在一定的缺陷，多数法学院校在第一年安排必修课教育，在第二年和第三年安排选修课课程，这些课程均为课堂授课，没有专门的实践教学，也就是说此时的 J. D. 学位教育存在着理论与实际严重脱节的现象。众所周知，根据美国的法律制度和法官遴选体制，美国的法学教育基本上就等同于律师教育，即使毕业生最终的目标是成为一名法官，他也不得不从律师做起。可是在理论与实践严重脱节的情况下，法科学校的毕业生并不能立即掌握律师执业所需要的各项技能，律师事务所需要花费大量的时间和精力帮助一名新手成为合格的律师。随着经济的发展，社会对于法律服务的需求不断增长，司法诉讼和其他法律行为数量激增，对于拥有成熟执业经验的律师需求不断增大。而法学归根结底是一门实用性、应用性很强的学科。在传统的教育中，法科学生对于法律理论进行抽象的学习和理解，即使形成较为完整的理论体系认识和理论研究能力也很难直接将所学的理论知识应用于法律实务之中。缺少了实践技能的培养，美国的法学教育培养出来的学生在法学从业能力上普遍存在着较为严重的缺陷，其法学教育的目标也很难达成。而从实务界来看，由于需求的增加，法科学生的能力不能满足律所对于律师的基本要求，法学教育和法律实务的距离在不断加大。在这种情况下，法律实务界和法学教育界都期望法学院校引入能够帮助学生形成实践能力和职业技能的相关课程以弥补理论与实践脱节的缺憾。

在我国也存在类似的情况。虽然我国的法律执业资格考试制度和法官检察官遴选制度与美国都存在较大区别，但是两国法学教育都有共同的使命，就是为法律实务培养可用之才。我国法学院校培养的毕业生，除少数将从事科学研究之外，绝大多数毕业生在取得学位后会选择成为法官、检察官、律师以及其他法律从业人员，刑事法学教育所培养的毕业生更是极端集中于前述前三种职业。可见，我国的刑事法学教育也应该像美国的法学教育一样，积极回应实务界对于职业能力培养的要求。而现实情况是，我国的法学教育包括刑事法学教育也存在着理论与实际脱节的情况。法学院校的教学形式往往以课堂讲授为主，虽然为应对增强实务能力的要求在课堂中加入丰富的案例，并且有些学校会定期举办模拟法庭活动，但是不得不承认这种教育方式仍然与现实存在一定的区别。与德国相比，虽然我国与其同样大量采用案例教学，却并没有强制性实习的制度。在我国的刑事法学教育中，实践技能往往通过学生的实习进行培养，这种实习往往是学生以实习生的身份进入法院、检察院、律师事务所或公司中从事一些辅助工作，其工作性质和内容都和日本早期的所谓“诊所教育”有太多相似之处。加之，这种实习并没有形成制度化，在有些法学院校这种实习均由学生自发进行，学校对此并没有相关的指导和监管，实习效果可想而知。

正是基于这种实际，刑事法律诊所教育势在必行。目前在美国的许多法学院，诊所教育已经成为其主要课程之一，法律诊所已经成为法学院校将法学理论与社会实践进行结合的重要场所。时至今日，经过半个世纪的演化和发展，美国90%的法学院校采用了诊所教育方法，美国的法律诊所教育已经逐渐形成完善的制度，诊所教育的成效已经成为评价一所法学院校水平的重要指标之一，而法律诊所作为学生的实践平台也确实发挥了重要的作用。为此，我国也应当在刑事法学教育领域全面建立相应的诊所教育制度，弥补理论与实际之间的缺憾，为我国法学教育向着职业化发展探索道路。

（二）人权与公正之倡导

法律诊所教育兴起于民权运动高涨的20世纪60年代的美国，其内涵中就带有对人权和公正的不懈追求。《世界人权宣言》第10条已经申明，任何个人都有接受公平审判的权利。这就意味着获得辩护权是一项基本人权。该条约虽然没有明确法律援助等具体途径，但是早已明确了“法律面前人人平等，并有权享受法律的平等保护，不受任何歧视”的准则。这一准则反对任何不平等和歧视，当然也包括基于财产而进行的歧视。如果刑事诉讼的被告人因为经济拮据而不能获得应得的刑事辩护，那么个人获得公平审判的权利便不可能获得，法律面前人人平等的准则也就会沦为一句空洞的口号。《公民权利和政治权利国际公约》也同样规定“任何人受刑事控告或因其权利义务涉讼须予判决时”有权接受平等的审判并且禁止任何针对公民行使权利而进行的歧视，同时明确被告人在受到刑事控告时有权自行辩护或聘请律师为自己辩护。为保障该项权利，公约还在第14条规定：法院认为审判公正需要时，应为无辩护人且经济困难的被告人指定辩护人。

在当时的美国，法治模式过于强调国家对于法律制度的完善和改进，希望依靠立法机关制定一系列实体法和程序法以实现法律对于社会的正向促进。然而，这种“国家中心主义”的思潮却忽略了一些常见的非法律因素，这些因素对于公民的权利却具有决定性的影响。在法律援助制度不健全的情况下，贫穷的人无法为自己聘请律师使得自己无法在面临刑事控告时行使获得辩护的权利。正是由于经济水平不佳，使得公民的权利实质上被剥夺，在西方强调机会平等的社会环境中他们未能够享受法治发展带来的成果。

为应对这种状况，“法律赋权”的概念受到关注，并随着联合国对穷人法律赋权委员会的设立在国际上得到重视。根据联合国对穷人法律赋权委员会的定义，法律赋权是指“使穷人受到保护并运用法律来推动其在国家和市场中的权利和权益的过程”。这一定义意味着，使公民不再因生活贫苦而无法行使自己的权利是其核心含义。从获得辩护权的角度讲，就是通过法律援助制度的建设使得穷人也能很好地获得刑事辩护所带来的利益。而刑事法律诊所的建设可以为社会带来公益性的刑事辩护服务，是刑事辩护领域法律赋权的最有效方案之一。

在我国当前的社会环境下，传统观念中对于刑事诉讼仍然是一种非常回避的态度，“无讼”“息讼”“耻讼”的心态在民间仍然广泛存在。更是由于经济状况不佳，使得不少的刑事诉讼当事人无力聘请律师为自己辩护。正是由于信心、文化、经济上的缺失，使得这些当事人无法真正行使自己的权利，成为事实上的无权者，其状态和被剥夺了该项权利的个体无异。而在法律赋权的视角下，我国建设刑事法律诊所就是能够让这些当事人能通过更多的渠道获取刑事诉讼辩护服务，使得当事人在事实上获得与其他人平等的地位。在全面推进依法治国的今天，刑事法律诊所的设置可以为我国法治的完善提供一个局部性的解决方案，可以让家境贫寒的当事人“在每一个司法案件中都感受到公平正义”。

此外，刑事法律诊所还在更为多元的维度上促进人权的保障和公正的实现。除了通过向社会提供法律服务，为因经济原因不能捍卫自身合法权利的被告人提供免费辩护以促使个案公正和个案中人权保障的实现以外，刑事法律诊所教育更可以让学生在接触当事人、了解真实案情的情况下养成对社会承担责任、对人权和公正积极追求的公众精神，更可以让学生在具备实际技能并养成公共精神的前提下促进学生深入理解法律与社会公正之间的关系，并形成通过法律积极追求公正的经验。正如学者所言，在处理案件时学生必须考虑某些制度若无法起到应有作用时应当怎样作出反应，并且在面对站在对立面的对方律师和站在中立地位的法官时，学生必须明白人权和公正的实现并不完全来自法律事实和主张，更重要的是来自于权利的平衡。正是这种经历，使得学生学会在冲突的价值之中获得平衡，并坚定通过毕生的职业生涯不懈追求人权与公正的决心。因此，从正义激发的角度，刑事法律诊所教育也能够很好地回应人权和公正对于法学教育变革的呼唤。

（三）法现实主义之践行

法律诊所教育模式兴起的重要原因，还在于从法现实主义的角度对传统教学乃至案例教学方式的彻底批判。法现实主义的代表人物弗兰克曾指出，即使是采用了案例教学法，这些看似真实的案例实际上也是经过人为的筛选和抽象，与大多数在基层法院进行的判决相去甚远。在实务中，法律工作者通常需要面对各种意外因素，如由于现实原因无法搜集证据或证据有瑕疵、法官对于不同法律情节之间权重的把握、刑事政策变化引起的审判思维变化、之前出现的类似案例判决出现欠妥之处甚至舆论和案件当事人的诉求情况均有可能对丁案件法律事实的认定和案件的判决结果产生重要影响。这就形成了诸多法律行为在事实上的不确定性，从而让人们注意到法律与现实之前存在着的重大差异。

正是基于对这种差异的认识，刑事法律诊所教育的宗旨之一就是让学生具备认识并应对这种差异的能力。虽然我国的刑事法律制度并不是典型的大陆法系刑事法律制度，但是却深深地受其影响多年，法律中心主义的思想在社会上甚至在法学院校中占据着非常重要的位置。在不少人的思维中，法律仍然是对于事实进行简单认定并直接得出法律结论的过程。然而，等到法科学生毕业走向法律实务时才会发现，并不是每一个案件的具体事实都如当事人叙述的那样清楚明白，并不是每一件法律事实都与具体事实完全对应，也并不是每一个案件都可以在抽象并简化的“三段论”中得出明确的结论。仅仅就刑事证据而言，证据规则、证明力大小、证据取舍与采纳、证明标准的具体把握等诸多问题就足以影响法官对每一件案件的判决情况。刑事法律诊所教育就是要通过实务训练让学生明白法律在有些情况下并不是自洽的，法官也是普通人，也会操纵法律规则和法律逻辑，也会被政治、舆论、道德、信仰乃至个人偏见等非法律因素绑架从而作出具有浓厚个人色彩的判决。

具体而言，刑事法律诊所应当让学生认清现实，通过不断接触实务了解到：哪些案件会在实际上受到非法律因素的影响；这些案件通常在多大程度上受到非法律因素的影响；这些非法律因素都会包含哪些具体情况；这些具体情况的来源如何；哪些类型的法官会在多大程度上不受法律规则和法律逻辑的拘束而作出判决；法律因素和非法律因素对于法官作出判决的影响权重分别有多大。在此基础上，学生应该能做到：如何向当事人说明诉讼可能存在的风险；向当事人进行预警所包含的风险内容和可能性如何把握；如何在证据的准备中规避非法律因素的影响；如何在预见风险的基础上通过诉讼策略的选取进行规避；甚至如何通过利用非法律因素获得期待的结果；等等。但是，这些能力的培养并不应当成为刑事法律诊所教育的主流，学生更应当清楚的是：作为一名法律人不能盲目相信法治神话，但也不能因此就放弃对于法律价值的坚持，应当在实务中坚守底线和操守，在与各种非法律因素的不断博弈中维护法律的独立性。

此外，从法现实主义的角度看，刑事法律诊所教育也能为法学界提供一种“自下而上”的问题研究路径。具体来说，法现实主义要求法学研究首先应该破除法律中心主义的禁锢，充分了解应然与实然之间的距离，要求研究更加贴近于基层贴近于事实；贴近现实主义的法学研究还要脱离定性研究的轨道，重视对于定量研究的应用，并在定量研究的途径中不断开拓发现实际问题的新通路；同时，法现实主义视角下的研究更应当注重研究结果尤其是非法律因素的现实以外，了解其对于法律规范的影响并力图将这种影响以规则的形式加以体现。这种研究思路是法现实主义所带来的，让研究者能够认识到法律规则的片面性，同时维护法的独立意义。

就刑事法律诊所而言，通过这种教育方式的创新，刑法学界可以获得一种基于实际的研究路径。通过实务中出现的问题，学生或者学者有可能发现刑法理论和刑事法律规定与现实生活中存在着的、具有重大影响的非自洽之处；可以通过在实务中积累数据对刑法问题进行精确的、更具有说服力的定量研究；可以通过整理实际案件的案情探究现实因素产生的根源。刑事法律诊所为刑法理论研究提供了探究另一种研究视角的契机，使得刑法研究能够刺穿社会表象，摒除猜想和臆测，得出真正有利于刑法发展进步的研究结论。

二、教育方法的改革

相对于传统的教学方法，刑事法律诊所教育所带来的更多还是在于对于刑事法学教育方法的变革。刑事法律诊所一改传统的教学方式中的被动学习形式，学生与教师在课程中的地位变得平等而密切，学生的学习形式也变得主动而积极。作为传统教学的补充，刑事法律诊所克服了传统教学中以法学理论为主严重脱离法律实务的缺点，将课堂学习的理论运用于实际案件的处理中。学习的内容也不再局限于法条和理论，可以更多地接触到实务操作的基本技能。可以说，刑事法律诊所教育通过自身独有的教学形式和教学方法，为法科学生面向职业化、实践化的培养开创了更加合理的道路。

（一）实践与理论相结合

法学与一般的社会科学学科不同，其本质仍然是一门实践学科，学以致用是每一位法科学生的理念。在当今的中国，法学院校培养的学生绝大部分最终走向了法律实务岗位，这些岗位可能是法官、检察官、律师、企业法律顾问等，其工作的领域和服务的对象并不相同但是无一例外均对个人的实践能力提出了较高的要求。美国的法学院校也面临类似的环境，故而采纳了法律诊所教育的形式，将学生置于实际案件之中进行学习。这一模式完全不同于一般的课堂教育，将理论知识获取的重要程度置于实践能力培养之后，教师根据学生遇到的案情有针对性地向其传授必要的理论知识。然而，这种模式并不能在中国照搬施行。

首先，中美两国的刑事法律制度属于不同的法系。美国属于典型的英美法系，主要以判例法为法律渊源，其思想精髓在于通过实践积累案例从而形成整个社会对于刑法的理解。美国的法科学生通过实务和案件接触各种类型的判例和审判规则，从而可以对刑事法律规定获得大致的了解和感知，这也成为其学习法律理论和法律精神的主要来源。而我国的情况却与之不同，前文曾提到，我国的刑事法律制度总体而言还是与大陆法系极度相像，采取成文法的立法体例和以法条解释为基础的刑法体系框架。我国法科学生需要在课堂中系统性地学习抽象的刑法知识和刑事司法逻辑，并形成基于逻辑推演得出结论的思维方式。这就意味着，在系统学习刑法理论之前，我国的学生不具备充分掌握实务技能的能力。

其次，美国的法学教育全部设置在本科学习之后，此时学生的社会经验较为丰富，对于社会和法律问题有了较为充分的认识，更加重要的是已经形成了一定的自我学习能力，因此美国的法律诊所可以将实务教育放在首位，依靠学生自身去发现问题并解决问题。而我国的情况则有所不同，法学教育存在于本科和研究生等多个阶段，学生的年龄、教育背景、心理成熟程度和自学能力并不相同。如果我国完全照搬美国的法律诊所教育模式，则会导致学生在实务上浪费太多的精力而影响了理论学习，反而不利于法律素养的全面发展。因此，我们应当妥善处理形式诊所教育与传统课程之间的定位问题，在培养学生建立起较为完善的理论基础的前提下进行法律实务教学和刑事诊所教学，如此才能做到理论与实践相结合的局面。

具体而言，应当在刑法教学的课程安排上形成以课堂传授为主，辅以刑事诊所教学的方式。在学生充分掌握理论知识的前提下，引导其进入刑事法律诊所进行学习。在真实的案件背景下在接触真实当事人的基础上，让学生进行实务操作。在学生接待当事人，提供咨询、参与调解和谈判、起草法律文书的同时，引导学生将理论知识与案件实际进行联系，在实践学习中将专业知识与实践技能进行联合学习。

（二）真实与模拟相结合

美国的法律诊所教育形式经过长时间的发展，已经形成了“内置式诊所”、“外置式诊所”、“模拟诊所”三种形式，以是否以真实案件开展教学可以分为真实案件诊所和模拟案件诊所。在模拟诊所中，由教师带领学生进行法律实务技巧模拟课程训练，学生在模拟的环境中熟悉律师工作程序，提高律师职业技能和职业素养。在我国，刑事法律诊所面临一些现实问题，并不能完全通过真实案例进行教学，而应当和美国的法律诊所教育一样走一条真实与模拟相结合的道路。

就教学效果而言，刑事法律诊所教育并不是真实案件越多越好。刑事法律实务涉及诸多问题，从证据规则的把握到诉讼策略的取舍，从沟通谈判能力到文书写作能力，都需要一定的经验和知识才能驾驭。在我国的法学教育模式下，法科学生往往缺少相应的积淀，并不具备进入刑事法律诊所就立刻投入工作的能力，如果一开始就接触真实案件，势必会让学生在各类问题上牵涉大量精力，而且经验的缺失也使得他们难以获得当事人的信任，毫无疑问会影响刑事法律诊所的教学效果。

根据我国《刑事诉讼法》第 32 条规定，律师，人民团体或者犯罪嫌疑人、被告人所在单位推荐的人，犯罪嫌疑人、被告人的监护人、亲友可以作为嫌疑人、被告人的辩护人。在实际案件的代理中，未取得律师从业资格的个人很难以其他方式作为辩护人参与诉讼。在我国，在校的法科学生尤其是全日制法科学生往往都不具备律师从业资格，也就几乎没有可能成为辩护人为当事人代理案件。因此，在实际的刑事诊所教学中，有些工作就不能够由学生独立完成，例如：会见被羁押的犯罪嫌疑人、调取证据、出庭辩护等。对于此类工作，学生可以在诊所中以模拟的形式进行练习。

此外，基于我国的办学实际，并不能强制要求学生必须在刑事法律诊所中一定处理真实案件。由于经费的限制，刑事法律诊所并不能够承接过多的案件，此外，具有丰富实务经验的教师也相对短缺，不能够为诊所中太多的同学提供直接的密切指导。为了尽可能扩大刑事法律诊所的教育对象的范围，应当尽可能在不影响教学效果的前提下压缩成本，从而才能让有限的教育资源为更多人提供服务。真实与模拟相结合的教学方式就是压缩成本的有效方式。

当然，应该强调的是，模拟诊所中的案件应当是基于真实案件而来的，最好是未经审判的、与诊所承接的真实案例完全同步的模拟案件。这种模拟诊所中的案件和案例教学法中的案例存在重要区别，往往没有进行抽象加工，尽量引导学生进入真实氛围。在案件中学生必须像处理真实案件一样自己去发现案件事实，自己起草法律文件，自己制定诉讼策略。这些内容并不会因为案件的真实与否而有所区别，同样可以很好地培养学生的实务技能。

（三）传统与创新相结合

刑事法律诊所乃至法律诊所教育归根结底还是一种法学教育的创新形式。传统法学教育的思想是建立在理论推演和逻辑演绎的基础之上，通过抽象的知识传授帮助学生建立起系统化、高度抽象化的理论基础。在引入案例教学法之后，将加工简化后的案例引入课堂，引导学生利用学到的理论知识进行案例分析，使得课堂教学尽量向实务贴近。然而，这种教学方式仍然和实务有很大区别，缺乏真实操练环境，学生的应变能力无法得到有效训练，不能够设身处地的体会法律工作者的工作状态，难以激发学生作为法律从业者的职业兴趣和职业责任心。同时，如接待当事人，提供咨询、谈判技巧、起草法律文件等许多法律实践技能无法在传统法律课堂上得到有效的训练。而诊所法律教育则是建立在真实的案件背景材料和真实的当事人基础之上，学生通过办理真实案件，参与案件处理的全过程和细节，了解事实，运用证据，寻找真相。在现实的接触中，培养学生法律问题的判断能力和解决问题的方法与技巧，增强学生做一名合格律师的责任心和职业道德，加深学生对法律制度、法律知识、法律条文的理解，并亲身体验律师的社会角色。学生们将注意并认真思考每一个办案细节，结合具体的事实和证据进行分析，要考虑法律与事实背后的联系，甚至要去推测和判断法官和对手的想法，了解案件所具有的特定的社会背景，从委托人的角度出发，寻找有利于委托人的解决问题的最佳途径。将刑事法律诊所教育与传统教育相结合，两者相辅相成就能够为学生的理论基础构建和实务技能养成提供坚强有力的保障，促进法科学生法律素养的全面发展。

此外，刑事法律诊所教育所带来的不仅包含教学方式的创新还包括组织形式的创新。传统的教学方式中教师往往是课堂的主人，学生处于被动的位置。而在刑事法律诊所的教学模式中，学生基于案件的实务需要，成为了话题的引导者和学习过程的引领者，教师则作为监督者处于被动地位。通过这种方式，学生成为课堂的主宰，学生将被鼓励发表个人意见并践行这种意见，教师则是从旁指导，引导其运用理论知识得出合理结论。面对实务问题永远没有绝对正确的答案，学生可以享有很大的自由空间在实践中学习并运用法律知识。通过刑事法律诊所的引入，法学教学方法和组织形式获得创新，对于全面培养法科学生的法律素养具有非常重要的积极意义。

三、课程的地位

在引入刑事法律诊所教育之前，我国的刑法教育界就已经呼唤变革。社会的进步使得职业化分工愈发细致，对于职业技能的要求也不断增加。以刑事法律诊所教育兴起为契机，刑法教育可以在职业化的道路上开辟新的领域，为刑法教育的改革提供助力。为此，我们应当积极探讨刑事法律诊所教育的地位和作用，为刑事法律诊所教育与我国的刑法教育有机结合探索合理形式。

（一）传统教育方法之补充

刑事法律诊所教育模式的出现，弥补了我国现行刑法教育模式的不足，将传统教育中传授的理论知识运用于刑事法律实践中，架起了理论与实务之间的桥梁，弥补了传统教育的缺憾。但是也应当看到，刑事法律诊所的长处在于实务教学，对于理论知识，尤其是系统化、抽象化的理论知识的传授却并不擅长。故而，刑事法律诊所没有取代传统刑法教学模式的可能性，其最合理的地位就是作为传统刑法教育的补充。

以德国的法律实务教育为例，我们可以看到，在大陆法系国家，刑法教育不可能脱离传统理论教学，只有在充分学习刑法理论的基础上法科学生才具有从实务中接受具体技能学习的可能。德国的实务教学安排在本科学习之后，需要学生通过第一阶段的理论考核才可能参与，这种定位就意味着德国的刑法教育界将实务培养认定为传统教学模式的补充。而美国的法律诊所教学可以成为取代传统教学的形式也是因为英美法系的法律制度不同于我国。在美国，通过判例学习法律理论本就是法学教育的主流做法，而美国的法律体制从根源上也是建立在一个个判例和对判例进行深入解释的基础之上。故而，美国的法科学生可以在诊所中通过在实务中引用相关判例做到对于美国法律知识的较为全面的掌握。

我国也是成文法国家，刑事立法体例深受大陆法系的影响，刑法理论的构建也是以对刑法法条的解释为基础的。因此，在我国的刑法教学中，抽象化、系统化的理论传授仍然是最为重要的内容，是学生将来走向刑事法律实务不得不迈出的第一步。抛开理论直接进入实践中，会产生诸多问题，也会让学生如坠云雾之中。总体来看，正是对于理论的不断传承和发展才为我国的刑法学建立起今日之成果，以此为基础的刑事法律实务的各项技能才能源远流长。除了以法条为中心的概念法学和注释法学的影响之外，我国的刑事审判制度也要求从业人员必须首先具有丰富的理论知识。所以，我国刑事法律诊所教育模式的引进应当是作为传统法学教育的补充而非替代。它是为了加强传统教学方式的教学效果而存在，应当通过这种形式的教学延续和深化传统教学的效果和影响。当然，刑事法律诊所教学也不能弱化为刑法教学中的一个小项目，其仍然具有独立的特点和无可取代的优势。只有将刑事法律诊所教学和传统的刑法教学有机融合起来，用诊所教学的形式辅助传统教学达到更好的效果才是最为合理的方式，也最为有利于法科学生的全面成长。

（二）专业教育与职业教育之结合

我国的刑法学教育一直有着非职业教育的倾向。在成文法体系所带来的法律文化和法律制度的长期熏陶下，我国的刑法学教育往往将重点放置于对概念和解释的研究，以理论体系的构建和进步为要旨，而忽略了实务能力的培养。然而法学尤其是刑法学归根结底还是一门实践性的学科，不同于一般的社会科学学科。脱离了实践的刑法学就会成为无本之木和无源之水，也就失去了赖以存在和发展的基石。在这种思想的作用下，一段时间以来有些学者认为刑法学教育作为一种高等教育，不应当为职业化教育分散精力，而应当在理论上进行深入的研究，向学生传授抽象的理论知识。对于实践技能往往过于轻视，认为在走入工作岗位后通过简单的自我学习和职业培训就可以掌握。然而，随着社会的发展，刑事立法向着更加细致的方向发展，刑事立法对于人权的保障也对法律从业人员的实务能力提出了很高的要求，不少实务界的专家开始抱怨法科学生的实践能力存在短板，以往面向科学研究的教学模式受到了严重挑战。

就我国的情况而言，刑法学教育应当兼顾面向理论的教育和面向职业的教育，这两方面的教育都是不可偏废的。因此，大学法学教育的目标，应当是培养具有较强的一般法律素养的法律通才，为学生将来从事科学研究和法律实务均打下良好基础，使之能够适应各种工作要求。这种具有基础综合素养的法律人才，应当同时具备深厚的理论素养和丰富的实践经验，这实际上同我国乃至其他大陆法系国家的法学教育目标，即培养学生的基本法律素质目标是一致的。因此，在我国开展刑事法律诊所教育，也应当以培养学生的基本法律素质为目标，在传授刑法理论知识和培养刑事实务技能两个方面同时发力，不可偏废。刑事法律诊所教育带给学生的不只是一些技巧性的知识和技能，如如何起草法律文书，如何进行谈判和调解，如何推进诉讼程序，更是通过这些表面上的技巧应用来分析和理解法律制度的构造和成因，从而对于刑法理论和刑法思想有更加深入的理解和体会。

（三）精英教育与普及教育之结合

在美国，法律诊所教育是典型的精英教育。由于开设法律诊所的财政投入和人员投入太高，法学院校必须从实际出发去压缩诊所的规模，使得法律诊所课程成为只有少数学生可以参加的精英课程。这种课程需要对学生进行严格的筛选，以确定只让最优秀的学生加入其中。但是这就造成了多数同学与这种效果良好的创新型教学模式无缘的现实，法律诊所教育所能带来的好处也无法向全体同学铺开。

在我国，情况也非常类似。由于我国的高等教育主要由政府承担，教育经费并不能够用宽裕来形容，所以法学院校不可能为刑事法律诊所的开设和运行投入过多的资金。可以说，刑事法律诊所教育资源的有限性和学生需求之间的矛盾将会持续一段时间存在于法学教育的发展过程之中。因此，作为一门必修课让全体学生均有机会参与其中的设想在短期几乎就是不可能实现的。然而，我国也并不能够照搬美国的精英教育模式。只让少数学生受益的精英教育模式培养效率过于低下，每年只能培养出少数的学生根本无法满足当今社会对于实用型刑事法律人才的巨大需求，即使这些学生的能力再强，相对于现实而言也只能是杯水车薪。如果投入较多的资金和人员却只能培养出少量的成果，那么几乎可以说这种模式从一开始就注定会是失败的。况且，我国的高等教育本质上还是由政府主导的公益性教育事业，对学生进行区别培养，尤其是对于极少数学生投入大量资源进行精英化培养的方式并不符合我国为人民办教育的宗旨。

我们认为，刑事法律诊所课程的开设既不能完全普及化，更不能完全精英化，应当在二者之间创造性地开辟新的路线。在课程设置上，刑事法律诊所可以借用选修课的招生模式，让学生在充分了解本门课程的基础上进行自由选择。这样就可以在一定程度上节省教育资源，将刑事法律诊所教育定向投放到对其有需求的学生群体之中。为进一步节省教育资源，可以以真实与模拟相结合的方式进行刑事法律诊所课程的培养，让刚开始进入团队的学生通过模拟的方式尽快掌握刑事实务技能，同时也可以对学生的法学素养水平进行考查分析，引导理论基础扎实、实践技能熟练的学生进入真实案件的处理，进一步锻炼其法律执业技能。其他同学则可以通过模拟教学的学习获得宝贵的实践能力。

第三章 律师职业道德与职业礼仪

第一节 律师职业道德

一、律师职业道德概述

（一）律师职业道德的概念

职业道德是指人们在从事一定的劳动或者工作中所应遵守的基本道德，是一般社会道德在职业生活中的具体体现。法律职业道德是职业道德在法律领域的特殊表现，其约束的是法官、检察官、律师等从事法律职业的人员。由于刑事法律诊所教学的目的是教授学生如何在实践中为当事人提供法律咨询、刑事辩护等法律服务，因此诊所课程中仅设置法律职业道德中的律师职业道德，而不涉及法官等法律从业人员的职业道德规范问题。作为我国律师制度中的重要内容，所谓律师职业道德，是指从事律师职业的人员，在执行职务、履行职责的过程中的执业行为或者其他行为都必须遵守的道德准则。它是律师素质、价值取向、纪律作风的综合体现，是提高律师素质，纯洁律师队伍的重要保障。从律师职业道德的这一概念中，我们可以看出其具体包含以下内容：

首先，在主体方面，律师职业道德约束的是从事律师职业的人员。即律师职业道德约束的主体是律师，无论是专职律师还是兼职律师，都受到律师职业道德的约束。律师作为职业道德关系中承担义务的一方，理应受到职业道德的约束，如律师在职业过程中应当维护当事人的合法权益，为当事人提供最优质的法律服务。同时，律师职业道德作为律师行为规范的准则，只作用于律师内部，只对从事律师职业的人员产生指导性的约束作用。

其次，在客体方面，律师职业道德不仅约束的是律师的执业行为，同时还约束律师的其他行为。律师的执业行为发生在律师执行职务、履行职责的过程之中，因此律师的执业行为要受到律师职业道德的约束，而且这是律师职业道德约束的主体部分。但是，这不表明律师执业行为以外的行为都不受职业道德的约束。职业道德是社会道德在特殊领域的表现，二者也是普遍性和特殊性的关系，职业道德里面也存在着社会道德的因素。如果律师只有执业行为受到职业道德的约束，而其他行为不受约束，那么律师职业的发展将很难想象。因为律师和委托人的关系是以信任为前提的，律师只有具备较好的声誉和名誉，才会赢得委托人的信任。任何一个委托人都不会委托一个声誉较差的律师去为自己的权利而斗争。因此，律师的其他行为也与自己的业务活动息息相关。律师在从事执业行为以外的行为时，也要考虑到职业道德与职业形象问题。

最后，在来源方面，律师职业道德产生于律师职业活动的实践之中。理论来源于实践，律师职业道德也是从事律师职业的人员在长期的实践基础上形成并发展起来的，其集中反映了律师这个职业的特点，是在长期的实践中各种习惯、纪律等因素的概括和总结。律师职业道德不是社会外部强加的一种职业道德，而是在律师职业内部按照律师的意愿自发形成的一种准则。它表现出从事律师职业的人员对律师这一职业发展的美好愿望，对律师形象，素质的严格要求，以及对违反律师职业道德的现象的严厉谴责。

（二）律师职业道德的特征

1. 在内容上具有广泛性和抽象性

律师职业道德集中体现了律师职业的精髓，既对律师行业具有重要的指导作用，也是一国法治状况的重要体现，因此，在内容上，律师职业道德具有广泛性，其不仅约束律师的执业行为，还约束律师的非执业行为；不仅约束律师的诉讼行为，也约束律师的非诉行为。同时，律师职业道德在内容上还具有抽象性，这集中体现在关于律师职业道德的各种原则性规定上。例如《律师职业道德与执业纪律规范》第四条到第十二条，就分别对律师在执业活动中应遵守的执业准则作了原则性的规定。

2. 在效力上具有约束性和强制性

律师职业道德作为从事律师职业的人员在执业过程中的执业行为和非执业行为必须遵守的一种道德准则，对律师具有约束性和强制性。律师作为一名法律工作者，在执业过程中如果违反了律师职业道德规范，那么不仅会损害当事人的合法权益，还会给国家和社会带来损失，同时也会有损整个律师行业的形象和声誉。因此，律师职业道德对律师的执业活动提出了明确的标准，要求所有从事律师职业的人员都必须严格遵守，同时还明确规定律师违反这些规定的惩戒措施。律师如若违反了职业道德，除了要受到当事人的批评，社会舆论的谴责之外，同时还要接受特殊方式的惩罚，比如律师协会的惩罚，情节严重的，由司法机关予以处罚。律师协会以成文的形式确认了律师职业道德，而其中的部分内容又上升为法律规范，从而使得这些规范具有了强制性，对律师形成了较大的约束力，任何违反了职业道德的律师，都要接受制裁。这正是律师职业道德约束性和强制性的表现。

3. 在实施方式上具有他律性和自律性

律师职业道德在实施方式上具有他律性和自律性。这里的他律性是指律师职业道德具有约束性和强制性，强制从事律师职业的人员严格遵守其道德规范和执业纪律规范。任何违反了法律职业道德的律师，都要受到谴责和制裁。这里的强制性是一种外在的强制力，是在外部对律师所形成的一种作用力。例如《律师和律师事务所违法行为处罚办法》、《律师职业道德与执业纪律规范》等，都是以外在的强制力迫使从事律师职业的人员遵守其规定。这是律师职业道德他律性的表现。而律师职业道德的自律性则是指从事律师职业的人员遵守律师职业道德，不仅仅是源于外在的一种强制力，律师通过从内心深处自我体验、自我约束，也可以实现对律师职业道德的遵守。而且，这是律师职业道德实现其价值的主要的一种方式。因为律师职业道德即使具有强大的外在约束力，但律师如果并没有将其内化成自身一种内在的品质，对其持有排斥感，那么再具有强制性的律师职业道德也只是一纸空文，律师职业道德最终还要依靠律师去自觉地遵守。因此，律师职业道德是他律性和自律性的统一。

4. 在表现形式上具有规范性和非规范性

律师职业道德在表现形式上是规范性与非规范性的统一。律师职业道德很大一部分表现为严格的法律规范，如《律师法》规定的律师应遵守的职业道德，除此之外，还有大量的律师职业道德规范和律师执业纪律规范，如《律师职业道德与执业纪律规范》等。其规范性与明确性，不言而喻。但是，这样规范性的律师职业道德也不是万能的，不能穷尽律师执业活动中所有的问题。这时候就需要非规范性的律师职业道德来予以合理解决。比如，律师在执业过程中遇到了法律职业道德没有规范的问题，像利益冲突问题，这时候就要依靠律师根据自己的职业使命、职业素质等来对问题进行妥当处理，以最大限度地维护当事人的合法利益，不至于出现损害当事人利益的现象。非规范性的律师职业道德，虽然没有以规范性的法律条文的形式表现出来，但其对律师也具有强制力和约束力，在律师的执业活动中对规范律师执业行为，维护社会公平正义也具有重大的作用。非规范性的律师职业道德主要包括律师职业道德认识、律师职业道德情感、律师职业道德习惯等。如果没有非规范性律师职业道德的约束作用，仅仅依靠规范性职业道德，在律师执业过程中会出现大量的阻碍律师职业发展的因素。非规范性律师职业道德和规范性律师职业道德相互作用，相得益彰，共同规范律师的执业行为，促进律师更好地执行职务，履行职责。

（三）律师职业道德的规范形式

1. 法律

律师职业道德的首要规范形式为法律。法律规范之中很大部分包含了道德规范，因为律师职业道德是社会道德在法律职业领域的特殊表现，其中社会道德的核心部分上升为了法律规范，这是法与道德的必然联系。社会道德上升为法律规范时，就成了律师职业道德的规范形式，而且还是最主要的法律渊源。目前来看，涉及律师职业道德的法律主要有《律师法》、《律师执业行为规范》等。这些法律规范，在规范律师执业行为、约束律师遵守职业道德方面，一直发挥着重要作用。

2. 司法解释

司法解释中涉及律师职业道德的也很多。我国最高人民法院、最高人民检察院都有关于适用《刑事诉讼法》的司法解释，其中的很多内容就涉及律师的职业道德。如《人民检察院刑事诉讼规则(试行)》第三十八条第二款规定："一名辩护人不得为两名以上的同案犯罪嫌疑人辩护，不得为两名以上的未同案处理但实施的犯罪相互关联的犯罪嫌疑人辩护。"《最高人民法院关于适用刑事诉讼法的解释》中第三十八条规定："一名辩护人不得为两名以上的同案被告人，或者未同案处理但犯罪事实存在关联的被告人辩护。"第五百一十二条则规定："担任辩护人、诉讼代理人的律师严重扰乱法庭秩序，被强行带出法庭或者被处以罚款、拘留的，人民法院应当通报司法行政机关，并可以建议依法给予相应处罚。"

3. 行政法规

律师职业道德的规范形式除了上述的法律和司法解释外，现行行政法规中对律师职业道德也有所涉及。这一类的行政法规主要是由行政管理部门制定的，例如国务院颁布的《法律援助条例》第六条规定："律师应当依照律师法和本条例的规定履行法律援助义务，为受援人提供符合标准的法律服务，依法维护受援人的合法权益，接受律师协会和司法行政部门的监督。"第二十九条则规定："律师办理法律援助案件违反职业道德执业纪律的，按照律师法的规定予以处罚。"

4. 部门规章

部门规章中涉及律师职业道德的也较多，例如司法部制定的《律师执业管理办法》，公安部制定的《关于律师在侦查阶段参与刑事诉讼活动的规定》等。其中，《律师执业管理办法》第二条规定："律师通过执业活动，应当维护当事人的合法权益，维护法律正确实施，维护社会公平和正义。"而《关于律师在侦查阶段参与刑事诉讼活动的规定》则在第十四条、第十五条中规定律师应当遵守监所规定、应当保密等职业道德。

5. 行业规范

每个法律职业者都有自己的行为道德规范，如最高人民法院和最高人民检察院分别发布的《法官职业道德基本准则》与《检察官职业道德规范》。律师作为一名法律工作者，是整个法律职业共同体中不可或缺的一部分。律师职业经过不断的发展，形成了适合本职业发展的道德规范，其最主要的表现就是中华全国律师协会发布的《律师职业道德和执业纪律规范》。《律师职业道德和执业纪律规范》对律师职业道德和执业纪律作出了非常全面与系统的规定，是我国各级律师协会和每一位律师必须遵守的行为准则。

6. 国际公约

涉及法律职业道德的国际公约，主要集中在联合国国际人权公约中。如《关于律师作用的基本原则》第十二条规定："律师应随时随地地保持其作为司法工作重要代理人这一职业的荣誉和尊严。"第十五条则规定："律师应始终真诚地尊重其委托人的利益。"

（四）律师职业道德的构成要素

律师职业道德作为律师在执业中必须遵守的一种道德准则，清楚其构成要素对督促律师遵守职业道德，促进律师职业的发展具有重要意义。由于律师职业道德规范的是律师的执业活动和非执业活动，适用于律师执行职务、履行职责的全过程，律师除了庭审过程中要遵守律师职业道德，其他过程如会见当事人，接待当事人，调查收集证据，甚至是律师平时生活中的学习过程等，都要使自己的行为符合律师职业道德的要求。因此，律师职业道德的构成也具有复杂性。具体来说，律师职业道德主要由职业理想、职业态度、职业纪律和职业技能四部分组成。这四部分有机联系，互相作用，缺少任何一部分，都不是完整的律师职业道德。

1 律师的职业理想

职业理想是指从一定的职业道德原则出发，结合一定职业活动的特点，对所要达到的目标的向往和希望，是从业者最高的理想追求和价值目标。[①] 职业理想作为人们心中一种美好的期待，在职业道德中具有重要的地位。它是职业道德的重要组成部分，是职业道德的第一构成要素。

律师职业理想也不例外，它是律师执行职务、履行职责的前提。律师只有树立了远大的职业理想，才能在以后的执业活动中严格按照律师职业道德的要求规范自己的行为。反之，律师严格遵守律师职业道德，首先应当有职业理想，有自己为之奋斗要实现的目标。如果一名律师没有职业理想，即使在以后的法务实践中做得出类拔萃，他也只是一个懂得如何适用法律的机器。因此，律师应当以职业理想作为自己执业的动力，用这种职业理想指导自己的行为，并为实现这种职业理想而不断追求着。当然，职业理想必须是正确的职业理想。律师的职业理想应当是通过自己的不断努力去维护当事人的合法权益，去实现法律的正确实施和社会的公平正义，甚至是为了推进我国法治化建设进程而贡献自己的力

---

① 马珂：《社会转型时期我国律师职业道德问题研究》，首都师范大学硕士学位论文，2008年，第10页。

量。著名作家慕容雪村曾有一本著作名为《原谅我红尘颠倒》，里面讲述了一名律师魏达，在律师领域工作了多年以后，不讲公平正义，只讲“任钱唯亲”、“任权唯亲”，把金钱和权力作为自己的追求目标和职业理想，任何行为只以金钱和权力作为自己行为的唯一标准，把作为一名律师所应具备的最基本的职业道德置之度外，和对方律师相互串通骗取当事人的钱财，伪造证据，贿赂法官以赢得诉讼的胜利。最后，魏达律师因其行为受到了法律最严重的制裁。魏达律师就是一个没有树立正确的职业理想而走向自我毁灭的典型案例。因此，律师在执业活动中，一定要树立远大而正确的职业理想，并以强烈的责任心和责任感为之而奋斗。

2. 律师的职业态度

职业态度是一种认识，是从事某种职业的人们在执行职务或业务的过程中，在道德品质、思想认识、思想觉悟、价值目标等因素的影响下，所形成的一种对自己从事的职业的认识和态度。职业态度也是职业道德重要的组成部分，在职业道德中具有不可替代的地位和作用，它通常包括一个人对自己的职业定位，对自己职业的忠诚程度以及自觉工作，进而在此基础上实现自己工作目标的态度和责任心。

律师的职业态度，是律师在执业过程中对律师职业所形成的一种认识和态度。律师在执行职务、履行职责的过程中，要认识到所从事的职业的重要性，要认识到自己对委托人、社会和国家应该履行的义务和职责，从而增强职业使命感和职业责任感，树立正确的职业态度。在具体的业务中，应该热情诚恳，认真负责，忠于职守。应当一切以事实为根据，以法律为准绳，尽力去维护当事人的合法权益和社会的公平正义，并且敢于同其他一切违法违纪行为作斗争。律师只有树立正确的职业态度，才能使自己不断进步，进而实现自己的职业理想。

3. 律师的职业纪律

职业纪律是律师在执行职务、履行职责过程中必须遵守的行为准则。作为一种约束手段，律师职业纪律是对律师的基本道德要求。律师职业道德的强制性主要表现在两个方面：一是规定律师必须遵守的义务和纪律。如我国的《律师法》第四章对律师的权利义务的规定。二是规定了律师违反职业纪律所要受到的惩罚。如《律师职业道德和执业纪律规范》第 45 条规定：对于违反本规范的律师、律师事务所，由律师协会依照会员处分办法给予处分，情节严重的，由司法行政机关予以处罚。律师职业纪律作为一种对律师的行为进行规范的社会约束手段，规定了律师可以做什么和不可以做什么。律师必须严格遵守职业纪律，否则就会受到严厉的制裁。

4. 律师的职业技能

律师职业技能是律师在执业的过程中所必须具备的技术和能力，它是律师事业成功的必需条件，是律师实现其职业理想的基础。一个优秀的律师，除了要具备远大的职业理想，端正的职业态度，严格遵守职业纪律之外，还要有较好的职业技能。律师的职业技能不仅有助于律师实现自我价值，同时也关系着当事人合法利益的维护，甚至关系着社会公平正义的实现。因为律师的职业知识和职业技能在很大程度上和律师能否在执业过程中更好地去提供更优质的法律服务有着密切联系。律师只有具备了较好的职业知识和职业技能，才懂得在践行法律知识的过程中，如何去更好地维护当事人的合法权利，才懂得如何去提供更优质的法律服务。因此，职业技能不仅对于律师，即使对于整个律师行业的发展，都具有重要意义。

二、律师职业道德的价值目标

律师职业道德的价值目标，实际上是指律师职业道德的价值取向，即律师根据自己的价值观念或者价值标准所选择的行为指向的目标，是律师在价值观念的指引下，对所实现的价值目标和所选择的价值方向的一种追求。价值目标作为一种价值追求，无论对于国家社会，还是对于集体个人，都具有重要的作用。特别是对于某种职业来说，职业道德的价值目标更是和该职业的发展前景密切相关。因为某种职业确立怎样的价值目标，反映了从事该职业的人们怎样的一种价值方向，怎样的一种共同理想。律师职业道德的价值目标也不例外。我国《律师法》第 2 条第二款规定："律师应当维护当事人合法权益，维护法律正确实施，维护社会公平正义。"这实际上是从当事人，法律和社会三个角度确立了我国律师职业道德的价值目标。

（一）维护当事人的合法权益

律师作为一名法律工作者，首先要做到的就是要尽力维护当事人的合法权益。律师的执业活动应围绕当事人合法利益的实现，当事人的价值需求而展开。当事人合法利益至上应作为律师工作的信条，因为维护当事人的合法权益是律师的天职，不可推辞的使命和律师职业道德价值目标的核心，也是首要的价值目标。《律师职业道德和执业纪律规范》第 5 条就明确规定："律师应当诚实守信，勤勉尽责，尽职尽责地维护委托人的合法权益。"同时，第 24 条则规定："律师应当充分运用自己的专业知识和技能，尽心尽职地根据法律的规定完成委托事项，最大限度地维护委托人的合法利益。"由此可见，律师对当事人合法权益的维护，必须以遵守法律为前提。

1. 律师要树立维护当事人合法权益的认识

1820 年，博罗汉这样提醒人们："辩护人在实施其义务时，心中唯有一人，即他的当事人。千方百计地解救当事人，甚至为此不惜牺牲他人的利益，是辩护律师首要与唯一的义务……律师必须把爱国者与辩护人的义务区分开来。"[①] 律师从成为当事人的辩护人时，就要为了当事人的利益作出积极的辩护，维护当事人的合法权益是律师最基本的职业道德。刑事案件关乎被告人的财产、资格、人身自由乃至生命，如果辩护律师在案件审理过程中不能去积极地维护被告人的合法权益，那么就会造成被告人对辩护律师产生一种不信任之感，不仅破坏了律师和当事人之间的一种信任关系，在现实生活中会改变人们对律师职业的看法，不利于律师职业的发展，而且更为严重的是，在司法实践中会违背我国刑事审判制度设立的初衷。刑事审判从无到有，从稚嫩到成熟，是无数法学前辈共同努力的结果，其设立初衷即是通过双方的相互争辩，从而最大限度地维护被告人的合法利益，通过辩护人为被告人所做的辩护，最后对被告人作出的判决符合罪刑均衡原则，罚当其罪。而辩护律师如果在庭审中不去维护当事人的合法利益，那么就与刑事审判制度的设立初衷背道而驰。因此，律师要首先要树立维护当事人合法权益的认识，这是律师的基本职业道德原则。

2. 律师要勇于维护当事人的合法权益

---

① ［美］肯尼斯·基普尼斯著：《职责与正义》，徐文俊译，南京：东南大学出版社 2000 年版，第 60 页。

律师树立了为当事人维护利益的意识后，最重要的是在司法实践中要勇于维护当事人的合法权益。因为，在司法实践中，特别是在刑事诉讼中，律师的人身安全可能会受到威胁。有些律师不敢代理刑事案件，其中的原因就是律师害怕在维护当事人的合法权益后，自己却遭受报复。在目前建设法治国家的状况下，有些辩护律师依然会在维护了当事人的合法利益后，遭受到来自社会某些方面的报复。可是，律师作为一名法律的践行者，理应维护法律的尊严，把维护当事人的合法权益作为自己的神圣使命，在遵守法律规定的情况下，坚持当事人的合法利益至上原则。既然选择了当事人合法利益的维护者，岂能因为执业过程中遇到的一些困难和阻挠，就退缩不前？这不是一个法律人，更不是一个刑事辩护律师的所为。律师在执行职务、履行职责的过程中，面对各种阻挠和困难，应该挺身而出，利用一切法律手段去维护当事人的合法权益。

（二）维护法律的正确实施

律师除了要把维护当事人的合法权益作为自己的神圣使命外，同时还要维护法律的正确实施。法律通过其强制性来维护社会秩序，它不仅规定了人们在社会生活中的权利和义务，同时还规定了人们违反法律后所带来的一种不利后果。徒法不足以自行，法律的正确实施需要法律工作者的共同努力，这样法律在社会生活中才能发挥其应有的作用。律师作为法律职业共同体的一部分，如果在执业活动中不严格遵守法律的规定，甚至与法律规定背道而驰，那么法律的作用就得不到发挥，从而也不利于社会秩序的维护。律师的职责就是通过自己的执业活动来维护法律的正确实施，树立法律应有的权威。

1. 律师必须维护法律的权威和尊严

在法律的实施过程中，法律的权威和尊严是很重要的。如果法律没有了权威和尊严，那么法律对人们来说就没有威慑力，任何人都可以随意地去违反法律，任何人违反了法律都不会受到法律应有的惩罚，那么法律就等于形同虚设，这个社会也会变成无秩序的社会。在当今大多数国家中，社会秩序之所以会显得相对稳定和井然有序，除了人们心中的道德、宗教观念等约束人们去遵守社会秩序外，更为重要的是法律的强制性和威慑力。任何人违反了法律的规定都要受到应有的惩罚，这种权威促使人们安定地生活，遵守国家法律。因此，法律在社会生活中必须得到正确的实施。律师作为法律职业共同体中的一员，在执业过程中，应该严格按照法律的规定去行为，不能随意地按照自己的意愿去解读法律，更不能把法律当作自己谋利的工具，利用法律的滞后性去满足自己的一己私利，损坏法律应有的权威。律师在执业过程中，要维护法律的权威和尊严，这是律师职业道德对律师的最基本的要求。

2. 律师要正确地认定事实和适用法律

律师要正确地认定事实和适用法律，不仅仅指律师在自己的执业过程中要做到正确地认定事实、适用法律，同时还指律师在诉讼活动中，要根据自己的专业知识和实践经验，帮助当事人正确地适用法律维护自己的合法权益，帮助司法机关正确认定事实和适用法律。律师在具体办案过程中，要根据自己的敏锐的思维、深厚的专业知识以及丰富的实践经验，准确认定事实，既不可偏听当事人的一面之词，也不可把法律置之度外。作为专业的法律工作者，律师要引导当事人在行使自己权利的时候符合法律的规定，在当事人合法权益受到侵害时帮助当事人采取有效的措施去救济自己的权利，使当事人接受法律的约束，自觉遵守法律的规定，进而使法律得到普遍遵守和正确适用。同时，在具体诉讼活动中，律师还要积极帮助司法机关准确认定事实和适用法律，促进案件的正确处理，从而化解社会矛盾，维护司法公正，保障国家、集体和公民的合法权益。

（三）维护社会的公平正义

公平正义，不仅是法律的核心价值，同时也是整个社会的价值追求。一切社会制度的设置，包括法律的制定和实施，都是为了实现公平正义，避免出现弱者更弱，强者以强凌弱的现象。律师作为法律职业共同体的一部分，不仅要维护当事人的合法利益，更要具有社会责任感，促进整个社会公平正义的实现。因为法律不仅仅是为某一个当事人服务的，它还是为整个社会服务的。律师不仅是当事人个人合法利益的维护者，同时也是社会公共利益的维护者。律师既要对当事人尽责尽职，还要担负起社会责任。在执业过程中，律师通过正确适用法律，可以减少社会不公平现象的发生，可以限制公权力的滥用，从而实现社会的公平正义。因此，律师是公平正义价值追求的重要参与者，在维护人类社会公平正义中起着至关重要的作用。

三、律师职业道德的基本内容

律师的职业道德是随着律师职业的出现而形成的，是律师在执行职务、履行职责过程中必须遵守的一种道德规范，它和律师的执业活动密切相关。在司法实践中，律师职业道德对于规范律师执业行为，维护社会公平正义，具有重要意义。律师职业道德作为指导和规范律师执业行为的基本准则，是评价律师行为是否合法，是否符合律师职业要求的标准。因此，律师职业道德的内容至关重要。为了提高我国律师的综合素质和素养，促进律师职业的发展，我国制定了一系列规范律师执业行为的规章制度，而且律师职业道德的内容随着社会的发展变化而处于不断变动之中，这是经济基础的发展引起的上层意识形态变化的必然结果。目前，律师职业道德的内容主要体现和规定在《律师法》、《律师职业道德与执业纪律规范》、《律师执业行为规范》等法律规章中。《律师法》对律师的执业行为所遵守的职业道德规范作了指导性和纲领性的规定，《律师职业道德与执业纪律规范》和《律师执业行为规范》对律师的执业行为所遵守的职业道德规范作了相对具体的规定。《律师职业道德与执业纪律规范》和《律师执业行为规范》是中华全国律师协会制定的，中华全国律师协会作为律师的行业自治组织，由其制定的规范更能体现律师的意愿和人们对律师执业活动的要求和期望。因此，本文将以《律师执业道德与执业纪律规范》和《律师执业行为规范》为主要根据，从律师职业道德的基本准则和执业纪律规范两大方面来具体阐释律师职业道德的基本内容。

（一）律师职业道德的基本准则

律师职业道德基本准则作为律师职业道德内容的一部分，是律师在执业活动中所应遵守的基本准则。律师职业道德基本准则具有抽象性，它不仅包括《律师职业道德与执业纪律规范》等规范性文件中所规定的内容，也包括一些非规范性的职业道德。具体来说，《律师职业道德与执业纪律规范》中第四条至第十二条对律师的执业活动所遵守的职业道德准则作了原则的规定，分别规定了律师在执行职务、履行职责过程中应该忠于事实和法律，依法执业、诚实信用、勤勉尽责、严守秘密、同业互助、参加公益、奉献社会等内容。《律师执业行为规范》第5条至第10条对律师在执行职务、履行职责的过程中应遵守的职业道德基本准则作了原则性规定，规定律师的执业活动要忠于宪法和法律，恪守律师职业道德，注重职业修养，自觉维护律师行业声誉，诚实守信，维护当事人合法权益，维护法律的正确实施和社会公平正义等内容。《律师法》也以同样的方式对律师执业活动遵守的职业道德基本准则作了原则性的规定。而非规范性的职业道德准则，是律师在执业活动中逐渐形成的一种不具有强制力的道德准则，它的遵守与否完全取决于律师的自身素质和自觉意识。它虽然不具有强制性，却在律师的执业活动中发挥着重要作用。它主要包括职业道德认识，职业道德情感，职业道德意志等内容。规范性的职业道德准则和非规范性的职业道德准则相互作用，共同规范着律师的执业活动。

1. 规范性职业道德准则

规范性职业道德准则，是指明确表现为纲领性文字表达形式的准则。它是律师职业道德基本准则的主体，在规制律师执业行为方面起着主要作用。因为律师规范性职业道德准则主要表现为法律、行政法规、规章等，具有法律强制力，因此律师在执业活动中必须对其予以严格遵守，而不是根据自己的觉悟程度和自觉程度，甚至是个人喜好来选择性地遵守，任何违反了规范性职业道德准则的律师，都要受到相应的处罚。具体来说，我国当前的规范性律师职业道德准则，可以概括为以下十个方面：

（1）忠于事实和法律，依法执业

忠于事实和法律，是律师重要的职业道德，是律师进行执业行为的出发点和立足点。律师在执业过程中必须以事实为根据，以法律为准绳。《律师职业道德和执业纪律规范》第4条规定，律师应当忠于宪法和法律，坚持以事实为根据，以法律为准绳，严格依法执业。《律师执业行为规范》第5条规定，律师应忠于宪法、法律，恪守律师职业道德和执业纪律。《律师法》第3条第二款也规定，律师执业必须以事实为根据，以法律为准绳。

忠于事实和法律，首先要求律师在执业活动中要忠于以宪法为首的各项法律。法律是律师执行职务、履行职责的基础，也是律师维护当事人合法权益，维护社会公平正义的依据。离开了宪法和其他法律，律师的执业活动就会变得无所适从，律师的执业活动可能会偏离正确的轨道，从而导致律师的执业活动与人们对律师的殷切期望背道而驰，使当事人的合法利益甚至国家利益遭受重大损失。因此，律师在执业活动中必须忠于宪法和法律，严格遵守法律的规定，依照法律规范等处理各种事务，做到依法执业。忠于事实和法律，其次要求律师在执业活动中要忠于事实，尊重事实，以事实为根据。客观事实是律师对案件进行推理、判断的根基，律师在执业活动中不能以主观猜测为依据，更不能为了迎合当事人的不合法要求或者为了自己的一己私利而歪曲案件事实。律师要以客观事实为依据，严格遵守宪法和法律的规定，忠于事实和法律，正确地判断是非曲直、罪与非罪、此罪与彼罪。

（2）忠于职守，维护正义

律师作为一名法律工作者，其天职就是要忠于职守。这不仅是对律师的要求，同时也是对任何一个职业工作者的要求。在任何一个岗位上，都要忠于职守，尽到自己应尽之责。我国的宪法、法律以及《律师职业道德和执业纪律规范》等都以直接或者间接的方式规定了律师应当忠于职守，维护正义。如《律师职业道德和执业纪律规范》在第四条中规定，律师应当忠于职守，坚持原则，维护国家法律与社会正义。这是律师职业道德的基本要求，也是评价律师职业道德的一个重要标准。即使在司法实践中，一个律师满腹经纶，具有深厚的法学理论功底和丰富的实践经验，但却缺乏责任感和使命感，甚至做出玷污律师形象的行为，那么这位律师在律师职业这条道路上应该也不会走得太远。

忠于职守，维护正义，首先要求律师在执业活动中要忠于职守，坚持原则。律师在执业的过程中，要敢于用法律武器同一切违法行为作斗争，在面对是非善恶、正义与非正义的时候，应该勇敢地站出来，不惧危险，不畏权势，要坚持原则，为了当事人的合法权益据理力争，使弱者得到救济。其次要求律师在执业过程中要做到维护正义。律师职业道德的价值目标之一就是要维护社会的公平正义。这是律师执业活动的最高价值目标和追求。律师忠于职守，坚持原则，其最终目的是就为了通过向当事人提供法律帮助，实现社会的公平正义。

（3）诚实信用，勤勉尽责

律师的职责之一就是维护当事人的合法权益。作为一名专业提供法律服务的工作者，律师的执业行为对当事人利益的实现具有重大影响。因此，律师在执业过程中，要认真履行自己的职责，规范自己的执业行为，诚实信用，勤勉尽责。《律师执业行为规范》第六条规定："律师应当诚实守信，勤勉尽责，依据事实和法律，维护当事人合法权益，维护法律正确实施，维护社会公平和正义。"《律师职业道德和执业纪律规范》第五条也规定："律师应当诚实守信，勤勉尽责，尽职尽责地维护委托人的合法利益。"诚实守信、勤勉尽责，是律师在执业活动中正确处理与当事人关系必须遵守的职业道德，它是律师事业成功的重要条件。诚实守信，就是要求律师在执业活动中要讲信用。诚信乃立人之本，律师在执业活动中要做到诚实信用。对于当事人而言，律师在与当事人订立委托代理合同后，要信守诺言，按照合同约定履行自己的职责。不能对当事人有欺诈行为，更不能为了自己的个人需求而去欺骗当事人。《律师职业道德规范和执业纪律规范》第 26 条规定："律师应当遵循诚实守信的原则，客观地告知委托人所委托事项可能出现的法律风险，不得故意对可能出现的风险做不恰当的表述或做虚假承诺。"同样，《律师执业行为规范》在第四章第二节对虚假承诺作出了禁止性规定："律师应根据委托人提供的事实和证据，依据法律规定进行分析，向委托人提出分析性意见。"对于法官而言，律师应本着诚实信用的原则，向法庭提交真实的证据，不可歪曲事实、伪造证据，禁止一切欺骗或者愚弄的行为。勤勉尽责，就是要求律师在执业过程中要恪尽职守、尽责尽职。律师在执业活动中，应当采取一切合法的手段，为当事人及时有效地提供优质的法律服务，尽自己的最大努力最大限度地去维护当事人的合法权益。《律师执业行为规范》第 37 条就规定："律师应当严格按照法律规定的期间、时效以及与委托人约定的时间办理委托事项。对委托人了解委托事项办理情况的要求，应当及时给予答复。"一个律师是否能做到勤勉尽责，从一定程度上反映了律师是否有责任心，勤勉尽责决定着律师的事业是否能够取得成功。因此，律师在执业活动中要诚实信用，勤勉尽责，这样才能维护当事人的合法利益。

（4）钻研业务，敬业勤业

钻研业务、敬业勤业就是要求律师在执业活动中不断学习法律知识和其他相关知识，不断增强处理各种法律事务的能力。《律师职业道德和执业纪律规范》第 6 条规定："律师应当敬业勤业，努力钻研业务，掌握执业所应具备的法律知识和服务技能，不断提高执业水平。"律师之所以在执业活动中要钻研业务、敬业勤业，一是因为律师掌握知识的多少关系到当事人的合法利益和社会公平正义能否实现。律师在执业过程中所处理的各种法律事务都关系到当事人的各种权利，比如财产权、名誉权，甚至关系到当事人的人身自由和生命权。因此，一个律师掌握知识的多少，技能的高低，能力的强弱，对当事人来说是极其重要的。为了在司法实践中能够更好地维护当事人的合法权益，律师在执业过程中应该勤奋工作，刻苦钻研，学习处理法律事务所需的各方面的知识，努力学习理论知识，用心积累和总结实践经验，从而提高自己的能力和技能，成为一名具备深厚的法学理论功底，具有丰富的法律知识和实践经验，在执业过程中能够出色处理各种法律事务的优秀律师。二是因为时代的发展变化需要律师不断钻研业务，不断提高业务水平。随着时代的变化，社会的进步，在现实生活中出现了各种新问题和新情况。这些出现的新问题，有的是法律没有明确规定其解决措施，有的即使法律有明文规定，可是在司法实践中处理起来却很棘手。而这些新问题如果得不到妥善的解决，当事人的合法权益就得不到保护，社会正义就得不到伸张。因此，为了合理解决这些新问题，律师需要不断学习和钻研业务，不断开阔自己的视野，不断更新自己的知识结构，以适应时代的发展变化对律师能力的要求。法律职业是一个专业性很强的职业，需要律师不仅要有广博的知识，还要有丰富的实践经验，同时还要有不断进取之心以求能够处理各种问题。因此，钻研业务、敬业勤业是律师在司法实践中游刃有余地处理各种法律事务所必需的。

（5）维护声誉，提高修养

维护声誉、提高修养，是对律师品行修养方面的要求。《律师职业道德和执业纪律规范》第 7 条规定："律师应当珍视和维护律师职业声誉，模范遵守社会公德，注重陶冶品行和职业道德修养。"《律师执业行为规范》第 7 条规定："律师应当注重职业修养，自觉维护律师行业声誉。"律师在执业过程中，除了要钻研业务、敬业勤业之外，还要维护声誉，提高自身的修养。一个有修养的律师一定是一个当事人充分信任的律师。一个律师即使具有丰富的社会阅历和渊博的知识，但如果自身修养不够，在当事人看来，也只是一个普通的法律工作者。律师只有具备良好的声誉，才能促进自己事业的成功。没有一个当事人愿意委托一位声誉较差的律师在法庭上去为自己的利益而辩护。律师的言行举止还可以影响和指导公众对于法律权威的信服和尊重。律师的执业活动不仅代表着律师个人，同时还代表着我国整个法律职业的形象。律师的言行举止、形象气质等会直接影响公众对于法律的印象和态度。再者，律师的外在形象和内在修养还关乎着我国律师职业的发展。由于律师在社会中的特殊地位，律师的行为特别是不道德乃至违法行为会在社会上引起广泛的关注。这会造成公众对律师职业作出消极和负面评价，从而影响律师职业在整个社会中的地位和形象，掣肘律师职业的发展。所以律师应当遵守律师职业道德，树立良好的职业形象，努力提高自身的修养和内在道德品质，从而维护律师职业和自身的声誉，维护法律制度的权威和形象。

（6）严守秘密，保守隐私

严守秘密、保守隐私，指的是律师在执业活动中应当保守在执业过程中所获悉的国家机密、商业秘密及个人隐私。《律师职业道德和执业纪律规范》第 8 条规定："律师应当严守国家机密，保守委托人的商业秘密及委托人的隐私。"《律师法》第 38 条第一款规定："律师应当保守在执业活动中知悉的国家秘密、商业秘密，不得泄露当事人的隐私。"严守秘密、保守隐私，是律师职业道德的重要内容，关系到律师和当事人之间的信任问题。当事人对律师的充分信任，是律师执业的基础，也是整个律师职业发展的基础。没有当事人对律师的信任就不会有委托关系，也就不会有律师职业的逐渐成熟和发展。如果律师在执业过程中破坏了这种信任关系，就会造成当事人和律师之间的信任危机，甚至会威胁到整个律师制度存在的基础。对于律师来说，严守秘密、保守隐私，具有双重含义：一是律师在执业活动中所知悉的秘密，无论是国家机密还是当事人的商业秘密和个人隐私，都是属于职务范围内的秘密。律师对此负有保密义务，只要未经当事人的许可，律师不得向任何人告知和透露。否则，就是一种违反律师职业道德的行为。二是律师在执业过程中要严守秘密、保守隐私，可是当这些秘密和隐私涉及违法犯罪时，就不属于律师保守秘密的范围。例如当事人提供的准备实施某种犯罪的信息，律师就不得为其保密。因此，《律师法》第三十八条第二款规定："律师对在执业活动中知悉的委托人和其他人不愿泄露的情况和信息，应当予以保密。但是，委托人或者其他人准备或者正在实施的危害国家安全、公共安全以及其他严重危害他人人身、财产安全的犯罪事实和信息除外。"律师在执业过程中应当明辨这些信息，对于必须予以保密的，律师必须严格履行保密义务。

（7）同行互助，公平竞争

同行互助、公平竞争，是律师在处理与律师以及其他法律工作者之间关系时所必须遵守的职业道德。同行互助，是指律师要尊重同行，和同行之间相互帮助，不得干涉他人的执业活动，相互合作，相互促进，共同进步。公平竞争，是指律师和同行之间虽然存在着竞争关系，但是彼此间的竞争要采取正当的方式进行，不能相互诋毁，甚至采取违法的手段获得竞争的胜利。《律师职业道德和执业纪律规范》第九条规定："律师应当尊重同行，同业互助，公平竞争，共同提高执业水平。"《律师执业行为规范》第九条规定："律师应当尊重同行，公平竞争，同业互助。"这是律师处理与同行关系所应遵守的基本职业道德。律师与同行的关系，就是竞争和合作的关系。律师在执业活动中必须正确处理好这两种关系。一方面，律师要和同行之间相互合作，相互帮助，合作才能共赢。律师在执业过程中，难免会遇到困难，会遇到棘手的问题，这时候就需要其他律师帮助自己答疑解惑，排难解忧。同样，当其他律师遇到困难时，自己也要积极伸出援助之手，去帮助同行渡过难关。只有这样，才能在相互帮助，相互合作之中促进与同行的交流，共同提高，共同进步。另一方面，同行之间又存在着竞争关系。竞争可以促进律师去遵守职业道德，促进自身素质的提高，同时又可以促进整个律师职业的发展和当事人合法利益的实现。竞争的存在是非常必要的。但存在着竞争关系并不意味着律师与同行之间就要相互诋毁，通过贬低他人来获得胜利。律师之间的竞争是不可避免的，这是经济和市场规律的必然结果。但是律师在与同行竞争时，应当采取合理合法的方式。只有采取合理合法的方式，律师才能在与同行有序公平的竞争中，促进自身的发展。如果相互之间恶意竞争，相互诋毁，相互拆台，不仅败坏了律师职业的形象，最终受损的是律师的个人利益。同业互助，公平竞争，才能获得共同进步。

（8）履行援助义务，提供法律帮助

履行援助义务、提供法律帮助，就是要律师在执业过程中，要履行运用自己的专业知识为社会公众以及社会弱势群体提供法律援助的义务。《律师职业道德和执业纪律规范》第10条规定："律师应当自觉履行法律援助义务，为受援人提供法律帮助。"《律师法》第42条规定："律师、律师事务所应当按照国家规定履行法律援助义务，为受援人提供符合标准的法律服务，维护受援人的合法权益。"法律援助不仅是政府应该履行的责任，同时也是律师应当遵守的职业道德和履行的法定义务。律师作为具有专业法学知识的法律工作者，当其与当事人建立委托关系时，向当事人收取一定的费用，是理所当然的。这种报酬是对律师辛勤执业的回报，是律师的劳动所得。可是律师职业还具有社会属性，一个律师同时还担负着社会责任。在现实生活中，有一部分人在其合法权益受到侵犯需要寻求法律救济时，却往往由于没有足够的能力支付律师费用而得不到应有的法律服务。此时，律师就应当承担起社会责任，为社会弱势群体提供无偿的法律援助，积极维护他们的权益，确保法律的正确实施和社会正义的实现。这是律师职业道德对律师的要求，也是社会对律师的要求。

（9）遵守律协章程，履行会员义务

遵守律协章程、履行会员义务，就是指律师在执业过程中，作为律协的一员，要自觉遵守律协章程的规定，认真履行律协章程规定的各项义务。依据《律师法》的规定，律师协会是社会团体法人，是律师的自律性组织。律师、律师事务所应当加入所在地的地方律师协会，加入地方律师协会的律师、律师事务所，同时是全国律师协会的会员。律师协会的职能包括，保障律师依法执业，维护律师的合法权益，组织律师进行业务培训和职业道德、执业纪律教育，对律师的执业活动进行考核，并在与法律、行政法规、规章不相抵触的情况下制定行业规范和惩戒规则，对律师、律师事务所实施奖励和惩戒。律师行业实施行业内部自治和司法行政机关共同管理的制度，律协作为律师行业内部自治管理的组织，在规范律师执业行为、促进律师职业的发展方面具有重要作用。律协章程作为协会活动的基本准则，是为完善协会的管理，规范律师执业行为，保障律师权益，提高律师职业道德而制定的。律师作为律协的一员，理应遵守章程的规定，履行其会员义务。任何违反律师协会章程，违反律师职业道德的行为，都会受到律协的惩罚甚至是司法机关的惩罚。

（10）参加公益，奉献社会

参加公益、奉献社会，是指律师在执业过程中，不仅要为委托人提供有偿的法律服务，为社会弱势群体提供无偿的法律援助，同时其作为社会成员的一员，要积极投身于各种社会公益活动之中，以自己的知识和智慧为社会奉献自己的力量。《律师职业道德和执业纪律规范》第 12 条规定：“律师应当积极参加社会公益活动。”《律师执业行为规范》第 10 条规定：“律师协会倡导律师关注、支持、积极参加社会公益事业。”律师并不只是一个单纯地为委托人的合法利益进行辩护的法律工作者，其作为社会的一部分，履行社会责任，为社会贡献自己的智慧和力量，是其对社会应尽的义务。律师参加公益，是律师履行社会责任的义务要求，也是律师提高职业道德，树立美好形象的要求。因此，律师在执业活动之外，要积极参加各种社会公益活动，扶危济贫，帮困募捐，积极为社会贡献自己的光和热。

2. 非规范性职业道德准则

非规范性职业道德准则和规范性职业道德准则一样，也是在律师长期的法律实践中逐渐形成并发展起来的。它产生于律师的执业活动之中，对规范律师执业行为，提高律师职业道德具有重大的作用。但是非规范性的职业道德准则与规范性职业道德准则相比，没有明确的规范性文字表达的表现形式，甚至没有规范性职业道德准则的强制性。直接违反了非规范性职业道德准则的律师不会受到直接的惩罚，只有在违反非规范性职业道德准则的同时又违反了规范性职业道德准则的规定，律师才会受到惩罚。非规范性职业道德准则主要依靠律师个人道德觉悟，个人素质等在执业过程中去自觉遵守。但是，非规范性职业道德准则对于律师来说并不是可有可无的一种准则，其对于律师职业的发展具有重要作用。律师只有严格遵守非规范性职业道德准则，才能在执业过程中树立良好的形象，创造自己美好的前途。

(1) 职业道德认识

认识是人对客观事物的反映，是主体和客体相互作用的结果。这里的职业道德认识，是律师在执业活动中所形成的一种意识，是一种主观上的反映。律师职业道德认识的存在是非常必要的，对律师的执业活动起着重要的指导作用。律师只有对律师的执业行为、律师职业道德等有一个清醒的认识，才会在执业活动中严格规范自己的行为。具体来说，律师在执业活动中，首先应该认识到自己的执业活动对于当事人的意义，因为律师的执业活动关乎着当事人合法权益的实现。只有这样，律师才能更加去规范自己的执业行为，按照律师职业道德的规定去执行职务、履行职责。其次，律师在执业活动中应当认识到自己的执业活动对于社会的意义。维护社会的公平正义和法律的正确实施是律师的神圣使命，律师应当具有社会责任感，认识到自己的执业行为对于整个社会公平正义的实现的重要意义，从而认真去执行职务、履行职责。最后，律师在执业活动中应当认识到律师职业道德对于规范律师执业行为的意义。律师应当认识到律师职业道德对自己作出了怎样的规定，如何使自己的执业行为符合律师职业道德的要求，以及认识到当自己的执业行为违反了职业道德的要求时，自己会承担怎样的不利后果。只有这样，律师在执业活动中才会懂得如何去遵守职业道德，才不会产生错误认识。

(2) 职业道德情感

职业道德情感是在长期的职业活动中所形成的对职业的一种感情。这种情感是进行职业活动的前提和基础。任何一种职业，想要做得出类拔萃，都需要在自己的工作岗位上进行长时间的磨炼。律师职业更是如此。律师职业是一个用时间换取经验、换取价值的职业。每一个优秀的律师，都是在长期的实践中不断地学习，慢慢地积累经验。没有任何一个律师从执业的初始就知识渊博，经验丰富，都是长时间的不间断地磨砺而成长为一名优秀的律师的。这就要求律师对自己所从事的职业充满感情，愿意付出时间、精力和心血，去为自己喜欢的职业而奋斗。首先，律师需要“愿意”从事律师这一职业，这是基本情感，是律师进行一切执业活动的前提条件。如果一个律师从事律师职业，所进行的一切执业行为都不是出于自己的意愿，而是出于其他理由，比如只是觉得律师这个职业很受公众尊重，或觉得律师在社会上有优越感等原因，那么这位律师在律师职业这条路上应该也不会走得太远。只有出于自己的意愿，从内心愿意去从事律师这个职业，内心才会充满动力，才有可能成为一名优秀的律师。其次，律师要有为自己的事业而不断奋斗的精神，这是最高情感。作为一名律师，要有为了自己的事业不断努力的精神，要有通过自己的执业行为不断追求社会公平正义的伟大目标，要有为了社会法治建设进程贡献自己力量，甚至奋斗终生的牺牲精神。只有这样，律师才会以饱满的热情去执行职务、履行职责，才能一步步推动自己的事业达到顶峰。

(3) 职业道德意志

职业道德意志，是指律师在执业活动中对自己所从事的职业具有的一种意志力。如果说职业道德认识和职业道德情感是律师进行执业活动的前提条件，那么职业道德意志就是律师进行执业活动的重要保障。因为任何一项职业都需要付出时间、心血和精力。那么律师在执行职务、履行职责的过程中，要具备职业道德意志，包括两方面的含义：一方面，律师在执业过程中遇到困难时不能退缩，更不能放弃，要迎难而上，去克服困难。如果一个律师在执业过程中遇到困难就选择退缩和放弃，那么当事人的合法权益又怎样去维护、社会的公平正义又怎样去实现？这是对律师的坚韧度和意志力的严峻考验，律师无论在从业道路上，付出了多大的牺牲，忍受了多大的痛苦，遇到了多大的困难，都要坚定地走下去。这是律师职业道德对律师的基本要求。另一方面，律师在执业过程中，对遇到的各种诱惑等要保持坚定的意志力。在司法实践中，存在着很多律师在面对巨大诱惑时放弃了自己的职业道德底线，做出了违法犯罪行为，从而毁了自己的前程的事例。这其实更是对律师意志力的严峻考验。面对各种诱惑时，律师一定要时刻牢记自己作为一名法律工作者的职责和神圣使命，要坚守自己的职业道德，不被诱惑所迷惑，不能知法犯法。律师在执业过程中，只有保持坚定的意志力，遇到困难不退缩，遇到诱惑不妥协，才能成为一名合格的律师。

（4）职业道德信念

律师在执业过程中要树立坚定的职业道德信念，这也是对律师的基本要求。好多律师之所以在执业过程中知法犯法、违背职业道德，一方面是因为没有坚强的意志力，在面对困难或者诱惑时选择了退缩和妥协；另一方面是因为律师缺乏坚定的信念，这是造成律师退缩和妥协的主要原因。因此，律师在执业过程中，一方面要树立职业道德信念。只有有了这样的一种信念，律师才能在执业活动中严格规范自己的执业行为。以信念指导着自己的行为，才不会使自己的执业行为偏离正确的轨道。另一方面，律师在执行业务活动时要切实践行这种职业道德信念。因为信念必须得以践行，否则它也只是律师内心的一种确信，对律师的执业行为没有任何实质意义。职业道德信念作为非规范的职业道德准则，在非规范性职业道德准则中占据重要地位，律师必须坚定信念，这是律师事业成功的催化剂。

（5）职业道德习惯

习惯是生活中相对稳定的那一部分，是在长期的生活中自然而然逐渐形成的，较短时间内不容易改变的一种倾向或者行为。律师在长期的执业活动中，会养成许多的习惯，而这里所说的职业道德习惯是指律师在执业活动中所养成的好的、正确的习惯。这些习惯是律师必须予以坚持的。因为职业道德规范作为律师必须予以遵守的一种道德准则，它不可能对律师执业的各个方面作出规定。对于律师职业道德规范没有规定的那部分，就要依靠律师自觉来遵守。律师的自觉遵守，除了要依靠职业道德意志，职业道德情感等，很大一部分是依靠职业道德习惯，这些习惯对于律师来说是必需的。比如律师在会见当事人时的习惯，律师接待法律咨询者时的习惯，律师在调查收集证据时的习惯，律师在庭审现场为当事人利益进行辩护时的习惯，包括律师平时的穿衣打扮，言行举止方面的一些习惯；等等。这些习惯在律师执业活动中对规范律师执业行为具有重要作用，对于律师个人及整个行业的职业形象也具有重要影响。

（二）执业纪律规范

执业纪律规范作为律师职业道德基本内容的另一部分，与律师职业道德基本准则之间既有联系又存在区别。一方面，律师执业纪律规范和律师职业道德基本准则都是律师在执业活动中必须遵守的行为规范，二者相辅相成，缺一不可。另一方面，律师职业道德基本准则是律师执业纪律规范制定的依据和原则，律师执业纪律规范是律师职业道德基本准则的具体化。律师职业道德基本准则表现为纲领性文字，具有抽象性和概括性，而律师执业纪律规范则表现为明确的禁止性或者义务性规范，操作性较强。在我国现有制度体系中，《律师职业道德和执业纪律规范》对律师在执业活动中应该遵守的纪律规范作出了系统规定。此外，《刑事诉讼法》、《律师援助条例》、《律师和律师事务所违法行为处罚办法》、《律师执业管理办法》等法律、行政法规和规章从不同角度对律师执业纪律规范作出了不同的规定。综合这些规定，我们将从以下五个方面，即律师在执业机构中应遵守的执业纪律、律师在与委托人和当事人关系方面应遵守的执业纪律、律师与同行之间关系方面应遵守的执业纪律、律师在诉讼活动中应遵守的执业纪律、律师与法官关系方面应遵守的执业纪律，来具体解读律师在执业过程中应该遵守的纪律规范。

1. 律师在执业机构中应遵守的执业纪律

（1）律师的执业活动要接受律师事务所的管理和监督

《律师职业道德和执业纪律规范》第 13 条规定："律师事务所是律师的执业机构，律师的执业活动必须接受律师事务所的监督和管理。"这一规定具有两方面意义：一是可以促进整个律师职业的发展。由律师事务所对律师的执业活动进行监督和管理，可以督促律师的执业活动遵循律师职业道德的要求，从而维护法律服务市场的秩序，为律师执业活动创造一个良好的外部环境。二是可以加强律师内部的管理。律师事务所作为律师的执业机构，便于对律师进行监督和管理。通过其监督和管理，可以促进律师自身职业道德的提高，提高律师事务所的综合实力和竞争力。

（2）律师不得以个人身份执业，不得私自收取费用

《律师职业道德和执业纪律规范》第 15 条规定："律师不得以个人名义私自接受委托，不得私自收取费用。"律师不得以个人名义私自接受委托，不得私自收取费用，是国家对律师事务所和律师执业加强管理的重要举措。律师是隶属于律师事务所的，接受委托属于律师事务所对外业务中的范围，当事人委托律师或者人民法院指定律师，都必须通过律师事务所。该规定有两方面的意义：一是可以维护委托人的利益。如果律师可以以个人名义接受委托，那么就会出现每个律师的律师费用不相同的现象，甚至出现向委托人漫天要价的现象。律师事务所的收费执行的是国家统一标准，这样就可以防止多收费、乱收费的现象的发生。二是可以防止律师之间不正当的竞争。如果允许律师以个人名义接受委托，那么在法律服务市场上就会出现律师为垄断案源而采取相互诋毁等不正当的竞争手段，这样不仅会贬低律师的个人形象，也会影响整个律师业的健康发展。禁止律师以个人身份执业，禁止其私自收取费用，可以有效防止律师之间的不正当竞争，从而保障律师行业乃至整个法律职业共同体的良性发展。

（3）律师不得同时在两个以上的律师事务所执业

《律师职业道德规范和执业纪律规范》第 14 条规定："律师不得同时在两个或两个以上律师事务所执业。同时在一个律师事务所和一个法律服务所执业的视同在两个律师事务所执业。"之所以这样规定，是基于几下几个方面的考虑：首先，便于维护当事人的合法权益。律师在执业过程中，如果因为自己的疏忽或者其他原因损害了当事人的利益，那么就可能面临赔偿的问题。虽然是律师事务所接受了当事人的委托，但委托律师如果属于两个或两个以上律师事务所，那么在司法实践中就会出现当事人不知该向哪个律师事务所请求

赔偿，甚至会出现律师事务所相互推诿的现象。而当律师只隶属于一个律师事务所时，对当事人的赔偿责任就变得十分明确。其次，便于律师事务所的管理。如果一个律师事务所的律师不仅在本律所就职，同时还兼任其他律师事务所的律师，那么就会出现管理上的混乱，同时也会产生行业之间的不正当竞争。这样既可能损害当事人的合法权益，也可能影响整个律师业的发展。最后，就律师而言，如果其同时在两个以上的律师事务所从业，就可能出现两个甚至多个律师事务所的同时指派，这样势必造成律师的工作量加大，因为律师的时间和精力是有限的。律师面对多个任务，压力也会无形的增大，又怎么去尽力维护当事人的权益呢？

（4）律师不得违反律师事务所收费制度和财务纪律

《律师职业道德和执业纪律规范》第 16 条规定："律师不得违反律师事务所收费制度和财务纪律，挪用、私分、侵占业务收费。"这是对律师事务所的财务制度进行管理的重要举措。在我国律师制度的发展过程中，为了改变早期律师事务所的行政化特性，国家开始对律师事务所实行"自收自支"的财务管理制度。这样可以增强律师事务所的活力，充分调动律师的工作积极性，从而促进律师事务所的发展和律师职业的发展。律师在执业活动中应该遵守《律师职业道德和执业纪律规范》第 16 条的规定，收费要履行必要的手续，按照法律规定进行财务上的入账、开支、结算、纳税等，不得挪用、私分、侵占业务收费。如果律师违反了该项规定，就要受到相应的法律制裁。例如原广东环球经纬律师事务所律师龚平，在代理某建业五金塑料厂与中山市某公司经济纠纷一案中，私自与建业五金塑料厂签约代表廖某，对之前签订的委托代理合同收费条款作出重大变更，私自收取费用人民币 180 000 元，港币 20 000 元。这是律师违反律师事务所收费制度的典型行为，律师龚平也受到了法律的制裁。因此，律师在执业活动中，要遵守律师事务所收费制度和财务纪律的规定，不得私自向委托人收取费用和其他财物。

2. 律师在诉讼仲裁活动中应遵守的执业纪律

（1）律师不得以影响案件的审理和裁决为目的，在非办公场所与审判人员、检察人员等接触，更不能向上述人员馈赠钱物，实施非法交易活动

律师作为法律正确实施和社会公平正义的维护者，应该凭借自己渊博的法学知识、严谨的逻辑思维以及熟练的辩护技巧等，来取得诉讼或辩护的胜利，而不能通过非正当手段，比如以影响案件的审理和裁决为目的，违反法律的规定在非办公场所与审判人员、检察人员、仲裁员等接触，甚至向上述人员馈赠财物、实施非法交易活动。《律师职业道德和执业纪律规范》第 20 条规定："律师不得以影响案件的审理和裁决为目的，与本案审判人员、检察人员、仲裁员在非办公场所接触，不得向上述人员馈赠钱物，也不得以许诺、回报或提供其他便利等方式与承办案件的执法人员进行交易。"律师在执业过程中如果违反了职业道德的要求而实施了上述行为，不仅严重破坏了律师自己的声誉，而且有损整个律师职业的形象和发展。因此，律师必须严格遵守职业道德，禁止通过上述行为进行诉讼或仲裁活动，否则必将受到相应的处罚。

（2）律师应当遵守法庭和仲裁纪律，尊重法官、仲裁员，按时提交法律文件、按时出庭

《律师执业行为规范》第 66 条规定："在开庭审理过程中，律师应当尊重法庭、仲裁庭。"律师在执业过程中，要遵守法庭和仲裁纪律，尊重法律工作者，这不仅是对法律的

尊重，也是对自己职业的尊重。律师作为当事人合法权益的维护者，在庭审或仲裁中要遵守纪律，应对法官、仲裁员等保持尊重的态度；应当按照法律的规定，按时提交法律文件，按时出庭。具体来说，就是律师应当遵守出庭时间、举证时限、提交法律文书期限及其他程序性规定。只有这样，才能促进庭审或仲裁程序的顺利进行。

（3）律师出庭时应按规定着装，举止文明礼貌，不得使用侮辱、谩骂或诽谤性语言

律师的形象对律师的执业活动至关重要，它是律师事业成功的基石和保持客户关系的纽带。因此，律师在执业过程中要遵守职业礼仪，着装得体，举止文明。在会见当事人时，律师要热情而礼貌，要尊重当事人，认真倾听当事人的陈述；在庭审或者仲裁过程中，要按照中华全国律师协会发布的《律师出庭服装使用管理办法》的规定着装，注意仪表，发言时应当举止庄重大方，用词文明得体。即使在日常生活中，律师也要注意自己的仪表和言谈举止。律师只有保持良好的职业形象，才能给当事人留下深刻的印象，从而进一步扩展自己的业务和提升自己的业务水平。

（4）律师不得向委托人宣传自己与司法机关、仲裁机构及有关人员具有亲朋关系，不能利用这种关系招揽业务

律师在与委托人建立委托关系前后，不得向委托人宣传自己与有管辖权的司法机关、仲裁机构及有关人员存在亲戚、朋友或者同学等关系，更不能向当事人承诺可以利用这种关系或者通过其他法律禁止的形式影响案件的审判或仲裁。同时，律师也不能利用这种关系为自己招揽业务。《律师职业道德和执业纪律规范》第 21 条对此作了具体规定。之所以作出这一禁止性规定，一方面是为了保证司法公正，另一方面是为了避免律师之间的恶性竞争。在市场经济的环境下，律师之间产生竞争关系是必然的。但有些律师为了能够在竞争中取得胜利，就会采取一些不正当的竞争手段。比如有些律师利用委托人急切想获得诉讼胜利的这种心理，从而向委托人宣称自己与法官或者其他人员有亲朋关系，这无形之中就给委托人造成了一种错觉：即律师可以通过这种关系来影响案件的审理，获得诉讼的胜利。由此，委托人便对该律师产生了“充分地”“信任”，委托其进行辩护，律师也便获取了案源，获得了收入。律师的这些不正当行为，不仅是对法律服务市场秩序的严重破坏，同时也是对法治的严重亵渎。律师在执业过程中必须坚决杜绝此类行为，应当公平竞争，依法执业。

（5）律师应依法取证，不得伪造证据，不得怂恿委托人伪造证据、提供虚假证词，或者暗示、诱导、威胁他人提供虚假证据

根据《律师法》的规定，律师应当依法调查证据，不得向司法机关或者仲裁机构提交明知是虚假的证据，如果律师作为证人出庭作证的，不得再接受委托担任该案的辩护人或者代理人出庭。律师担负着维护当事人合法利益的职责，在接受当事人的委托后，应该积极地收集有利于当事人的证据，以求获取诉讼的胜利。但是在司法实践中，出现了众多律师伪造证据，怂恿他人伪造证据，暗示、诱导和威胁他人提供虚假证据的现象，这些现象的发生与律师的职业道德背道而驰，严重破坏了司法秩序，影响诉讼的顺利进行。因此，律师在执业过程中要依法调查取证，向法庭提交合法、客观真实的证据。具体来说，就是律师不能改变证据的内容、形式和属性，不得向司法机关提交明知是虚假的证据，不能以揭发他人的隐私等为由胁迫他人提供与客观不相符合的证据，不得以各种利益诱惑引诱他人提供虚假的证据。如果律师违背这些要求，根据《律师法》的规定，就要受到司法行政机关

的惩罚，构成犯罪的，要承担相应的刑事责任。

（6）律师不得与犯罪嫌疑人、被告人的亲属或者其他人会见在押犯罪嫌疑人、被告人，或者借职务之便违反规定为被告人传递信件、钱物或与案情有关的信息

《刑事诉讼法》第 37 条规定："辩护律师可以同在押的犯罪嫌疑人、被告人会见和通信。其他辩护人经人民法院、人民检察院许可，也可以同在押的犯罪嫌疑人、被告人会见和通信。"因此，会见在押的犯罪嫌疑人或者被告人，是我国法律赋予律师的一项权利。律师会见在押的犯罪嫌疑人或被告人，是为了了解案件情况，向犯罪嫌疑人、被告人提供法律咨询，以及为以后的辩护行为作准备。但是，律师只能以事实为根据，以法律为准绳，向司法机关提交能够证明被告人无罪、罪轻或者减免刑事责任的材料和意见，不能随意带领犯罪嫌疑人、被告人的家属或者其他人员会见犯罪嫌疑人、被告人，也不能借职务之便违反规定为被告人传递信件、钱物或与案情有关的信息。因为这样很有可能导致犯罪嫌疑人、被告人的亲属或者其他人员与犯罪嫌疑人、被告人为逃避法律制裁而相互串通，从而妨碍刑事诉讼的正常进行。因此，律师在会见犯罪嫌疑人或者被告人时，要严格遵守法律的规定。

3. 律师与委托人、当事人关系方面应遵守的执业纪律

（1）律师应当充分运用自己的专业知识和技能，尽心尽职根据法律的规定完成委托事项，最大限度地维护委托人的合法利益

律师接受委托人的委托，首先必须具备办理案件的能力和知识，要具备深厚的理论知识和丰富的实践经验，同时还要具备严谨的逻辑思维，高超的辩护技巧以及善于辩护的口才。这是律师处理案件所必备的。律师不能超越自己的能力范围，去接受自己不能处理的法律事务。律师在接受了委托人的委托之后，要根据法律的规定去维护委托人的合法权益，敬业勤业，尽责尽职。为维护委托人的合法权益，律师有权根据法律的要求和道德标准，选择完成或实现委托目的的方法。如果委托人拟委托的事项或者要求属于法律或律师执业规范所禁止的，律师应当告知委托人，并提出修改建议或者拒绝委托。

（2）律师应当遵守诚实信用原则

《律师职业道德和执业纪律规范》第 26 条规定："律师应当遵循诚实守信原则，客观地告知委托人所委托事项可能出现的法律风险，不得故意对可能出现的风险做不恰当的表述或做虚假承诺。"该条是对律师诚信原则的要求。诚信是现代社会的基石，是律师树立良好形象的必然要求。可是，在司法实践中，经常出现律师在接受了委托人的委托之后，不按照事先的约定处理案件，或者对委托人所委托的事项敷衍了事的情形。甚至有的律师对委托人作出虚假承诺，向委托人宣称自己的社会关系或者向委托人故意夸大自己的业务能力。这是对委托人的一种严重误导，也严重降低了律师的诚信度。律师应当就委托的事项与当事人进行协商，对所委托的事项可能出现的法律风险应当客观地告知委托人，而不能作出虚假的不切实际的承诺。例如重庆某律师事务所律师陈某在代理故意伤害一案中，一审被告人被判处死刑，立即执行。在对上诉案件进行辩护时，在已经收取了 500 元服务费的情况下，两次向当事人索取费用 12 000 元，并许诺能使二审改判死刑，缓期执行，结果法院驳回上诉，维持原判。该案中律师陈某的行为不仅严重违反了律师职业道德，违反了诚实信用原则，同时该行为也是对法律的严重亵渎。因此，律师要遵守诚实信用原则，在接受了当事人的委托后不得对当事人作出虚假承诺，更不能违背事实和法律对当事人作出

承诺。

（3）律师在接受了委托人的委托后，不得在同一案件中担任对方当事人的辩护人或代理人，要严格按照法律规定的权限、时效以及与委托人的约定，及时办理委托的事项

在同一案件中，双方当事人的利益存在根本的冲突，双方当事人也存在根本性的对立。这种冲突是通过当事人双方的行为所无法解决的，因此当事人需要寻求律师的帮助。律师通过提供专业的法律服务，从而解决双方当事人之间的冲突，维护委托人的利益。因此从一定程度上来讲，律师维护一方当事人的利益就意味着减损另一方当事人的利益。这就对律师的执业行为提出了要求，即律师在接受一方当事人的委托后，不得在同一案件中担任对方当事人的辩护人。如果律师在同一案件中担任了双方当事人的辩护人，其所处的地位就会发生冲突，又怎么可能真正维护当事人的利益。同时，律师在接受了当事人的委托后，要按照法律规定和与当事人的约定，及时办理委托事项。要切实去为当事人着想，及时去解决当事人所面临的法律问题，不得拖延，更不能把当事人所面临的法律问题当儿戏，放任不管，置之不理。

（4）律师应当妥善保管委托人的财物，不得与他人串通侵害委托人的利益，不得利用职责之便谋取私利

《律师职业道德和执业纪律规范》第 35 条第二款规定："律师不得挪用或者侵占代委托人保管的财物。"第 37 条规定："律师不得与对方当事人或第三人恶意串通，侵害委托人的权益。"对于这一保护委托人合法权益的规定，律师在执业过程中必须严格遵守。首先，律师应当妥善保管委托人的财物，认真履行保管协议，将保管的委托人的财产和律师的个人财产严格分离，律师在执业过程中不得挪用或者侵占代保管的委托人的财产。其次，律师不得与对方当事人或者第三人恶意串通，损害委托人的权益。最后，律师不得利用提供法律服务的便利，谋取当事人争议的权益，不得违法与委托人就争议的权益产生经济上的联系，不得与委托人约定将争议标的物出售给自己，不得委托他人为自己或为自己的近亲属收购、租赁委托人与他人发生争议的标的物。

（5）律师应当履行保密义务

《律师职业道德和执业纪律规范》第 39 条规定："律师对与委托事项有关的保密信息，委托代理关系结束后仍有保密义务。"律师所应保守的秘密，指的是律师在执业过程中知悉的与委托事项有关且委托人不愿透露的信息。律师对这些秘密负有保守义务，不仅在委托代理关系存续期间不得泄露，在委托代理关系结束后也不得泄露。如果律师擅自将需要保密的信息泄露出去，轻者将会受到司法行政部门的处罚，重者就可能面临刑事责任的追究。

（6）律师应当恪守独立履行职责的原则，不得为了迎合委托人或满足委托人的不当要求而丧失客观、公正的立场，不得协助委托人实施非法的或具有欺诈性的行为

律师在接受当事人的委托后，应当在委托人委托的权限内开展业务活动。律师应当充分运用专业知识，依照委托协议和法律规定完成委托事项。在执业过程中，律师有权根据法律规定、公平正义及律师职业道德标准，选择实现委托人目的的方案。在维护当事人合法权益的基点上，律师应当独立履行职责，不受委托人的影响，不能为了迎合委托人或者满足委托人的不当要求，丧失作为一个律师应有的客观、公正的立场，更不能知法犯法，协助委托人实施非法行为。对于违反了法律或者律师职业道德的委托事项，律师可以拒绝

接受委托或代理。

4. 律师与法官关系方面应遵守的执业纪律

律师与法官关系方面应遵守的执业纪律，主要规定在2004年3月19日最高人民法院和司法部联合发布的《关于规范法官和律师相互关系维护司法公正的若干规定》中。根据该规定，律师在处理与法官的关系方面应遵守以下执业纪律：

（1）律师在代理案件之前及其代理过程中，不得向当事人宣称自己与受理案件法院的法官具有亲朋、同学、师生、曾经同事等关系，并不得利用这种关系或者以法律禁止的其他形式干涉或者影响案件的审判

《关于规范法官和律师相互关系维护司法公正的若干规定》中第2条第二款对此进行了详细的规定，这是对律师严格依法执业的基本要求。它主要包括两方面的含义：一方面是律师在代理案件之前及代理过程中，不得向当事人宣称自己与受理案件法院的法官具有亲朋、同学、师生、曾经同事等关系。律师在执业过程中如果向当事人宣称自己与受理案件法院的法官具有某种关系，这会使当事人认为律师可以通过与法官的这种关系取得诉讼的胜利，可以不严格依照法律解决问题，这不仅是对当事人的严重误导，同时也会损害法律的神圣性。而且，如果律师在执业过程中向当事人宣称与法官存在某种关系，就容易取得当事人的信任，这是一种和同行之间不正当竞争的行为，破坏了正常的法律服务的市场秩序。因此，律师在执业过程中不得向当事人宣称自己与受理案件法院的法官具有亲朋好友等关系。另一方面律师在执业过程中不得利用与法官具有的亲朋好友等关系或者其他法律禁止的方式，干涉、影响案件的审判。律师在执业过程中应当凭借自己的能力去维护当事人的合法权益，不得利用与法官的某种关系去影响案件的审判。案件的审判只能依据法律进行，不应当被其他因素影响。如果律师与法官的某种关系可以干涉案件的审判，那我国诉讼制度的神圣性和公正性就会荡然无存，这是律师在执业过程中严格禁止的。

（2）律师不得违反规定会见法官

《关于规范法官和律师相互关系维护司法公正的若干规定》第3条第二款规定了律师不得违反规定单方面会见法官。《律师法》第49条也规定了律师不得违反规定会见法官，同时《律师和律师事务所违法行为处罚办法》第14条第一项规定律师不得在承办代理、辩护业务期间，以影响案件办理结果为目的，在非工作时间、非工作场所会见法官、检察官、仲裁员或者其他有关工作人员。这是对律师执业行为的强制性要求。律师在办理案件的过程中，应当做好与当事人、法庭等之间的沟通，但是律师不得违反规定会见法官，更不能以影响案件审判为目的单方面会见法官，否则会影响案件的公正审判。

（3）律师不得明示或者暗示法官为其介绍代理、辩护等法律服务业务

法律服务业务，是律师进行执业活动的基础，是律师维护当事人合法权益的前提性条件。在法律服务市场中，律师应当积极地去为自己争得法律服务业务，这是一位律师热爱法律服务职业的集中体现。但是，律师应当采取合法的方式去获得法律服务业务，而不能以明示或者暗示的方式让法官为其介绍代理、辩护等法律服务业务。《关于规范法官和律师相互关系维护司法公正的若干规定》第6条第二款对此作出了规定。具体来讲，律师应当通过自己的努力，提高自己的实践能力和丰富自己的理论知识，从而获得良好的声誉，为自己获得法律服务业务创造条件。这是一名优秀的律师应当做到的，而不能通过不正当的方式暗示或者明示法官为自己介绍法律服务业务。

（4）律师不得向法官行贿或者给予其他利益

《律师法》第 40 条第五项规定了律师不得向法官行贿、介绍贿赂等行为。《关于规范法官和律师相互关系维护司法公正的若干规定》第 7 条第二项对此作出了详细的规定，具体来讲主要有律师不得借法官或者其近亲属婚丧喜庆事宜馈赠礼品、金钱、有价证券等；不得向法官请客送礼、行贿或者指使、诱导当事人送礼、行贿；不得为法官装修住宅、购买商品或者出资邀请法官进行娱乐、旅游活动；不得为法官报销任何费用；不得向法官出借交通工具、通信工具或者其他物品。律师在执业过程中应当严格遵守律师职业道德，不得采取向法官行贿或者给予其他利益的方式去为自己获得非法利益，否则就会受到法律的制裁。例如，广东五羊律师事务所律师连竑杰在其执业期间，置法律和职业道德于不顾，为牟取不正当利益，曾三次向司法人员行贿，数额巨大，其行为违反了《律师法》等相关规定，也受到了法律的制裁。因此律师要严格遵守该规定，以合法的方式去执行职务、履行职责。

（5）律师应当自觉遵守法庭规则，尊重法官权威，依法履行辩护、代理职责

法官在刑事诉讼中不仅维护着法庭秩序，控制着庭审进程，同时也是案件的审判者，是公平正义的维护者。因此，法官在刑事诉讼中具有不可替代的作用，法律也同时赋予了法官其应有的权威。在庭审过程中，律师应当自觉遵守法庭规则，尊重法官权威，依法履行辩护、代理职责。这既是对法律的尊重，也是整个庭审程序得以顺利进行的重要保障。如果律师在法庭上以不文明甚至违法的方式随意挑战法官权威，不尊重法庭，那么庭审也将难以顺利进行下去。

5. 律师与同行关系方面应遵守的执业纪律

（1）律师应当遵守行业竞争规范，公平竞争，自觉维护执业秩序，维护律师行业的荣誉和社会形象

律师之间的竞争，是市场经济机制的必然结果。律师之间只有存在竞争，才能促进律师不断提高自身素质和业务水平，从而为当事人提供更优质的法律服务。可是，这种竞争是一种有序的竞争，律师之间不能通过非正当手段进行业务竞争，损害其他律师及律师事务所的声誉或者其他合法权益。《律师执业行为规范》第七十八条规定了属于律师执业的几种不正当竞争行为，包括诋毁、诽谤其他律师或者律师事务所信誉、声誉；无正当理由，以低于同地区同行业收费标准为条件争揽业务，或者采用承诺给予客户、中介人、推荐人回扣、馈赠金钱、财物或者其他利益等方式争揽业务；故意在委托人与其代理律师之间制造纠纷；向委托人明示或者暗示自己或者其属的律师事务所与司法机关、政府机关、社会团体及其工作人员具有特殊关系；就法律服务结果或者诉讼结果作出虚假承诺；明示或者暗示可以帮助委托人达到不正当目的，或者以不正当的方式、手段达到委托人的目的。《律师执业行为规范》第八十一条规定取得从事特定范围法律服务的律师，不得限制委托人接受经过法定机构认可的其他律师或律师事务所提供法律服务，不得强制委托人接受其提供的或者由其指定的律师提供的法律服务，也不得对抵制上述行为的委托人拒绝、中断、拖延、削减必要的法律服务或者滥收费用。根据《律师职业道德和执业纪律规范》第四十四条的相关规定，律师不得以贬低同行的专业能力等方式招揽业务，不得利用新闻媒介或其他手段提供虚假信息或夸大自己的专业能力，不得在名片上印有各种学历、学术、非律师业职称、社会职务以及所获荣誉等信息。律师之间进行不正当竞争的，由司法行政机关根

据情节依法进行处理。

(2) 律师应当尊重同行，相互学习，相互帮助，共同提高执业水平，不应诋毁、损害其他律师的威信和声誉

随着社会主义市场经济的建立，我国对律师和律师事务所的管理制度发生了根本性的变化。律师事务所之间以及律师之间，基于经济利益的考虑，彼此展开了激烈的竞争，这也是我国市场经济的竞争性所决定的。但是，一方面，律师之间存在竞争并不意味着律师之间就要相互诋毁，相互损害对方的威信和声誉。因为威信和声誉对于一名律师而言至关重要，是律师获得案源、提供优质法律服务的重要保障。如果律师因为彼此间的竞争而采取不正当的手段相互损害对方的威信和声誉，这不仅是对律师这一职业的玷污，同时也会严重破坏法律服务市场，阻碍律师职业的发展。另一方面，律师之间存在竞争，并不会阻碍律师之间的相互尊重、学习和帮助。从一定意义上说，竞争的存在恰恰为律师间相互学习提供了机会，为彼此的共同进步创造了平台。尊重其他律师，也是尊重自己的一种方式，律师在执业过程中不应采取诋毁或者损害其他律师的威信、声誉的方式来贬低其他律师，应该努力通过与同行之间的相互学习、相互帮助来提高自己的能力和业务水平。只有这样，才能树立律师的威信和美好形象。

四、律师职业道德的培养途径

道德的存在和发展，从一定意义上讲，主要依靠主体的自律。律师职业道德也是如此。虽然律师职业道德主要来源于法律、法规、规章等，但是律师职业道德还要依靠律师自觉去遵守。如果律师职业道德主要依靠法律的强制力迫使律师去遵守，那么规范律师执业行为的律师职业道德在司法实践中其实也不能真正发挥作用。律师作为一名法律工作者，要深知律师职业道德是为规范律师的执业行为而制定的，要从内心自觉去遵守，并通过自己的努力把律师职业道德内化成自己精神品质的一部分。

（一）认真学习

律师的执业活动不应该只是会见当事人，收集证据，在庭审中为了当事人的利益进行辩护等，学习也应该成为律师执业活动的一部分。因此，律师若想在执业活动中遵守职业道德，首先必须认真对其进行学习。一方面，律师应当认真学习职业道德的内容，清楚哪些行为是律师职业道德所提倡的，哪些行为是律师职业道德所禁止的。只有了解了这些，才能在执业过程中有所选择，选择符合律师职业道德的行为，舍弃律师职业道德禁止的行为，从而使自己的行为符合律师职业道德的要求。另一方面，律师应当认真学习违反职业道德后的法律后果。如果律师职业道德只是规定了禁止性规范，并没有规定违反之后的惩罚结果，那么对律师而言，该禁止性规范等于一纸空文。律师只有清楚了违反律师职业道德所带来的惩罚性后果，在执业过程中才会趋利避害，从而遵守职业道德的规定。

（二）勇于实践

“徒法不足以自行”，律师职业道德除了需要律师自觉去遵守外，还需要律师勇于实践，以自己的行动去不断践行和维护律师职业道德。律师如果对职业道德只限于理论上的学习，即使对其领悟得再透彻，那也只是“纸上谈兵”。只有把自己认真学习的职业道德与实践结合起来，才能真正理解职业道德的价值和作用。勇于实践，首先要求律师在执业

过程中要敢于实践，不害怕出错，因为这是一位律师成长的必经之路。把自己所学习的职业道德贯穿于自己的实践中，和自己的执业活动结合起来，只有这样，才能真正领悟律师职业道德的真谛。其次要求律师在实践中要不断学习和反思。如果只是单纯将职业道德和实践结合起来，而不去认真地反思自己在实践中的对与错，那么律师也只是个运用法律的“工匠”。律师在执业过程中只有不断地学习和反思，找到在职业道德培养和遵守方面存在的不足才能不断提升自己，也才能为当事人提供更优质的法律服务。

（三）在日常生活中不断总结和反思

无总结就无进步，无反思就无进取，只有做好总结和反思，律师才能清楚自己应该做什么，应该怎么做，才能为自己以后的行为提供指导。这一方面要求律师在日常生活中要做好总结，哪些日常行为应该做，如何去做才能有利于职业道德的培养和职业形象的树立。另一方面要求律师在日常生活中要自我反思，这是律师自律性的最高境界。只有自己反思了，才能真正懂得自己行为的是非对错，才能对自己行为的认识和把握更深刻、更全面，这是律师个人事业发展的重要途径。

五、强化律师职业道德的意义

（一）提高律师自身素质

律师的自身素质不仅指律师在执业过程中所具有的专业知识和业务水平，同时指律师在执业过程中以及非执业活动中所具有的修养气质，包括言谈举止，着装打扮等。律师的自身素质对律师的执业活动至关重要，而律师自觉遵守职业道德，提高律师的职业道德，则有助于律师提高自身的素质。首先，律师职业道德以维护当事人的合法利益，维护法律的正确实施和维护社会的公平正义为价值追求，加强律师的职业道德可以促进律师在执业过程中以维护当事人的合法权益，法律的正确实施和社会的公平正义为自己的神圣使命，帮助律师树立正确的价值观和事业观。其次，律师职业道德除了包括抽象的职业道德基本准则的原则性规定外，还包括执业纪律规范的具体性规定，这就为律师的执业行为提供了明确的指导。比如执业纪律规范包含的律师与当事人、委托人、法官以及同行律师之间关系方面应遵守的执业纪律，律师在诉讼仲裁中、在执业机构中应遵守的执业纪律，这些都为律师提供了明确的指导，可以避免律师在执业过程中出现知法犯法、败坏律师形象、损害当事人利益行为的发生。通过加强律师的职业道德，可以促进律师自身综合素质的提高，指导律师按照职业道德的规定去执行职务、履行职责。

（二）促进律师职业的发展

一个群体道德水平的高低，决定着社会公众对该群体的接受程度和该群体在社会中的地位，律师职业更是如此。对于律师这一神圣职业来说，社会的接受程度和社会群体对该职业的评价，对其发展至关重要。因为只有社会群体充分信任律师，相信律师是公平正义的化身，才会在面临法律难题时把自己最关心的利益托付给律师，委托律师去为自己的利益而辩护，这样才会促进整个律师职业的发展。而每一位律师在执业过程中只有严格遵守律师职业道德，才会为律师行业在社会中赢得一份信任。因此，每一位律师都应当自觉遵守律师职业道德，为树立律师职业的美好形象、促进整个律师职业的健康发展做出自己的贡献。反之，如果律师在执业过程中违背了职业道德的要求，出现了对当事人不认真履行职责、对其他律师相互诋毁，恶意竞争等情形，则不仅严重破坏了律师个人的职业形象，也严重阻碍了律师行业的发展。律师职业的发展，需要每一位律师通过自觉遵守职业道德来促进和支撑，也只有每一位律师加强自身的职业道德，才能为自己和整个律师职业的发展开阔更美好的前景。

马某诈骗案

马某，系广东某律师事务所律师。2001 年 5 月 6 日，马某的朋友冯某来到马某所在的律师事务所，找到马某，称其朋友赵某因为打架致人死亡被广州市某公安分局羁押，想找一个辩护律师替赵某辩护。于是，马某和冯某就约定了时间，冯某带上赵某的家属来律所签订委托协议。5 月 8 日，冯某在约定的时间，带着赵某的妻子方某来到马某所在律所的办公室，签订了委托协议。方某要求马某帮助其丈夫赵某办理取保候审，委托费用是 3 万元。之后马某会见了赵某，帮赵某书写了取保候审申请书，并递交给了分局法制科，过了一段时间后，赵某被广州市某公安分局取保释放。在赵某被释放前，方某又委托冯某先后三次交给马某 10 万元。除了必要费用和疏通关系之外，马某把剩下的 8 万元存入了自己的账户。

赵某被释放后，和冯某一起约马某见面。吃饭期间，赵某称其朋友宋某也在押，并声称宋某身患疾病随时会有生命危险，想让马某帮助宋某减轻罪责、逃避惩罚。马某说得看过案卷和病历之后才能知道。于是，赵某和马某又约定在某大酒店见面，具体商谈宋某的事情。6 月 10 日，马某来到某大酒店和赵某见面商谈宋某的事情。经过和赵某的商谈，马某得知原来赵某和宋某是同案犯，因在一次斗殴中共同致一人死亡和多人重伤。但是马某考虑到赵某财产颇丰，于是和赵某商定签订委托协议的具体事宜。6 月 12 日，赵某带领宋某的妻子来到马某所在律所的办公室，宋某妻子当场与马某签订了委托协议，同时又委托马某所在律所的其他两位律师张某、李某共同作为宋某的辩护律师。当时赵某想让法院对宋某作出中止审理的裁定。律师张某和李某把宋某案子的全部案卷复印之后，马某发现该案证据方面存在很多问题，事实不清楚，依据现有材料和证据不可能给宋某定罪，同时依据宋某的病历，马某发现宋某身体虚弱，患有尿毒症，心脏血管堵塞了一半，无法参与庭审，符合中止审理的条件。之后，赵某也曾多次给马某打电话，询问马某是否认识广州市中级人民法院的相关人员，能不能通过疏通关系中止对宋某的审判。马某声称其认识广州市中级人民法院的肖庭长、何庭长、郑庭长等和检察院的相关人员，而且郑庭长就是宋某案件的审判长，他可以找他们对宋某作出中止审理的裁定，称其没有问题，可以把这件事情办成。赵某谈到办这件事情花费的问题，声称自己有钱，钱不是问题。于是马某让赵某先支付 100 万元，用于疏通关系等。马某和赵某约定，先支付马某 30 万元，剩下的 70 万元等宋某中止审理裁定下来后再支付。马某把这 30 万元全部用于自己的别墅建造，并没有给法院的相关人员送去。过了一段时间，在宋某的中止审理裁定下来之前，马某又给赵某打电话，向他索要 70 万，声称这样才能把事情办好，不然就会前功尽弃，如果办不成就把钱退还给赵某。7 月 18 日，赵某把钱送到了马某的办公室，把 70 万元交给了马某，并要求马某把事情办好。马某把收到的 70 万元，分给律师张某和李某各 10 万元，作为律师的代理费，剩下的 50 万元归自己所有，用于自己别墅的修建。8 月 3 日，法院对宋某作出中止审理的裁定，马某以宋某代理人的身份获得 80 万元。

第二节 律师职业礼仪

职业礼仪，是指在人际交往过程中，以约定俗成的形式来表现律己敬人的一系列礼仪规范。职业礼仪是体现自身素养的一种过程，涉及范围非常广泛，包括言谈举止、穿着打扮、人际交流等。从个人的角度来看，职业礼仪表现了一个人所具有的素质；从交际的角度来看，职业礼仪是人际交往中的一种学问和一种艺术，需要人们不断地学习和研究。人们掌握了职业礼仪，可以促进与人之间的沟通，提升自己的价值，同时也是对别人的一种尊重。律师职业礼仪也是如此。律师掌握了职业礼仪，可以给当事人等留下美好的职业形象，有利于促进自己事业的成功。

一、职业礼仪对律师的重要性

（一）职业礼仪是律师提高自身形象的重要方式

律师除了应当具有渊博的专业知识、丰富的实践经验、敏捷的思维和善辩的口才外，还应自觉遵守法律规定、职业道德和职业礼仪，这也是律师职业形象的重要体现。任何人在寻找律师为自己提供法律帮助时，一般情况下，都会委托一位素质较高、内外兼修的律师做代理人或辩护人，而不会将法律事务委托给一位素质较低、不注意职业形象的律师，这也是律师行业竞争的结果。因此，律师要想在竞争中具备优势和取得胜利，除了要在知识储备、经验积累、技能训练、职业道德培养等方面努力外，还必须学习和掌握职业礼仪。职业礼仪是一个律师自身素质和素养的外在表现形式，也是律师提升职业形象和实现自身价值的重要方式。律师在执业过程中如果注重职业礼仪，对当事人做到热情大方，对法官等做到诚恳尊重，甚至在自己的非执业过程中，与人交流做到有礼貌，那么律师一定会在同行和社会公众心中留下良好印象，从而提升自己的职业形象和社会地位。

（二）职业礼仪是律师培养职业道德的重要途径

培养律师的职业道德，除了旨在规范律师队伍，促进律师职业的发展之外，主要是为了使律师在执业过程中能够以规范的执业行为去维护当事人的合法权益，维护法律的正确实施和社会的公平正义。而律师职业礼仪的作用就是培养律师在执业过程中以文明的举止、礼貌的言谈、得体的着装去和当事人、法官等人员进行交流和沟通。因此，职业礼仪是律师培养职业道德的重要途径。在当事人方面，要求律师会见当事人时要着装得体、热情大方，要认真倾听当事人的请求和困难，不可对当事人产生厌恶之感，更不可趋炎附势、唯利是图；在司法工作人员方面，要求律师在诉讼过程中尊重办案人员，遵守诉讼程序和法庭秩序，同时着装正式，言语、举止得体，不可使用不礼貌的言语侮辱司法工作人员；对同行和其他人诉讼参与人，律师也要做到基本的尊重，要言谈礼貌、举止文明。这不仅是律师职业礼仪的要求，同时也是律师职业道德的要求。律师只有在执业过程中遵守了职业礼仪，才会促进自身职业道德的不断提高。

（三）职业礼仪是律师保持客户关系的纽带

对于律师这一行业而言，客户是上帝，案源是其获得财富、事业成功的前提条件。一个律师即使学富五车、才高八斗，如果其缺少案源，没有客户，那么律师的满腹经纶不可能得到发挥，律师在法律服务市场和社会生活中的生存也会受到严重影响。因此，客户和案源对律师来说至关重要，是律师生存的根本。而律师要想安身立命，就必须首先学会与人打交道。对此，职业礼仪发挥着不可或缺的作用。一个律师如果懂得并很好地运用职业礼仪，就会给客户留下良好的印象，获得客户的充分信任，客户也会从内心愿意与这个律师建立委托关系，从而获得案源。而且当委托人的亲朋好友需要法律服务时，委托人通常会向其推荐该律师，从而使律师获得新的案源。但是如果一个律师不具备良好的职业礼仪，就会让客户觉得该律师缺少职业道德，从而产生不信任之感，又怎么会安心地把自己的权益维护托付给一个没有职业道德的律师呢？因此，律师职业礼仪至关重要，它是律师打开案源的钥匙，是律师保持客户关系的纽带。

（四）职业礼仪是律师事业成功的基石

职业礼仪可以提升律师的自身价值，可以帮助律师树立美好形象，也有助于律师保持客户关系，因此职业礼仪是律师事业成功的基石。现代社会的竞争，不仅是智商的竞争，同时也是情商、机遇等之间的竞争。因此，律师之间的竞争不仅限于业务能力的竞争，参与律师之间竞争的还有交际能力、外在形象等，后者显然是律师职业礼仪的一部分。律师在执行职务、履行职责的过程中，要注重职业礼仪，对人要热情诚恳，对事要认真严谨，有礼貌，有教养，有素质。这是一个律师提升自身价值的重要方式。一个律师只有具备较高的素养，才会在律师执业的竞争中掌握主动权，从而获得案源，并在具体业务活动中获得胜利。因此，职业礼仪是律师事业成功的基石，律师必须注重职业礼仪，才能促进自己事业的成功。

二、律师职业礼仪的基本内容

（一）着装打扮

在与人交往的过程中，第一印象特别重要，往往影响着双方之间的关系。对于律师来说，着装装饰决定着律师的角色定位，决定着律师能否给客户传递一种信任，通过自己的外在打扮向别人展示自己的能力。当事人都希望自己委托的律师是一位自信而有能力的人，如果律师在正式场合身穿随意的服饰，将给当事人留下不认真、不负责的印象，从而难以获得当事人的信任。因此，着装打扮对于律师至关重要。

1. 男士着装打扮

（1）西装：男性律师应首选深色系西装，西装颜色以黑色、深蓝色或者深灰色为主，应避免穿浅色西装，因为浅色西装容易给人一种轻浮的感觉。西装在材质上应尽量选择质量较好的面料，这样不仅外观大方美观，而且给人一种稳重的感觉。西装的衣长应以双手自然下垂时西装的下摆正好在手心为标准，长过臀部。西裤应刚盖过脚面，达到皮鞋后跟部。袖长以握手时，衬衫袖长比西装袖长长 1.5 厘米为标准，西装的领子应该紧靠衬衫领子，并且西装领子高度应低于衬衫领子 1.5 厘米左右。西装应该相对宽松些，胸围以穿一件厚羊毛衫松紧适宜为标准。另外在正式场合，西装的衣袋要平整。

（2）纽扣：西装的扣子应尽量避免金属或者休闲纽扣。双排扣西装，着装时，应将纽扣全部扣上。单排两粒扣西装，着装时，应只扣上面一粒纽扣或者都不扣。单排三粒扣西装，着装时，应只扣中间一粒或者都不扣。单排一粒扣西装，着装时，纽扣扣不扣都可以。

（3）衬衫：每套西装一般需有两三件衬衫搭配，衬衫的领子不可过紧或过松，袖口的长度应该长出西装 1—2 厘米。系领带时穿的衬衫要贴身，不系领带时穿的衬衫可宽松一点。

（4）领带：领带的颜色以黑色、蓝色、灰色、棕色、紫红色为宜，应避免纯白色等颜色。领带的图案应该以条文、圆点、方格等形状为主，应避免太夸张、太潮流的颜色和图案。领带的下端应刚好触碰到皮带扣的上端。如果穿西装时使用领带夹，应将领带夹别在特定的位置，即从上往下数，在衬衫的第四与第五粒纽扣之间。但是根据现代商务礼仪，领带夹一般是身份地位特别高的人使用，所以律师在正式场合如果必须使用领带夹，也应将其别在西服里面，以从外面看不见为宜。

（5）鞋：鞋子最能反映男士的修养和品位，因此律师的鞋子应是黑色的、制式的皮鞋，且外观简洁大方，避免过多的花纹或装饰。

（6）袜子：袜子的颜色应比裤子深或者接近西装颜色，一般以黑色为主，切忌白色。穿袜子时，袜子的长度应该以跷腿时不露出小腿的皮肤为宜。

2. 女士着装打扮

（1）女性律师着装以套装或者西装为宜，不能穿黑色皮裙。颜色上，应以深色为主，例如黑色、灰色、蓝色等，应避免穿着太过于艳丽，例如大红、大紫、粉色等，因为这样显得不够稳重。面料上应选择外观看起来大方得体且又易于保养的质量好的面料，避免易褶皱的面料。

（2）鞋：鞋的颜色也不能太过艳丽且必须和服装的颜色相配，鞋子的颜色必须深于衣服的颜色，如果比服装颜色浅，那么就必须和其他装饰品颜色相配。女律师以穿中跟或者低跟的皮鞋为佳，忌穿过于休闲的鞋子甚至运动鞋。

（3）袜子：袜子应以肉色或者黑色为主，避免袜子颜色太过鲜艳，如彩色袜子。袜子不能出现残破。如果穿裙装，应配长筒丝袜，忌在正式场合光腿。

（4）指甲：指甲油的颜色不宜太亮丽，可以选些和口红相配的颜色，可以使用透明色指甲油，它是大众都能接受的颜色。

（5）首饰：女性律师佩戴首饰应坚持三个原则，一是数量原则，佩戴的首饰不多于两件；二是搭配原则，佩戴的首饰外观看起来搭配合理；三是质色原则，坚持同质同色。特别注意佩戴的首饰不能过于夸张，展示财力的首饰不戴。

3. 着装打扮中应注意的问题

（1）着装要符合自己的身份和地位，要合适得体。

（2）男性律师在公务场合要注意三色原则、三一定律：三色原则是指全身的颜色不能超过三种；三一原则是指皮鞋、皮带和公文包颜色应保持 ·致。

（3）女性律师在公务场合要遵守六忌：忌过于杂乱；忌过于鲜艳；忌过于暴露；忌过于透视；忌过于短小；忌过于紧身。

（二）言谈举止

1. 握手礼仪

（1）握手礼仪的原则一是尊者为先，即职位低者在职位高者伸手后握手，晚辈在长辈伸出手后握手；二是女士为先，男士在女士伸手后握手。但尊者为先存在特例，即在客人来访时，根据客人的来走决定伸手的先后。当客人来时，主人先伸手，表示欢迎。当客人走时，客人先伸手，表示感谢。当一人与多人握手时，遵循由尊而卑，由近而远，顺时针方向的原则。

（2）握手的时长尽量保持在 3—5 秒，如果是熟人之间的握手也尽量保持在 30 秒之内。握手时不能只握指尖，这样显得不礼貌，而且力度要适中，眼睛要对视着对方。

（3）握手时要遵守五不原则（当然身体健康存在特殊情况时除外）：不用左手、不戴墨镜、不戴帽子、不戴手套、对异性不用双手。

2. 介绍礼仪

（1）介绍顺序遵循尊者为后的原则，即先介绍客人，后介绍主人；先介绍职位低者，后介绍职位高者；先介绍年纪轻者，后介绍年纪大者；先介绍男士，后介绍女士。

（2）介绍时要站立，右臂肘关节略屈并前伸，手心向上，五指并拢，手指指向被介绍者，而且眼睛注视着被介绍者的对方。

（3）介绍时要长话短说，语言精炼，落落大方，态度诚恳，自然亲切，实事求是。

3. 名片礼仪

（1）首先要求名片上不要有涂改痕迹，不要有超过两个以上的头衔。

（2）递名片：递名片时，要用双手拿着名片递给对方，以示尊重，字体的正方面要面向对方。应注意，在人际交往中，递名片时不可将自己的名片像发牌一样随便扔给每个人，名片并不是见人就发。

（3）接名片：首先要用双手去接他人递送的名片，接过他人的名片后，一定要认真读上一遍，切忌不看就直接把对方的名片扔到一边。而且接到他人的名片一定要慎重保管，不可随便把东西压放在他人的名片上。

（4）在多人场合交换名片：遵循先尊后卑，位置由近而远，顺时针方向交换的原则。

4. 电话礼仪

（1）通话内容：打电话之前应先思考通话的目的、对象以及谈话内容，以求通话时所说的内容要条理清楚，内容全面，尽量不涉及与委托事项无关的事情。

（2）通话时间：通话时间不应选在休息休假期间，以免打扰到别人的休息。律师在给检察官、法官等司法工作人员打电话时，应尽量将通话时间选择在后者的工作时间。

（3）通话地点：通话应尽量在办公室，不适合在公共场合打，一是因为公共场合太过于喧嚣，影响对方的通话，也影响自己的听觉。二是避免重要信息的泄露。

（4）通话态度：通话时要用礼貌的开头、清晰的语言，认真倾听对方的谈话内容，适时回应，不可随意打断对方的讲话，等对方把话说完后再陈述自己的意见。而且谈话结束后，要等对方先挂电话后自己再挂，以示尊重和礼貌。

（三）待人接物

1. 会见当事人的礼仪

（1）会见场所：会见当事人应尽量在正式的场所，比如律师的个人办公室或者律师事务所的接待室等。如果选择律师事务所以外的地方，则应该选择环境安静的场所，但不适宜在律师家里等私人场所会见当事人。

（2）会见态度：对当事人的态度要热情、诚恳。对当事人遇到的法律问题认真倾听，不要随意打断当事人的陈述，并认真及时答复。对当事人要做到平等和尊重，不能对当事人产生厌恶和蔑视之感，更不能以貌取人。律师对当事人要做到五不原则：不问收入、不问年龄、不问婚姻、不问健康问题、不问经历，因为这些都属于个人隐私。

2. 庭审礼仪

（1）准时出庭：作为一名律师，准时出庭是一个最基本的要求。这体现了律师对当事人的尊重和法官的尊重。律师最好能够早于开庭时间 10—15 分钟到达法院，一方面可以用这 15 分钟的时间进行登记和整理下开庭要用的材料，另一方面可以放松一下自己紧张的情绪，适应下法院的环境。如因不可抗拒的原因未能按时到庭，必须及时向书记员或主审法官说明理由，并向法庭真挚道歉。

（2）举止言谈：律师在整个庭审过程中要保持良好的坐姿，不能做左右摇晃、抖腿、跷二郎腿等不雅动作。在庭审中，律师还要注意自己的表情和神态，表情要自信稳重，要尊重他人发言，切忌在他人发言时左顾右盼、窃窃私语。另外，律师在谈吐方面要做到优雅，比如发言的音量要适中，不能大声说话，语速要适当，不能过快而使在场的人员听不清楚。而且，律师的语言要规范、雅致，不能使用不文明的语言。

（3）个人物品：有时候律师需要携带大量的文件开庭，因此这些文件在桌子上要摆放整齐，最好在开庭之前能够对这些文件分门别类。在庭审过程中自己的手机等通信设备应该调至静音模式或者直接关机。

3. 同其他人员交往的礼仪

（1）与同行交往时的礼仪：律师和同行之间要做到互相帮助，互相学习，互相进步。存在竞争关系的，要采取合理合法的方式进行竞争。律师不应当与同行之间相互诋毁，要做到互相尊重和相互欣赏。

（2）与对方当事人、证人等交往时的礼仪：律师与自己的当事人和司法工作人员交往时，要做到尊重。和对方当事人、证人等交往时也是一样，不能因为对方身份的不同而有所不同。律师一定摆正自己的位置和地位，对对方当事人、证人等同样要表现出应有的尊重，做到有礼貌、有涵养。

女律师大闹法庭案

2009 年，云南省昆明市五华区人民法院西站法庭开庭审理一起人身损害赔偿案件，原告的代理律师是一名女律师尚某，被告代理律师高某，被告是李某等 3 人。此案采用简易程序，由女法官祁女士单独审理。开庭之日下午两点多，祁法官坐上审判席，宣布开庭后，依法对双方当事人的身份进行核对。可是被告李某等人却没出庭应诉。原告律师尚某见被告李某等 3 名当事人没有出庭应诉，而是委托其律师高某作为特别授权代理人出庭时，对 3 名被告人未出庭应诉提出了异议。尚律师认为李某等 3 名被告人应该自己出庭应诉，而不能只有委托代理人到庭。针对尚律师提出的异议，祁法官解释该案不属于法律规定的当事人必须出庭的案件，李某等 3 名被告人可以委托律师作为诉讼代理人出庭应诉。此时尚律师依然坚持 3 名被告必须到庭应诉。祁法官进一步解释：作为一名具有专业法学知识的律师，应该明白本案不属于当事人必须出庭的案件。尚律师此时情绪激动，便开始大声责骂祁法官："是你不明白！说我职业道德有问题！我看你职业道德才有问题！我怎么不明白？是你不明白！"尚律师情绪非常的激动，在开庭审理过程中多次打断祁法官的讲话，并大声责骂祁法官，严重影响了庭审的正常秩序，致使法庭被迫休庭。

休庭期间，对尚律师提出的要求，祁法官向西站法庭庭长进行了汇报。就在祁法官向庭长汇报情况、讨论案件时，尚律师进入庭长办公室高声发表意见。由于正在讨论案件，庭长告知尚律师案件正在讨论，请其到外面等候时，尚律师顿时大怒，并大声责骂祁法官和庭长，认为其办案不公，随即摔门走出办公室。法庭对尚律师提出的异议进行讨论后，庭长来到法庭，邀请尚律师到办公室听取意见时，尚律师当即表示拒绝。后来法庭又派两名法官和尚律师进行沟通，期间尚律师情绪再次激动，大声责骂，煽动旁听人员进行哄闹。恢复法庭审理后，尚律师又申请全体法官回避，再次休庭，对回避申请作出决定后择日再开庭审理。

尚律师的行为严重扰乱了法庭秩序，妨碍了法院审判工作的正常进行，使法律和法官遭受了严重的亵渎，使法院的尊严和法律的严肃性受到严重的损害，影响恶劣。尚律师作为从事法律服务的法学专业人才，应当严格遵守法庭纪律和秩序，但其不顾律师形象，责骂法官、蔑视法庭、扰乱法庭秩序。据此，昆明市五华区人民法院对尚律师依法进行了惩戒。

第四章 当事人会见与法律咨询

第一节 当事人会见

一、当事人会见概述

（一）当事人会见的概念

这里的当事人会见，是指刑事法律诊所的学生与当事人进行的会晤、谈话，其目的在于了解案情，理解当事人的意图和诉求，取得当事人的信任以获得当事人的委托。会见是律师业务之“源头”，如果没有会见这一开始，就不会有律师的后续业务。[①] 同时，会见也是律师执行职务、履行职责进而维护当事人的合法权益和维护法律正确实施的基础，是律师获得当事人的信任，获得良好声誉，取得事业成功的源泉。因此，当事人会见是刑事法律诊所教学中一个非常重要的方面，是学生掌握法律实务技能的重要途径。

（二）当事人会见的意义

1. 培养学生的法律职业认同感

职业认同感，是指个体对于所从事职业的目标、社会价值及其他因素的看法与社会对该职业的评价及期望一致，即个人对他人或群体的有关职业方面的看法、认识完全赞同或认可。要成为一名优秀的律师，首先必须要有职业认同感，要有法律工作者的社会责任感。只有这样，律师才能在执行职务、履行职责的过程中，对自己所从事的法律服务这一职业的性质、内容、社会价值以及个人意义具有清醒的认识，才会在自己提供法律服务的过程中更加懂得如何去维护当事人的合法权益，维护社会的公平正义以及法律的正确实施。因此，职业认同感对于律师的执业活动来说具有重大意义。由于刑事法律诊所的学生尚未进入社会工作，缺少法律实践经验，对法律职业了解不够深入，因此让诊所学生在与当事人会见过程中亲自体验法律实践的过程，面对真实的当事人与真实的案件，运用自己所学的理论知识去帮助当事人解决实践中的法律问题，去维护法律的尊严和社会正义，既有利于学生们实现自我价值，也有利于培养他们对法律职业的自我认同感。

2. 提升学生的法律职业技能

要想成为一名优秀的法律人才，不但要有扎实的理论基础，更要有卓越的法律实践能力。缺乏法律实践能力，法学知识就会束之高阁，无法在社会中得到实现，失去其应有的

---

① 陈卫东著：《中国律师学》，中国人民大学出版社，2008 年版，第 71 页。

价值。[①] 在司法实践中，没有任何一个当事人愿意委托一位博学广才却只会“纸上谈兵”的律师，去为自己的合法权益进行辩护。因此，法律职业技能对于一名律师至关重要，具备良好的职业技能是律师获得事业成功的重要基础。基于此，刑事法律诊所为学生提供了办理真实案件的机会，通过会见当事人，为当事人提供法律咨询，乃至接受当事人的委托，为当事人进一步解决法律问题，使学生有机会将所学过的书本上的法律知识在实践中进行运用，进而再提升自身的法律职业技能。

3. 帮助当事人解决法律问题

律师作为解决法律纠纷、提供法律服务的专业人才，只有在当事人的利益受到损害、需要法律帮助时，律师才能以自己的专业知识为当事人提供最优质的法律服务。而会见当事人则是当事人寻求法律帮助，律师提供法律服务的必要步骤之一。因为，没有会见，不与当事人进行零距离的沟通和交流，就不会真正了解当事人的意图和诉求。一个不了解当事人意图和诉求的律师，在执业过程中又怎样去解决当事人所面临的法律问题，维护当事人的合法权益呢？因此，在刑事法律诊所教学中，我们让学生们直接接触当事人，通过询问、思辨等，学生们能够更好地解了案情和当事人的诉求，从而在诉讼中最大限度地维护当事人的合法权益。

（三）当事人会见的目的

1. 了解案情

刑事法律诊所的学生会见当事人最首要、最直接的目的就是要了解案件基本情况，通过当事人陈述和对当事人的询问获得最全面、真实、准确的案件信息。基本案情是诊所学生进行法律分析和判断的基础，没有对案件的基本了解，诊所学生的所有分析和判断都是无源之水。只有了解了案情，才能对事实是否客观、清楚，证据是否确实、充分进行判断，继而才能理解当事人的意图和诉求，为取得当事人的信任并获得委托打下良好的基础。

2. 理解当事人的意图和诉求

准确理解当事人的意图和诉求，是刑事法律诊所学生工作的目标之一，也是诊所教学的重要内容。因为对于一名律师来说，在执行职务、履行职责的过程中，如果不能准确了解当事人的意图和诉求，不仅会使整个会见工作的目的大打折扣，而且会引起当事人对律师的不信任，进而影响律师的声誉，从而给以后的工作带来障碍。因此，只有与当事人面对面，充分地倾听与询问，才能明确当事人真实的意图和诉讼请求。

3. 取得当事人的信任

在与当事人会见过程中，获得当事人的信任是十分重要的。因为只有取得当事人的信任，才能形成委托关系，法律诊所的学生才有机会履行“律师”的职责，进而维护当事人的权益。诊所学生在当事人会见过程中面临的最大挑战就是当事人的信任问题。由于诊所学生年龄小、缺乏实践经验，所掌握的更多的是书本上的知识，因此当事人难免会对诊所学生的办案能力产生怀疑。出现这种不利局面时，诊所学生首先要保持冷静，不能因为当事人表现出的不信任，而感觉恐慌或者急躁、不耐烦，更不能表现出对当事人厌恶的情绪，要自信并充分展现自己，通过扎实的工作赢得当事人的信任。

4. 获得当事人的委托

---

① 王立民：《卓越法律人才的培养与诊所法律教育》，载《探索与争鸣》2014 年第 11 期，第 50 页。

获得当事人的委托，是当事人会见的主要目标。律师会见当事人最主要的原因是想取得当事人的信任，从而获得当事人的委托，为自己争得案源。同时，获得当事人的委托，也是律师执行职务、履行职责的基础。因为只有获得了当事人的委托，律师才能为当事人提供后续的法律服务。刑事法律诊所的学生在会见前的准备工作和会见过程中所作的努力，都是为了获得当事人的委托。只有获得了当事人的委托，才能有机会深入解决当事人的法律问题，进而全方位展示和提升自己的法律职业技能。因此，为了获得当事人的委托，诊所学生在会见当事人时，应当有礼有节地充分展示自己的法律知识与法律技能，给当事人一个良好的印象，打消当事人的顾虑，赢得当事人的尊重与信任。

二、当事人会见的过程

（一）准备阶段

1. 查阅相关法律法规

在会见当事人之前，诊所学生应当通过老师或者接待人员了解案件梗概，以便在与当事人会见之前做好充分准备。当事人寻求法律诊所帮助，希望获得的是法律上的指导和帮助，以解决其所遇到的法律问题。由于刑事法律诊所学生没有丰富的实践经验，那么就要在理论知识上做到准备充分。诊所学生只有对相关法律法规非常了解，才能在与当事人会见时显得自信、沉稳，做到胸有成竹，才能对当事人所说的事实作出及时的反应，处理问题时才会更加自如，同时也能获得当事人的充分信任，打消当事人对学生能力不足的顾虑，进而顺利获得当事人的委托。但是，对法律法规的查阅是一个非常复杂的工作。学生们既要查阅现行法律法规的规定，也要查阅有关司法解释、指导性案例、指导意见，还要查阅理论界的相关观点。因此，诊所学生在查阅法律法规时，一定要做到耐心和认真，并对与案件有关系的法律法规作系统梳理，理解这些法律法规与案件之间以及法律法规彼此之间的联系。只有这样，才能在与当事人会见的过程中，对于案件在理论的解决做到游刃有余。

2. 制定会见计划

刑事法律诊所学生由于实践经验不足，因此在会见之前通常会感到紧张、焦虑、毫无头绪。此时，制定一份详细而周密的会见计划就显得重要且必需。在会见当事人之前，诊所学生要对各种情况进行综合和全面的考虑，比如要考虑案情是怎么样的，案件进展到了哪一个阶段，当事人的具体情况如何，会见过程中可能会遇到哪些困难，出现困难时应如何应对等，并将这些问题归纳总结，简要而逻辑清晰地罗列出来。有了这份周密的会见计划，诊所学生就可以在与当事人会见的过程中通过控制会见节奏、引导当事人陈述使会见过程按照计划顺利进行。同时，会见计划要具有一定的灵活性，制定和执行会见计划不能过于机械。计划需要依会见情况的变化而进行相应的调整，随着会见过程的进行，诊所学生与当事人的沟通可能出现问题，或者案件出现了新的进展或当事人的诉求发生了变化，这就需要学生提前做好心理准备，并且根据情况随时进行调整。另外，诊所学生要根据会见计划制作会见笔录，以便会见时记录案件重要情节。

3. 调整心态和情绪

正确的心态和情绪是成功的关键，也是诊所学生的当事人会见工作得以顺利进行的重要保证。这是因为，人与人之间情绪具有传递性，如果诊所学生出现了不良情绪，这种不良情绪会通过言语、举止等信号传递给当事人，无形之中也会对当事人的情绪造成消极影响。当事人作为案件的被告人或者被害人，本来情绪就不稳定，再加上诊所学生消极情绪的影响，当事人的情绪可能就会变得更加不稳定，甚至会影响整个会见工作的正常进行。同时，当事人陈述是诊所学生了解案件的重要途径，也是其对案件进行分析、判断的基础。如果诊所学生在会见的准备阶段没有调整好自己的心态和情绪，比如对当事人持有同情或者憎恶之感，或者因为其他原因在会见过程中出现不良情绪，则不但会影响整个会见工作的效果和质量，更会严重阻碍诊所学生对案件作出合理准确的判断。因此，诊所学生在会见的准备阶段要积极调整自己的心态和情绪，以平和的心态去会见当事人，以保证整个会见工作顺利、如期地进行。

（二）会见阶段

1. 倾听陈述

倾听陈述是会见阶段的第一步，是会见当事人的重要技巧。通过倾听当事人的陈述，才能获得对案情的了解，只有学会倾听，才能全面了解事实情况，才能弄清事实的来龙去脉。因此，学习倾听陈述是刑事法律诊所学生的必修课。具体而言，学习倾听需要注意以下事项：

第一，听取关键信息。当事人在陈述过程中，会说出大量信息，由于当事人不了解法律，说出的信息中有些与案件有关，更多的信息可能是与案件无关的。诊所学生要学会有选择地倾听，既要听清案件的来龙去脉，又要抓住关键细节，特别是影响案件性质、犯罪嫌疑人定罪量刑和被害人权利保护等关键性信息。

第二，要耐心倾听当事人的陈述。法律诊所接见的当事人一般不是专业的法律人士，没有经过专业的训练，当事人常常不知道如何进行陈述，不知道哪些是重要情节，哪些细节是多余的，有的当事人进行陈述时冗长拖沓、漫无边际、滔滔不绝，很长时间的陈述里只有几个细节是有用的；有的当事人因为担心自己的责任太重或者因为内向、紧张，讲话含混不清甚至沉默不语，难以讲清案情。这时，诊所学生要耐心地听取当事人的陈述，不能因为当事人的冗杂话语而感到厌烦，更不能因为厌烦而对当事人置之不理。诊所学生应该耐心地倾听当事人的陈述，同时正确地引导当事人说明事实真相。

第三，要尊重当事人。对当事人的尊重也是对自己和法律职业的尊重。尊重当事人，是律师进行一切执业活动的前提。因为律师的执业活动最直接的目的是解决当事人所面临的法律难题，因此倾听当事人对法律难题的陈述，与当事人进行正确的交流和沟通就变得特别重要，而与当事人的良好沟通必须建立在相互尊重的基础之上。因此，诊所学生在会见当事人的过程中，首先要做到的就是对当事人保持应有的尊重。具体来说：首先，诊所学生在会见当事人时要正确着装，这是对当事人尊重的一种体现。正确着装能给人良好的第一印象，着装不一定要像出庭一样正式，但是不能非常随意、邋遢，绝对不能穿拖鞋、短裤会见当事人；其次，在与当事人交流过程中要注意自己的语气、神态，正确使用语言，倾听当事人陈述时要保持良好的举止动作，不能靠着椅子、跷着二郎腿，同时在与当事人交流时不能使用歧视或蔑视性语言；最后，不要对当事人的陈述作评判，尤其不能指责当事人。不要批评当事人当时的行为，不要抱怨当事人的陈述不够专业、缜密。

2. 适当提问

这里的提问是指刑事法律诊所学生就案件的相关情况向当事人提问并获得相关信息。提问的目的是引导当事人全面说明案情，理清案件脉络。提问既可以在当事人陈述过程中进行，也可以在当事人陈述后进行，要根据实际情况，灵活运用。适当的提问是诊所学生需要一定时间和经验的积累才能较好掌握的环节，是诊所学生成长为一名优秀的律师必不可少的一项重要技能。同时，较好地掌握这一技能，可以使诊所学生在最短的时间内获得最有价值的信息，这也是一个优秀的法律职业人的综合能力的一个体现。诊所学生在对案件有了基本了解之后，应首先围绕案件的焦点对当事人展开提问，提问时应突出重点，重要情节要多次提问，次要情节可简略提问。在提问方式上，对于比较简单并且仅涉及客观事实的问题应单刀直入地问，对于比较隐私及敏感的话题要采取委婉的方式，可以先作一些铺垫，抓住时机，有针对性地问。[①] 其次，提问时要对当事人适当进行引导。引导旨在让当事人的陈述重点突出，详略得当，达到有效沟通的目的。[②] 由于当事人对法律的了解程度各不相同，在刑事法律诊所进行陈述时，难免过于啰唆或者沉默少语，此时，诊所学生应该通过不断地提问引导当事人陈述，提问时要注意掌握时机，可以适当打断当事人对于无用情节的陈述，引导当事人叙述与案件相关的重要情节。

3. 总结确认

通过当事人的陈述和适当的提问，诊所学生已经对案件基本情况有了一定了解，对于重要事实和证据情况也已初步掌握，接下来就需要对全案进行详细的总结，理清案件的脉络和案件各种信息的关系。具体来讲，总结就是总结主要案情事实、重要的人证、物证、争议问题、困难之处、急需解决的事项，然后再针对自己的总结与当事人逐项进行确认，尤其是对案件性质、定罪量刑有重要影响的细节要反复确认，不能疏漏。诊所学生总结完毕且与当事人确认过后，要将会见笔录交给当事人确认并签字，提醒当事人就不正确或者遗漏之处要进行修正、补充。总之，总结确认，不但可以保证学生准确、全面地了解与案件相关的所有信息，给当事人一个补正的机会，而且可以让当事人明确知道诊所已经掌握了案情的全部情况，给当事人信心，让当事人感觉到理解和尊重，从而建立起对刑事法律诊所和诊所学生的信任。

4. 初步建议

当事人来到刑事法律诊所的目的就是为了寻求法律帮助，希望法律诊所能帮助其解决问题。会见中，诊所学生要就案件的解决提出建议，但是在给出建议时一定要以事实为依据，以法律为准绳，告知当事人案件的几种解决方式及在解决的过程中可能遇到的困难，告知当事人目前阶段应做的事情及下一步要做什么。需要注意的是，给当事人的建议应当是经过慎重考虑的，因为诊所学生给出的建议可能会对当事人产生较大影响，当事人很有可能将这些建议作为自己进行下一步计划的根据。因此，诊所学生如果对解决方案不是很确定，可与老师商量后再给出建议，绝不能不懂装懂、误导当事人。另外，诊所学生给出的初步建议应该是具体可行、易于操作的，使对于法律不太了解的当事人能够明确接下来要做的事情，切忌不能以不切实际、大量空洞的理论去应付当事人。

（三）后续工作

1. 探讨案件争议解决办法

在与当事人会见之后，诊所学生要与指导老师就会见情况进行讨论，汇报自己的会见经过，针对会见过程中遇到的困难与老师进行沟通，并与老师探讨案件争议的解决办法。

---

① 李傲主编：《法律诊所实训教程》，武汉大学出版社 2010 年版，第 10 页。

② 许身健主编：《法律诊所》，中国人民大学出版社 2014 年版，第 40 页。

最后，将最终商定的解决办法与当事人沟通，征求当事人的意见，尊重当事人的选择。需要注意的是，经过探讨确定的争议解决办法应该是最适合当事人的解决方式，要具体问题具体分析，针对不同当事人结合案件具体情况制定，而不是根据案件性质制定解决方案，例如不能针对所有的交通肇事案都制定相同的解决方案。

2. 撰写有关法律文书

刑事法律诊所学生在与指导老师商定案件争议解决办法之后，就要动手撰写相关法律文书。撰写出完整、准确的法律文书不但是对当事人的尊重，同时也是提高学生法律文书写作水平的关键。法律文书的写作，要求形式与内容完美结合，不论是从内容上还是从形式上，都应当体现出诊所学生丰富的法律知识、准确地理解和运用法律的能力以及严谨认真的工作态度，要以客观、清晰、精确的语言将案情完整展现。在刑事法律诊所中，由于学生们接触的主要是犯罪嫌疑人、被告人、被害人及其亲属，因此，需要学习撰写的法律文书主要是刑事自诉状、刑事答辩状、刑事附带民事诉讼状、刑事上诉状、取保候审申请书、解除强制措施申请书等。

3. 信息反馈

在确定完案件争议解决办法并撰写好有关法律文书后，诊所学生要与当事人再次取得联系，针对确定好的解决办法及法律文书与当事人进行沟通确认，以体现自己对案件的重视和对当事人的尊重。这是一个法律职业人良好法律职业道德和法律素养的重要体现。

三、当事人会见的要求

（一）树立正确的心态

1. 保持中立、客观

客观的态度与公正相伴，若不能客观看待案件的事实，将个人感情带入其中，就可能动摇公正。因此，刑事法律诊所的学生在会见中要保持中立、客观的心态。首先，诊所学生要明确自己的身份，自己既不是当事人，也不是司法机关工作人员，而是接受当事人的委托，为当事人提供法律服务。其次，诊所学生要从法律的角度看待案件，不能用简单的生活观念和个人情感作评判，更不能对案件及当事人有先入为主的想法，对犯罪嫌疑人就深恶痛绝，对被害人就无限同情，都是不对的，这样的观念会严重影响诊所学生对案情的判断，影响会见工作的进行。

2. 保持谦虚、诚实

首先，诊所学生应当秉持谦虚的态度。因为诊所学生是专业的法律人才，具备一般人不具备的法律专业知识和实务技巧，而当事人一般是外行人，往往欠缺法律知识，不熟悉法律实务技巧。此时，诊所学生切忌产生错误的优越感，认为当事人什么都不懂，当事人的问题全要依靠自己帮助解决，进而认为自己能够掌握当事人的命运。因为这样会使双方处于不平等关系中，而这种不平等的关系，会导致诊所学生与当事人之间不能彼此敞开心扉，也就难以形成信任和依赖。

其次，诊所学生应当保持诚实的态度。《律师职业道德与执业纪律》第五条规定："律师应当诚实守信，勤勉尽责，尽职尽责地维护委托人的合法利益。"第二十六条规定"律师应当遵循诚实守信的原则，客观地告知委托人所委托事项可能出现的法律风险，不得故意对可能出现的风险做不恰当的表述或做虚假承诺。"第二十七条规定："对委托人拟委托的事项或者要求属于法律或律师执业规范所禁止的，律师应告知委托人，并提出修改建议或予以拒绝。”因此，在会见当事人时，对于当事人的委托事项或要求是否属于诊所学生的能力范围，是否违法或者不当，诊所学生能否满足当事人的要求等，诊所学生都应当依法如实相告当事人。当事人之所以来到法律诊所是为了寻求法律帮助，而不是寻求心理安慰，只有当事人准确无误地知晓与案件有关的各种信息，包括案件解决的可行性、难度和风险等，才能懂得如何更好地维护自身的权利。因此，诊所学生对当事人要做到态度诚实，不能对当事人作出虚假承诺。

3. 保持冷静、自信

冷静和自信是事业成功的重要条件，对律师来说也是如此。时刻保持冷静和自信的律师，在执行职务、履行职责，特别是在会见当事人的过程中，更容易给当事人留下良好形象，获得当事人的信任，从而能够更好地了解案情，并有机会进一步为当事人提供法律服务。因此，诊所学生在面对当事人时要保持冷静、自信，不要受当事人的情绪和案件的影响。保持冷静能够使诊所学生集中精力分析和解决问题，从而增强自信心；保持自信，可以使诊所学生面对错综复杂的案情和形形色色的当事人不会慌张，从而更加冷静。诊所学生一方面要提高自己的业务能力，减少会见时遇到不熟悉的法律知识的可能性，增强对自己能力及对当事人案件的信心；另一方面，面对当事人时，不管是罪大恶极的犯罪嫌疑人还是极度可怜的被害人，都要时刻保持冷静，不能让当事人的境遇影响自己对案件的分析和判断。

（二）控制会见的节奏

诊所学生在会见当事人的时候要控制会见的节奏，这是诊所学生在会见当事人的过程中必须掌握的一项技能。因为，相对当事人而言，诊所学生是专业法律服务的提供者，只有使会见的节奏在自己的控制之下，才能顺利解决当事人的法律问题。

1. 稳定当事人的情绪

使当事人保持稳定的情绪，是控制会见节奏的重要组成部分，也是良好沟通的基础。当事人只有在情绪稳定的时候才能正常陈述和交流。因此，在会见的过程中稳定当事人的情绪是非常重要的。与民事案件相比，刑事案件的法律后果较为严重，造成的损失通常难以挽回，案件对当事人及其近亲属的人身、财产有着巨大影响。因此，来到法律诊所寻求帮助的当事人的情绪通常不是十分稳定。此时，诊所学生首先要保持控制好自己的情绪，因为人与人之间的情绪会相互影响，如果自己情绪不稳定，听到当事人陈述的某些情节时自己先表现得很激动，那么自己的这种情绪就会严重影响当事人，当事人的情绪也容易变得不稳定。其次，要稳定当事人的情绪。诊所学生要对当事人的境遇表示同情和理解，要理解他们的痛苦，同情他们的艰难，可以对当事人说几句安慰的话，“其实你真的挺不容易的”，“没关系，别太伤心了，还有我们能帮你”，“事情总有解决的办法，想开点”，这样不仅可以让当事人觉得诊所学生是站在他们的角度、真心地想帮助他们，而不是冷漠的旁观者，更为重要的是，可以稳定当事人的情绪，可以使当事人心平气和地与诊所学生进行交流，从而使诊所学生对案件事实有一个全面的了解和认识。

2. 设计合理的提问

当事人会见的直接目的是了解案情和当事人诉求。因此，诊所学生在会见当事人时要合理设计自己拟向当事人提出的问题。提问要抓住案件的关键情节，对于影响定罪和量刑的重要情节的提问要详细而准确，绝对不能有疏漏，如贩卖毒品案犯罪嫌疑人购买毒品是为了贩卖还是为了自己食用都是案件的关键情节。同时，对当事人的提问应当要按照事先拟定的计划逐项、全面地进行，不能遗漏案件信息，对于存在争议及影响案件性质的重要情节要反复提问，多问些问题，对于没有争议的客观事实但与案件有关联的细节也要进行提问，但可以使用简短的言语进行，以便迅速掌握具体细节，为重要情节的提问争取时间。而对于与案件关联程度不高的情节尽量不要提问，不但耽误时间、影响会见工作正常进行，而且会使当事人厌烦，甚至怀疑诊所学生的能力而失去刚刚产生的信任。

3. 注意提问的时机

对当事人的提问要注意时机，以更好地控制会见的节奏。首先，当事人对关键细节表述不清及遗漏案件信息时，诊所学生要及时就相关信息进行提问，通过提问引导当事人将案键关键细节全部讲出，比如被告人在陈述盗窃经过时没有讲被害人是否发现了自己并实施了抓捕行为，而是一直在陈述盗窃财物的动机和结果，这时诊所学生要及时提问，因为这些情节直接决定这案件的性质。其次，当事人在叙述案情时，如果滔滔不绝、漫无边际，诊所学生要及时而礼貌地制止当事人的陈述，并通过提问自己想了解的信息而控制会见的节奏。此时，要特别注意语气、态度，切不可生硬打断，不能对当事人使用“别说了，这么啰唆”，“怎么这么磨叽，说点有用的”等不礼貌话语。

4. 注意提问的方式

诊所学生是站在律师的角度为当事人提供法律服务，而不是站在侦查、检察或者审判的角度来追究当事人的刑事责任，因此要注意自己的提问方式，而不能用讯问的方式来对当事人进行提问。具体来讲，诊所学生在向当事人提问时，可以采取以下三种方式：一是开放式提问。开放式提问，是指提出比较概括、广泛、范围较大的问题，给对方以充分自由发挥的余地。开放式提问适用于对案件整体情况的提问，通常是为了最大限度地获取信息，通常是在会见的最初阶段使用。比如，“请谈一下酒后开车肇事的经过”，“你当时是怎么打伤对方的”。诊所学生在运用开放式提问时，应尽量让当事人进行完整的陈述，可以适应引导，但不能随意打断。二是封闭式提问。封闭式提问，是指提出答案有唯一性、范围较小、有限制的问题。封闭式提问提出的问题比较具体，一般在会见后期运用，主要是为了确认事实，当事人只能在诊所学生选定的范围内进行回答。封闭式提问适用于案件具体情节的提问，经常能获得非常有利用价值的信息。比如，“你当时看到几个人在现场?”“他抢你钱包时有没有用刀?”三是引导式提问。引导式提问通常是在当事人全面陈述之后进行的。引导式提问一般有比较明确的目标，例如为了补充当事人陈述中的遗漏，为了澄清当事人陈述中的前后矛盾的内容。引导式提问，有些是当事人陈述中未涉及的、遗漏的信息，有些是当事人有意隐藏的事项。引导式提问对帮助当事人恢复记忆、完整陈述、串联情节起着重要的作用。但是，对于涉及当事人隐私的提问，要加以注意。在会见当事人的过程中，三种提问方式可以交替运用，以达到控制会见节奏的目的。在会见的开始阶段，当事人情绪比较稳定，适宜运用开放式提问，让当事人对案件的整体进行叙述，随着会见过程的进行，当事人的情绪可能会出现波动，此时再让当事人大量的叙述就不易达到较好的效果，就应该多运用封闭式提问和引导式提问，减少当事人的长篇叙述，以稳定当事人的情绪，控制会见节奏。

（三）获取案件重要信息

1. 影响定罪信息的获取

诊所学生在与刑事案件当事人的会见过程中，首先要着重于影响定罪信息的获取。对于这部分信息，要根据我国目前的学说，即根据犯罪构成理论来逐项获取。犯罪构成是刑法规定的成立犯罪必须具备的主观要件和客观要件的总和，是定罪量刑的法律准绳和依据。任何一种犯罪都必须具备四个方面的构成要件：犯罪客体、犯罪客观方面、犯罪主体、犯罪主观方面。其中，犯罪客体是犯罪活动侵害的、为刑法保护的社会关系。在会见当事人的过程中，诊所学生要分析当事人描述的行为侵害的是哪些社会关系。当当事人描述的行为所侵害的社会利益不是十分明显时，就要求学生通过自己所学的理论知识结合案件的具体情况进行分析，如果根本没有侵害任何社会关系，也就不构成犯罪。犯罪客观方面是刑法所规定的，说明犯罪活动外在表现的诸客观事实。这一部分也是会见过程中最受关注的。对于这部分信息的获取，要重点关注危害行为、行为对象、行为的危害结果以及犯罪的时间、地点和方法等要素，诊所学生在会见过程中，需按照会见计划中所列的内容逐项进行询问，注意不要遗漏信息。犯罪主体是实施犯罪行为，并且依法应当负刑事责任的人。犯罪主体包括自然人和单位。诊所学生在会见时，对于自然人要考虑当事人的刑事责任能力和刑事责任年龄。即当事人是否具有辨认和控制自己行为的能力，是否达到刑事责任年龄，具体年龄是多大；对于单位犯罪主体要考虑是否符合刑法对于单位犯罪主体的要求以及是否属于刑法明文规定。犯罪主观方面是犯罪主体对其实施的危害社会的行为及其所造成的危害结果所持的心理态度。对于这部分内容，诊所学生要重点询问当事人当时是怎么想的，处于何种动机，目的是什么，从而判断犯罪嫌疑人或被告人主观上是否具有罪过，以及是故意还是过失。

2. 影响量刑信息的获取

量刑不仅决定是否对犯罪人判处刑罚、判处何种刑罚以及判处多重的刑罚，而且决定对犯罪人所判处的刑罚是否立即执行，因此获取影响量刑的信息，也是当事人会见的重要内容。

（1）案前情节的获取

案前情节主要包括前科、惯犯、累犯、不良行为记录、偶犯、初犯、被害人过错行为、家庭暴力、教育经历、犯罪人性格因素、当事人的特殊主体身份等。对于这些信息，诊所学生如果不特别提问，通常难以获得，因为犯罪嫌疑人通常不会主动交代自己的劣迹，被害人一方通常不知晓犯罪嫌疑人的过去，对此诊所学生可以采用封闭式提问，直接询问当事人。

（2）案中情节的获取

案中情节是指在犯罪过程中出现的各种情节，主要包括体现犯罪过程及后果的事实，如犯罪的时间、地点、犯罪动机、犯罪目的、犯罪手段、犯罪结果、犯罪的对象；体现抗辩事由内容但不能成为抗辩事由的事实，如防卫过当、避险过当、被害人承诺、基于命令的行为、认识错误、自救行为；体现犯罪形态的事实，如犯罪既遂、犯罪未遂、犯罪中止、犯罪预备；体现罪数形态的事实。对于这些情节的获取，要注意细节，例如故意伤害案中，对于犯罪嫌疑人用刀砍伤被害人的事实中，用刀砍的部位，砍了几刀，什么样的刀，交通肇事案中当事人是否违反交通运输法规，盗窃案中犯罪嫌疑人盗窃财物的价值等。诊所学生在获取案中情节的相关信息时，要尽量全面，不要遗漏，这些信息都是可能影响量刑的。

（3）案后情节的获取

案后情节主要指犯罪嫌疑人、被告人犯罪后的态度。犯罪后的态度可以反映行为人的再犯罪可能性大小，因而在量刑时要区别对待，具体包括是否自首、坦白、立功、采取补救措施、退赃、毁灭证据、犯罪后逃跑、虚假陈述，是否取得被害人谅解、是否主动赔偿损失等。案后情节对量刑具有重要影响，因此诊所学生在会见当事人的过程中，一定要注意这方面信息的获取。

四、会见的评估

会见的评估工作很容易受到忽视，常常被认为只是填一些表格，简单回答几个问题，其实会见的评估是当事人会见的一个必要环节，有着重要的意义。首先，会见的评估是对整个会见工作经验教训的总结，可以检验会见效果，对于刑事法律诊所及指导老师而言，对会见进行评估，可以检验教学效果，发现课程设置及教学、指导中存在的问题；对于刑事法律诊所学生而言，通过对会见进行评估，不但可以检验学生的实践能力，更主要的是能够发现会见中存在的不足之处，同时对会见中遗漏的内容进行补充。其次，会见评估能够为继续开展会见训练提供依据，通过采取相应的纠正措施不断修正出现的问题，以使会见工作开展得更加顺利。具体来说，会见的评估主要包括：对当事人的评估，对案件的评估，对会见过程的评估，对后续工作的评估。详见表 1 至表 4 所列内容。

表 1　对当事人的评估

	评估内容	实现情况	如何改进
对当事人的评估	当事人的性格特点是什么？		
	当事人对法律的了解程度？		
	当事人的情绪如何？		
	当事人的经济情况怎么样？		
	当事人的意图和诉求是什么？		
	当事人是否如实、全面讲述了案情？		
	当事人是否有意向委托诊所学生？		

表 2　对案件的评估

	评估内容	实现情况	如何改进
对案件的评估	案件的关键细节、争议点是什么？		
	案件的证据情况如何，证据是否充分，能否形成证据链，还需要收集哪些证据？		
	是否有证人，证人是否愿意出庭作证？		
	当事人的刑事责任情况如何？		
	案件目前处于什么阶段，当前阶段工作的主要困难有哪些？		
	当事人的预期解决办法能否实现？		
	解决案件争议最大的困难是什么？		
	案件胜诉的可能性有多大？		

表 3 对会见过程的评估

	评估内容	实现情况	如何改进
对会见过程的评估	是否掌握了案件基本信息，是否抓住了案件关键细节？		
	当事人情绪是否出现波动，是否能稳定当事人的情绪、平复其心态？		
	是否理解了当事人的意图和诉求？		
	是否获得了当事人的信任？		
	是否能通过提问控制会见的节奏？		
	是否能详细地记录会见笔录，会见笔录是否经过当事人的确认？		
	自己的言谈举止、语气神态是否得当？		
	自己法律专业技能方面有哪些不足？		

表 4 对后续工作的评估

	评估内容	实现情况	如何改进
对后续工作的评估	是否与指导老师进行充分、良好的沟通并探讨案件解决办法？		
	撰写的相关法律文书情况如何，是否能够全面反映案情，是否符合法律、法规的规定？		
	文书写作上有哪些方面需要加强？		
	是否将后续工作的进展情况反馈给当事人？		
	给当事人的建议是否合理？		
	当事人对诊所学生工作的满意程度如何？		
	会见结束时是否对下一步的工作有所计划，是否安排了下次会见？		
	准备在下次会见中改正本次会见中的哪些错误？		

长春盗车杀婴案

2013 年 3 月 2 日 7 时许，被告人周喜军在长春市西四环路与隆化路交汇处的吉林建筑工程学院城建学院门前等候班车时，到隆化路许某甲、邓某某夫妇经营的“××超市”购买饮料。见许某甲几次到超市门口停放的吉 AMM×××丰田 RAV4 越野车(价值人民币

134 900元）内照看儿子许某乙（被害人，殁年2个月），且未用遥控器开车门，周喜军遂产生盗车之念。同月4日6时40分许，周喜军再次来到“××超市”门前，发现该越野车仍停在超市路边，且车点火开关插有钥匙，即查看周边环境并选定了盗车后的逃跑路线。7时许，趁许某甲夫妇忙于卖货之机，周喜军打开车门上车，发现许某乙在车后排座上熟睡，仍驾车沿长郑公路往公主岭市怀德镇方向行驶。7时7分，许某甲夫妇发现越野车及许某乙丢失即刻报警，并给“交通之声”电台打电话求助。周喜军听到车载收音机播报丢失车辆特征及车内有婴儿等信息后，为避免被发现，停车掰下前后车牌，又将绑在四个轮毂上的红布条都解下拿到车内。周喜军继续驾车行至公主岭市永发乡范怀路与李家店屯之间的村路上时，许某乙啼哭，周喜军遂停下车将许某乙掐昏。不久，许某乙苏醒再次啼哭，周喜军又停车用解下来的红布条猛勒许某乙颈部，致许某乙机械性窒息死亡，后将尸体埋入路旁积雪中。9时许，周喜军驾车行至永发乡营城子村委会西侧，因积雪致道路不通，即将越野车存放在王某甲经营的养殖场院内，后搭车到永发乡苍龙村，又换乘出租车到怀德镇×××村其大姐周某甲家，提出要存放车辆未获允。唯恐积雪融化暴露尸体，周喜军于当日中午拿上一编织袋离开，乘出租车返回埋尸地点，起出许某乙尸体放进其踩出的另一深雪坑内，将编织袋蒙在尸体头部用雪掩埋。3月5日晨，王某甲发现养殖场院内的越野车系被盗车辆，随即报警。当日16时40分许，周喜军迫于公安机关全力抓捕压力向公安机关投案。

第二节　法律咨询

一、法律咨询概述

（一）法律咨询的概念与特征

1. 法律咨询的概念

法律咨询，是指法律专业人员就当事人提出的有关法律事务的询问，作出解释、说明，或者提供法律方面的意见或建议的一种专业性活动。《律师法》规定，律师可以从事法律咨询等法律业务。在律师的众多业务活动中，法律咨询处于最基础的位置，也是律师（尤其是年轻律师）早期职业生涯中接触最多的业务活动。在刑事法律诊所教学中，法律咨询也是诊所学生面对真实的当事人，解决实际的法律问题时所最常见、最基础的教学方式。此时，需要提醒学生注意的是，法律咨询不是单纯的向当事人提供建议，还包括商量、讨论、解释、分析，权衡利弊，直至共同作出决定，因此法律咨询是双向的、互动的、参与式的法律实践活动。[①]

2. 法律咨询的特征

（1）法律咨询的专业性

法律咨询是专业人员运用专业的法律知识为当事人提出的专项法律问题提供解释、说明或者法律意见、建议。当事人之所以就所面临的法律问题向诊所学生进行咨询，很重要的原因是诊所学生具备专业的法律知识和一定的理论功底，能够更为全面、深刻、准确地

---

① 许身健著：《法律诊所》，中国人民大学出版社2014年版，第80页。

理解法律。在为当事人提供法律咨询时，诊所学生需注意，法律咨询不是简单地按照教科书或者法条进行解答咨询，而是将法律、法学理论与实践问题相结合，寻找解决途径的过程。法律咨询终究是要解决法律问题，而现实生活中的法律问题又是纷繁复杂的，因此理论与现实的结合不是简单地通过阅读几本法学著作，看几遍法律法规就能解决的，而是需要诊所学生经过相当长时间的专业的法学教育与法律培训，才能够为当事人提供专业而优质的法律咨询服务。

（2）法律咨询的针对性

具体实践中，当事人向律师提出问题、寻求帮助，首要的目的是要解决困扰自己的一些具体法律问题。因此，诊所学生在为当事人提供解答时，应该认真仔细地分析对方提出的问题，有针对性地引用法律，释其疑惑，从而正确合理地引导当事人的行为，不能对与案件关系不大、细枝末节的信息进行长篇大论，更不能与当事人谈论与案件无关的信息。这是在法律咨询过程中需要特别注意的。法律咨询的具体内容由咨询者决定，诊所学生要按照咨询者的要求进行准备、研究并给出答案。诊所学生在面对咨询者时，要告诉咨询者须提供真实有效的信息，因为法律咨询具有针对性，它针对的是咨询者的问题及其提供的材料，是按照咨询者的要求来回答问题及提出建议的。

（3）法律咨询的多样性

随着社会的发展，人们对法律的需求越来越大，法律的应用和普及也越来越广泛，但是由于法律具有很强的专业性，社会大众难以像专业法律人士一样掌握法律知识，所以当人们遇到法律问题时，首先选择的是向律师进行法律咨询。同时，由于人们对现代通信手段的掌握程度不同，所遇到的法律问题可能涉及生活中的方方面面，以及个人性格和对案件的反应程度不同等原因，导致法律咨询具有显著的多样性特征。首先，从法律咨询的范围来看，实践中法律咨询的范围主要包括对于法律条文的咨询、对于诉讼知识的咨询、对于非诉讼知识的咨询，对于行为的咨询等。其次，从法律咨询的方式来看，法律咨询主要有电话咨询、来信咨询、来访咨询、在线咨询、手机咨询平台、微信咨询平台等；再次，从法律咨询的方法来看，法律咨询的解答方法主要有口头解答和书面解答两种方式；又次，从法律咨询的内容来看，法律咨询包括刑事法律咨询、民事法律咨询、行政法律咨询等；最后，从服务性质来看，法律咨询还可以分为收费的法律咨询和无偿的法律咨询。此外，法律咨询的多样性还表现在提供法律咨询时不仅要依靠法律知识，还要依靠其他社会科学和自然科学的知识，更要依靠一定的社会经验和阅历。实践中，受到学校教育资源和教学计划等方面的制约，刑事法律诊所中的法律咨询范围常常受到一定程度的限制，本章中讨论的是正式来访咨询中的口头咨询，而且刑事法律诊所提供的法律服务都是无偿的。

（4）法律咨询不具有法律约束力

在具体实践中，由于律师与咨询者之间尚未签订委托合同，没有形成具有法律约束力的合同关系，因此，不论是律师以口头的方式还是书面的方式提供的法律咨询，均不具有法律约束力。刑事法律诊所学生为咨询者提供的法律咨询也是如此。在刑事法律诊所的教学中，学生在教师的指导下，依据自己对所学法律知识的掌握和对事实的理解，在咨询者的法律问题框架内，针对咨询者提出的问题作出建议性的解答，这种解答只能作为咨询者作出判断的参考意见，咨询者可以接受，也可以不接受，对咨询者和诊所学生都没有法律约束力。但是诊所学生给出的回答和建议对咨询者还是有着巨大的指导作用，正确而详细的回答可以帮助咨询者解决困惑，并且能够指引咨询者的行为。

（二）法律咨询的原则

1. 以事实为根据、以法律为准绳原则

2008 年 7 月 28 日公布施行的《律师执业管理办法》第 31 条规定，律师提供法律咨询，应当以事实为根据，以法律为准绳。《律师执业行为规范》第 6 条规定，律师应当诚实守信、勤勉尽责，依据事实和法律，维护当事人合法权益，维护法律正确实施，维护社会公平和正义。以事实为根据、以法律为准绳原则是我国司法工作的一项最基本原则，也是刑事法律诊所学生提供法律咨询服务所应遵守的最基本原则。诊所学生在解答法律咨询过程中要以案件事实为基础，一切从事实出发，正确地运用法律法规，解答咨询者提出的问题。

具体来讲，以事实为根据是指在进行业务活动时要忠于事实真相，以客观事实为根据，使自己的全部业务活动都建立在充分可靠的客观事实和证据基础上。一方面，要求坚持实事求是，要以基本事实为基础，深入调查研究，不能以主观想象代替客观事实；另一方面，要求不能为了迎合委托人或者屈服于外部干涉而歪曲事实真相。诊所学生在解答咨询之前，应该提醒咨询者提供真实的案件事实，并运用一定的倾听和询问方法，准确判断咨询者的陈述是否真实，从而获取真实、准确、全面的案件事实。对于简单的问题，能够立即作出判断进行解答的，诊所学生应立即向咨询者作出解答；对于比较复杂的问题，难以立即作出决定的，诊所学生一定要向对方说明，经过仔细查阅相关的法律，与其他法律诊所学生或者指导教师讨论后，再向对方作出解答，切忌不懂装懂，误导咨询者。

以法律为准绳，是指进行业务活动必须以国家现行有效的法律规定为标准。一方面，要准确理解法律法规的规定及其背后的实质和精神；另一方面，要在业务中正确贯彻法律，不能违反法律法规的规定，也不能曲解法律法规。诊所学生在解答咨询者的问题时要严格按照法律法规的规定及相关法学理论进行解答，切忌为了个人目的而偏离法律法规。

2. 热情、真诚原则

刑事法律诊所学生在解答法律咨询时应热情服务，待人真诚。作为准法律人，诊所学生应树立全心全意为人民服务的工作态度，尽最大努力保护当事人的合法权益。

热情、真诚服务不但体现在接待咨询者的态度上，更应体现在对法律问题的解答中。诊所学生面对咨询者提出的各种各样问题时，首先不应因为问题过于简单而出现不屑、不愿作答或者简单敷衍几句的情形。咨询者求助于刑事法律诊所是出于对法律诊所的信任，希望诊所学生能解答其问题。若诊所学生敷衍应对咨询者，不但会丧失广大群众的信任，损坏学校的信誉，也会让人民群众对法律产生不信任感，更会损坏一个法律人最基本的职业道德；其次，对于比较复杂、困难的问题，如果自己对相关法律规定不熟悉，难以在当场作出回答，要用真诚的态度实事求是地告知当事人，经过研究、探讨再答复当事人。诊所学生在法律咨询过程中不能就自己不熟悉的法律问题向当事人提出建议，这样不仅会严重误导当事人，同时也是一种严重不负责任的行为，是对当事人的不尊重和对法律的亵渎。

3. 简明、扼要原则

刑事法律诊所学生在提供法律咨询时要尽量做到简明、扼要。咨询者来到法律诊所寻求帮助，是由于对法律知识的不了解或者不确定，可能咨询者已经咨询过很多人，但是对于某些问题仍有困惑才来到刑事法律诊所。这时，面对咨询者，诊所学生一定不能炫耀自己的法律知识，尤其不能过于啰唆，因为咨询者是来解决法律问题的，不是来听诊所学生讲述大量法学理论知识的，因此诊所学生在深入浅出地向咨询者讲解相关法律规定后，要给出简单明了的解答，提出的解决方法要清晰简洁，切忌长篇大论、冗长复杂。

（三）法律咨询的意义

1. 有助于刑事法律诊所学生提高执业技能

首先，法律咨询有助于培养学生的沟通能力。解答法律咨询本身就是一个沟通的过程，不论是来访咨询、电话咨询、信件咨询，还是网络咨询，都要与咨询者进行良好的沟通，才能清楚咨询者的问题，要有良好的表达能力才能将所学的法律知识结合当事人的问题清晰明白地告知咨询者，只有与咨询者有着良好的沟通才能获得其信任，有了咨询者的信任才能进一步获得法律文书撰写、案件代理等其他事项的委托。

其次，法律咨询有助于培养学生运用法律知识，解决法律问题的能力。法律咨询是诊所学生将所学到的法律知识运用到实践中的一个过程。法律理论要与实践相结合才有价值。而实践又是复杂的、多变的。法律诊所学生在解答法律咨询时，会接触到形形色色的咨询者和错综复杂的法律问题，这就要求诊所学生一方面要事前作好充足的准备，另一方面要培养自己的临场应变能力，充分调动自己所掌握的所有的法学知识、法律条文，来解答咨询者提出的法律问题。通过这种法律咨询实践，诊所学生不仅可以丰富自己的人生阅历和实践经验，进一步深入对法学理论知识和法律文本的理解，还可以提高自身分析问题、解决问题的能力。

最后，法律咨询有助于进一步激发学生们的学习热情。法学是一门实践性学科。但在我国当前的法学教育中，过多偏重的法学理论知识的讲授，学生们很难接触到真实的案例和亲身体验法律实践。法学教育也由此变成了死背法条和书本，丧失了其原有的魅力。刑事法律诊所的创建目的正是为了改变这一现状。在诊所学生为咨询者提供法律咨询服务过程中，由于法律咨询具有专业性，没有经过任何训练是很难做到的，诊所学生通过准备、听取陈述问题、审阅材料、分析问题、解答问题等多个过程，不但可以学会法律咨询最基本的技巧，还可以锻炼和提高其收集信息的能力和对咨询问题及其法律主张进行归纳、分析和判断的能力。同时，在解答法律咨询的过程中，诊所学生会接触到各种复杂的问题，这些问题的解决不但需要广博的法律知识还需要丰富的社会经验，解答这些问题有利于全面锻炼诊所学生，使其认识到自己的不足，从而激发其不断学习的热情，促使其不断提高自身的知识储备和业务能力。

2. 有助于维护社会公平正义、推进法治发展

刑事法律诊所开展的法律咨询服务，虽然在全社会的法律服务所占的比重微乎其微，但其对于维护社会公平正义、推进法治发展却发挥着重要作用。

首先，来到法律诊所咨询的人多为社会弱势群体，由于社会对于这些人的关注、关爱不足，因此这部分人在遇到法律困境时通常难以得到切实的帮助。虽然我国《刑事诉讼法》、《律师法》等法律法规规定了律师的法律援助义务，但其仅限于特定范围，此外的大量经济困难的刑事案件当事人仍然难以获得法律帮助。刑事法律诊所开展的法律咨询服务，面对的是社会大众，提供的是免费服务，服务主体是具有高校本科及以上法学教育背景的专业队伍，因此可以解决大量社会弱势群体所面临的法律问题，维护其合法权益，这

对于维护社会的公平正义显然具有非常积极的作用。

其次，诊所学生回答法律问题，为当事人的行为提供法律指引的过程也是普及法律知识及法律理念的过程，通过与咨询者的交流，让咨询者了解什么是国家法律保护的，什么是国家法律禁止的，让大众知道运用法律解决问题的方法，把纸上的法律法规及其背后的理论变成具体、明确地指引人们的行为准则。这样可以让咨询者对法律知识有更进一步的理解，从而起到普及法律知识的作用。

最后，学生作为法律诊所咨询工作的主体，在进入社会之前提早接触法律实践工作，能够尽早了解社会，了解法律实践，分析法律现象及其背后的社会、政治等原因，从而将法学理论与法律实践更好结合起来。而刑事法律诊所的这种人才培养模式，不仅可以弥补我国当前法学专业大学教育的缺陷，还可以为我国社会主义法治建设培养真正适应社会发展和需求的高素质法律人才。

3. 有助于维护社会稳定

有些咨询者在进行法律咨询之前是要计划做些事情，但是不清楚这些事情是不是合法，是被法律禁止还是法律所允许的。但如果这些行为是违法的甚至是犯罪的，通过法律咨询的解答就可以降低咨询者去做这些行为的可能性，从而避免这些违法、犯罪行为的发生，将许多社会问题消灭在萌芽状态。有些咨询者则是因为自己的合法权益遭受侵害来进行法律咨询，通过法律咨询，告知咨询者正当合法地保护其权益、解决矛盾、化解纠纷的途径，抵制和阻止不合法的、过激的行为，从而避免矛盾激化。由此可见，法律咨询在维护咨询者的合法权益的同时，进一步化解了社会矛盾，在一定程度上预防违法犯罪行为的发生，从而有助于维护社会的稳定和维持良好的社会秩序。

二、法律咨询的程序

（一）准备工作

充分的准备是法律咨询工作顺利开展的良好开端。当咨询者来到刑事法律诊所进行咨询时，诊所学生要请咨询者填写法律咨询登记表，写明咨询者的姓名、文化程度等个人信息，并大致说明所要咨询的问题。根据咨询者咨询的问题，迅速制定咨询计划，咨询计划应包括咨询者的目的，咨询过程中可能遇到的困难之处，以及解答问题的关键在哪里等。在正式解答法律咨询之前，诊所学生要做的准备工作还包括要平复心情，调整自己的心态，制做案件信息表、解决方案表等表格，以使案件信息一目了然。

（二）听取陈述和提问

听取咨询者对事实的陈述并适时提问是解答法律咨询的前提和基础。只有清晰、准确地听取和理解咨询者的问题，才能使法律咨询的工作顺利进行下去。实践中，由于咨询者在年龄、阅历、文化水平、家庭背景等方面千差万别，加上表达能力的不同，一个清晰明确的问题或者简单明了的案情极有可能被咨询者表达得含混不清、冗长拖沓。另外，由于咨询者咨询的问题通常与其自身利益有着十分密切的关联，因此咨询者在进行陈述和咨询时常常会有意无意地隐瞒对其不利的信息，或者将对其不利的信息进行人为加工，或者不断重复对其有利的信息而对其不利的信息却一言概之，以实现趋利避害的目的。因此，如何获得真实、全面、准确的信息就显得十分重要，而其途径主要是倾听和提问。

倾听咨询者的陈述是获取信息最主要的途径，诊所学生主要通过咨询者的陈述来知晓咨询者的问题和目的。在咨询者讲话时要保持注意力高度集中，还要表现出积极倾听当事人讲述的态度，不要低头做与倾听无关的事。眼睛要注视着对方，必要时可以点头鼓励，以示对其尊重与认真对待其问题，同时也可以通过对方的眼神判断对方所说是否属实。倾听时也可以使用一定的手势，可以加强双方的交流，但是不能使用不礼貌的手势，比如不能用指着对方的脸，手势幅度也不宜过大，否则显得不够稳重、冷静。

提问是获取信息的另一途径。咨询者在陈述时不一定能够将案件情况完整、准确地表述出来，这就需要诊所学生通过提问获取咨询者未表述出来及表述可能存在问题的信息。在咨询开始阶段，可以运用开放式提问的方式，让咨询者全面、概括地讲述其问题及目的，这样可以从整体上掌握咨询者所提问题的概况，在咨询者陈述时，不要随意打断，当咨询者的陈述漫无边际、杂乱无章时要委婉而礼貌地打断咨询者的陈述，并将陈述引入正轨，使咨询者述说保持与案件相关；当咨询者对于重要情节讲述不清或者没有提及时，可以使用引导式的提问让咨询者进行补充。

（三）审阅材料

审阅材料，是指刑事法律诊所学生阅读和审查咨询者提供的与咨询问题相关的书面材料。咨询者提供的与案件有关的材料，是诊所学生作出解答的重要依据。这一阶段，诊所学生通过审阅材料来进一步了解案情，并与咨询者的陈述相对照，以便全面、准确地了解事实真相。诊所学生要查看咨询者提供的材料是否可以印证其陈述的事实，判断其陈述的事实是否有遗漏，是否存在矛盾，以及是否是真实的。诊所学生要把材料看全、看细、看透，做到心中有数，不能怕多、怕长，更不能有厌烦抵触的情绪。[①] 由于通过咨询者的陈述已经获得了案件的基本信息，因此在查看咨询者提供的材料阶段，诊所学生主要的工作是核实材料与咨询者的陈述是否一致，找出事实、程序及证据上不相符的地方，查明是因为咨询者遗漏、记忆错误还是有意隐瞒。对于咨询者提供的材料的真实性不要轻易下结论，既不能全盘否定，也不能全面相信。诊所学生在审阅材料时，不但要对咨询者提供的资料进行查看，还要观察咨询者的表情神态，以判断材料的真实性。如果因为咨询者提供的材料不实或者不全导致解答不够准确、精深，应该对咨询者明确加以说明。

（四）分析问题和提出处理方法

分析问题和提出处理方法，是诊所学生在听取当事人的陈述、提问和查阅相关材料之后，在全面掌握咨询者所陈述事实和提出问题的基础之上，依据相关法律法规的规定和自己所掌握的法学知识与实践技能，对案件进行的综合分析和评判，明确问题的焦点和实质，并提供给当事人相应的、适合的处理方法。分析问题和提出处理方法，是法律咨询的最后一个步骤，也是法律咨询的核心及意义所在。

对咨询者的提问及案件中存在的问题进行分析时，要坚持以事实为根据，以法律为准绳的原则，在全面了解事实的基础之上，分析判断其中的法律关系，有针对性地提出法律意见和解决方案。对于疑难问题及法律关系复杂的问题，诊所学生不能盲目下结论，这样不但是对咨询者的不负责，也是对自己的不负责，应该找出实质性问题和解答的关键环节，在充分研究法律的基础上给出结论，或者与指导老师进行讨论，征询指导老师及诊所其他学生的意见，集体研究讨论，以确保解答的准确及切实可行。对于简单法律常识的咨

① 王英明著：《法律诊所学习》，中国人民公安大学出版社 2008 年版，第 115 页。

询，直接根据法律法规的规定回答即可，例如："我想开个饭店，卖点穿山甲、丹顶鹤之类的犯法吗?"。对于其他案件的咨询需要进行综合分析的，要遵循以下三个步骤：第一，要进行定性分析。首先要分析行为人的行为是否构成犯罪，如果不构成犯罪，必须说明不构成犯罪的理由和法律依据。例如迷信犯和不能犯未遂，迷信犯虽然主观上是由于封建迷信而实施了危害行为，但由于其可能造成损害而并非一律不构成犯罪；而不能犯未遂虽然其永远不具有既遂的可能性，但因其主观上具有犯罪故意，因此依据我国刑法并不排除其刑事责任。第二，要进行定罪分析。如果认定行为人的行为构成犯罪，则需要进一步确认其构成什么罪，并说明构成该罪的理由和法律依据。第三，要进行量刑分析。进行量刑分析时，既要考虑《刑法》具体犯罪的规定，也要考虑刑法总则关于量刑的有关规定，结合案件当事人的具体情况进行分析并给出答案。

三、法律咨询的要求

（一）获取真实、全面、准确的信息

1. 获取真实信息

咨询者在进行陈述时，由于记忆误差、表达能力不足或者有意虚假陈述等原因，经常导致诊所学生无法获取真实信息，如果根据咨询者所作的陈述进行分析判断，自然不会得出正确的解决方法，不但无法解决咨询者的问题，也是对法律的不尊重。因此，获取真实的信息就显得十分重要。开展法律咨询时，诊所学生要想获取真实的信息，需做到以下几点：

首先，对咨询者的陈述要有怀疑精神。所谓怀疑精神，不是毫无根据地进行胡乱猜疑，而是要以基本的事实和实践经验为基础，认为咨询者的陈述可能不够真实而产生的一种怀疑。诊所学生对于咨询者的陈述，不能完全不信，也不能全信。在咨询过程中，要保持警惕，集中注意力，思维与咨询者的陈述同步，同时对于与法律实践或者生活经验不相符的地方要与咨询者进行确认，对于与案件性质或者定罪、量刑有重要关系的关键情节也要进行合理怀疑。

其次，要告诉咨询者如实讲述的重要性，提醒咨询者要如实告知有关案件基本事实的信息。诊所学生对咨询的问题的分析判断，主要依赖于咨询者的陈述及其提供的材料。因此，在法律咨询时，诊所学生应告知咨询者提供客观、真实的案件信息，提醒咨询者要对于其陈述和提供的相关材料的真实性负责。

最后，要运用所学法律知识、法律实践经验以及生活常识来分析判断咨询者的陈述。诊所学生要分析咨询者的前后陈述是否矛盾，咨询者提供的材料是否有其他证据可以证明，咨询者的陈述和材料能否相互印证。这些分析是法律咨询的基础，需要诊所学生动用法律知识、实践经验甚至生活常识来综合判断，也只有如此才能确保诊所学生能够从咨询者那里获得真实的案件信息。

2. 全面获取信息

全面获取信息，也是法律咨询过程中非常重要的一部分。实践中，任何一个被遗漏的信息都可能会影响案件的发展。因此，在法律咨询过程中，诊所学生不能放过任何可能影响案件进程的细节，对于咨询者明显无意遗漏的信息，要及时进行提醒、提问；对于咨询者记不清但是对案件有较大影响的信息，诊所学生要帮助咨询者进行回忆，根据其陈述的

其他内容进行适当提醒，以便使咨询者想起这些信息；对于咨询者故意遗漏的信息，要提醒当事人对案件信息进行全面论述以及故意遗漏案件信息所可能导致的后果。如果当事人依然不能全面对案件进行陈述，诊所学生应告诉咨询者法律诊所所给出的法律意见都是根据咨询者提供的信息作出的，咨询者要对提供信息不足所导致的后果负责。

3. 准确获取信息

咨询者的陈述中包括大量的信息，其中无用的信息会干扰诊所学生的判断和分析，因此诊所学生要有意识地锻炼排除干扰信息的能力，对于与案件关联程度不高的信息要有意识地忽略，准确抓住其中的关键情节或实质性情节，同时要做到细心、耐心，不要怕麻烦，对于细节的把握要做到准确、具体。例如咨询者陈述案件时讲到事情发生时间是昨天，这时诊所学生就要与咨询者沟通确认，发生时间是昨天白天还是晚上，上午还是下午，具体几点钟；再比如咨询者讲述被盗财物价值大概几千元，诊所学生要仔细询问，确认财物具体是什么，什么状态，几成新，价值具体是多少钱，因为两三千元与八九千元对于定罪量刑有着完全不同的影响。

（二）解答问题要做到专业

刑事法律诊所学生是经过系统法律培训的专业人才，咨询者来到刑事法律诊所也是为了寻求专业的法律帮助。因此，诊所学生在解答咨询者的问题时，一定要做到专业，其具体包括以下几点要求：

1. 对咨询的问题的解答要围绕法律和事实进行

作为专业法律人才，诊所学生对咨询者问题的解答必须围绕事实和法律进行。这里说的事实是指法律事实，也就是能用证据证明的事实，没有相关的证据证明的事实，在法律上是不能够认定的，因此，根据咨询者的陈述和提供的材料证明的事实是进行解答的基础。在弄清事实后，或者说在现有的证据能够证明的事实的基础上，诊所学生要正确适用法律，有什么样的事实，就相应地适用什么法律，要依据法律作出解答，不要完全根据生活经验解答，不能规避法律、不懂装懂，误导咨询者。也就是说，诊所学生对咨询者的问题作出的解答必须符合法律规定及法律精神。

2. 专业术语与通俗语言的使用要做到平衡

解答咨询者的法律问题要做到专业，就要做到专业术语与通俗语言之间使用的平衡。首先，解答问题时不能全部使用专业术语。咨询者毕竟不是专业法律人，也不是来上法律专业课的，全部使用专业术语不但使咨询者难以听懂，也会让咨询者觉得诊所学生在有意炫耀，从而失去耐心和对诊所学生的信任。在必须使用专业术语时，若咨询者听不懂，应向咨询者解释清楚其具体含义。其次，解答问题时不能过于通俗，不能通篇白话，甚至全部使用方言、土话，这样就会失去法律的规范性与严谨性，对法律的描述就会有更多的漏洞，并有可能产生更多的歧义，也会让咨询者怀疑诊所学生的法律知识及法律技能。诊所学生在对咨询者进行解答时，要平衡专业术语与通俗语言的使用，使用专业术语进行回答时要观察咨询者的表情及对咨询者进行询问，若咨询者听不懂就要运用通俗的语言进行讲解，两者平衡才能清晰准确进行解答。

3. 解答要具有针对性

不管是法律咨询的具体问题有何差别，诊所学生都应该根据咨询者所提出的问题作出有针对性的解答，做到重点突出、有的放矢、答为所问，不能似是而非、偏离咨询者的问题。如果答非所问，不但会使咨询者完全无法理解诊所学生的解答，使法律咨询工作出现障碍，也有可能导致错误结论引导出错误的后续行为，或者影响咨询者自身权益的维护。

（三）解答问题要有良好的态度

1. 要耐心

咨询者因为案件或者要咨询的问题与其自身有着十分密切的联系，甚至对其利益有着重大影响，所以才来到刑事法律诊所寻求帮助。来到诊所的咨询者有可能由于过于激动可能导致其陈述滔滔不绝，有可能由于过于悲伤而沉默寡言，还有可能由于表达能力不足、对于法律了解不够以及无意的遗漏等原因导致陈述及交流出现障碍……面对这样的情况，诊所学生做到充分耐心，要用真诚的态度倾听，要有适当的眼神交流、表情应答，比如听明白的地方微微点头，让对方知道自己对其案件及问题的关心，对其境遇的理解。另一方面，由于刑事法律诊所是以高端法律人才为指导，以大学本科或以上专业法律人才为主体所组成的专业团队，且提供的服务是免费的，因此法律诊所的接待量可能比较大，接待的案件或是属于信访性质的案件或者属于疑难、复杂、繁琐的案件。面对这种情形，诊所学生仍要坚持耐心解答，不要怕麻烦，不要觉得浪费时间，因为解答的过程不但是在帮助咨询者解决法律问题，也是在帮助诊所学生加深对法律知识的理解和提高自己的执业技能。一旦诊所学生发现自身情绪不好时，要尽量及时调整自己的情绪，要明确自己的职责和重任，不要让自己的不耐烦情绪影响咨询者，让咨询者产生不信任的感觉，更不要让自己的不耐烦情绪影响自己的判断和分析，从而损害咨询者的利益。

2. 要冷静

冷静是指平心静气、毫无偏见地分析道理而不感情用事。冷静使人理智，在冷静的状态下才能把事情处理好。刑事法律诊所学生在面对咨询者时更要保持冷静，对于咨询过程中可能影响自己情绪，容易使自己不理智的事情要有心理准备，并合理计划好应对策略。咨询时不论是面对什么样的咨询者、什么样的案件都要保持冷静，不要将个人情感带到工作中，更不要让咨询者的状态影响自己的情绪，否则将严重影响自己的判断和分析。首先，要理解、宽容当事人。宽容使人冷静。来到法律诊所的咨询者都是有着重要的原因，要么是受到侵害的被害人一方，要么是将要受到惩罚的犯罪嫌疑人一方，或者是对于法律不太了解，急需专业人士运用法律指引其行为的人，作为经过多年法律知识及技能培训的专业人才，诊所学生要对咨询者的不友好、不理智的态度做到理解与宽容，这样才不会因为当事人的情绪而影响自己对案件冷静理性的判断和分析。其次，诊所学生要学会沟通协调。遇到影响自己冷静判断的当事人及事件时，要与当事人沟通协调，找出不冷静的原因，帮助当事人及自己平复心情，使咨询在良好的氛围中进行，这样不但能更好地分析判断问题和维护当事人的合法权益，也能提高学生自己的法律修养和执业技能。

3. 要友善

友善是一种待人接物的态度，是一种豁达和善良的心态。人们都愿意与友善的人交往，这样会让人舒服。保持友善的态度也会让人与人之间的距离更近。因此，诊所学生应以友善的方式对待当事人，诊所学生在与当事人及其家属沟通的过程中应平等相待，要语气温和，待人诚恳，不歧视当事人，尊重他们的人格。首先，对待被害人及其近亲属要友善。被害人及其近亲属在犯罪过程中已经受到了严重伤害，他们来到法律诊所是为了寻求帮助。如果诊所学生对待被害人或其近亲属不够友善，对其进行指责或者表现得十分冷漠，不但会让当事人受到伤害，也会让他们失去对诊所学生的信任。其次，对待犯罪嫌疑人或者被告人及其近亲属要友善。犯罪嫌疑人或者被告人触犯了法律，要受到刑事责任的追究，绝大多数人因此有很强的自卑感，加上历经侦查、检察程序，他们的心理负担就更加重了。诊所学生在提供法律咨询时，如果表情严肃、语气专横、盛气凌人，必然会加重犯罪嫌疑人或者被告人的自卑感和畏惧心理，导致出现抵触情绪，不愿向诊所学生讲真话，从而影响对案情的全面了解。犯罪嫌疑人和被告人也是人，不论他们是老人还是未成年人、是健康人还是残疾人，是男性还是女性，是精神正常的人还是偏执的，甚至是精神病人，只要他们是人，就有人格尊严，就和我们是平等的，就应当受到尊重[①]，诊所学生只有尊重当事人，才会受到当事人的尊敬和爱戴。当然，诊所学生对于当事人及其家属的合理要求和建议要认真听取，尽量满足，对于他们的不合理要求，不能简单地拒绝了事，要耐心地进行解释，使他们理解自己的善良用意。

四、法律咨询的注意事项

（一）以事实为基础，以法律为依据

法律咨询应当以事实和法律为基础，这是诊所学生开展业务活动的出发点。具体而言，诊所学生在工作过程中，要忠于事实真相，尊重客观事实，使自己的咨询业务建立在充分可靠的客观证据的基础之上，不能以主观想象、猜测为依据，更不能歪曲事实，迎合当事人的需要。诊所学生要客观地判断是非曲直、合法与非法、罪与非罪，不得违背法律，更不能为达到个人目的而有意曲解法律。作出的解答应当以法律法规为依据，这样才能保证法律咨询的质量，树立法律的社会威信，赢得当事人的尊重和信任。

（二）引导当事人准确全面陈述

引导是指用某种手段或方法去带动某事物的发展。法律咨询的过程也需要诊所学生对当事人进行引导。诊所学生的引导，是在尊重客观事实的基础之上，针对当事人的案件或者其提出的问题，使当事人按照有利于诊所学生对案件及问题了解的路径进行的一种沟通。这种引导能够使诊所学生更快、更全面地了解案情及相关问题。由于咨询者不是专业的法律人士，不清楚自己遇到的法律问题的解答需要提供哪些信息，因此，如果对咨询者的陈述不加以引导，任由咨询者自行陈述，那么诊所学生是无法详细、准确地了解案件或问题的全貌的，也就无法解答咨询者的问题，维护其合法权益了。引导主要是通过及时的提问和说明，不断澄清案件的客观事实，围绕证据线索，理清思路，从而更好地进行分析解答。诊所学生在引导当事人陈述时，可以让咨询者先从整体上陈述案件及问题，例如“请您按照时间顺序说一下事情的起因、经过、结果”，再针对遗漏的信息进行补充，比如“您说当时他打了您，请描述一下他是用什么打的，怎么打的，具体先打的哪，打了几下”。

（三）解答咨询应重点突出，通俗易懂

咨询者来到刑事法律诊所寻求帮助，希望获得的是清晰、准确、简单明了的答案，而不是长篇大论、空洞无物的理论。因此，诊所学生在解答问题时首先要做到突出重点，对于与案件性质有重要关联的细节要详细地为咨询者讲解，对影响定罪量刑的事实要重点解

---

① 李傲著：《互动教学法——诊所式法律教育》，法律出版社 2004 年版，第 47 页。

答，明确地告诉咨询者为什么，怎么做，对于与案件关联不大的细节可以简略回答，不必花费过多时间讲解。其次，要适当运用通俗的语言为咨询者进行解答，要让咨询者能够清晰、准确地理解诊所学生的解答，不能全部使用法律术语，不但咨询者听不懂，影响双方的沟通，而且会让咨询者觉得诊所学生在故意炫耀，损害其对诊所学生的信任。

（四）最大限度地维护当事人的合法权益

关于咨询者提出的问题，通常会有多种答案及解决方法，各种解决方法带给咨询者的后果也是不同的。因此，诊所学生在提供法律咨询服务时，应尽量为咨询者介绍各种解决方案，针对咨询者明显趋向的方案与咨询者着重讨论，告知咨询者各个方案之间的关系和区别。具体来说，首先，为了更好地维护咨询者的权益，诊所学生要首先明确咨询者的目的，因为咨询者的目的是决定最终方案及答案的首要因素。其次，诊所学生应向咨询者介绍对比几种方案，告知其几种方案的相关法律规定，并进一步评价利弊、成本及成功率。再次，对于与咨询者协商选定的方案，诊所学生应予以进一步完善。应尽可能多地考虑相关因素，分析方案实施过程中出现的困难及其解决办法，合理预测最好的结果、一般的结果和最差的结果。最后，对于咨询者提出的符合法律规定的问题，诊所学生应提供能够最好保护当事人权益的方案并建议当事人选择；对于咨询者提出的不符合法律规定的问题，诊所要告知咨询者其不符合法律规定，建议咨询者不要去做，避免其受到法律惩罚，这其实也是在维护咨询者的利益。

何学龙爆炸案

2013 年上半年，被告人何学龙因自家的荒山征用赔偿问题与本市某鞭炮烟花厂老板刘某某发生纠纷，一直未协商成功。2014 年 5 月，被告人何学龙再次因该土地纠纷将自己的一辆黑色桑塔纳小车堵在该鞭炮烟花厂门口进行阻工、抗议。后公安机关出警到现场处置时被被告人何学龙咬伤，被告人何学龙因妨害公务罪被判处拘役三个月。2014 年 8 月 24 日，被告人何学龙刑满释放回家后，认为该土地纠纷未解决，还遭受三个月的牢狱之灾，一直对刘某某心存怨恨，伺机报复。

2014 年 9 月 8 日午后，被告人何学龙利用自家存放的 5 砣盘花中的 2 砣 2.5 寸盘花内筒、引火线、两个纸盒及胶带纸等材料自制成一个爆炸装置。被告人何学龙将该爆炸装置放到刘某某家一楼门面沙发上，用自带打火机将爆炸装置引线点燃，致爆炸装置引爆后，随即引燃了门面展厅内的花炮样品。爆炸发生后，刘某某的家人往外逃离现场，何某被被告人何学龙摔倒在地，何 A 则在逃离过程中被被告人何学龙用手掐伤脖子。随后，被告人何学龙被刘某某的家人控制并报警。经物证鉴定，从爆炸装置中的残留物和炸点附近的泥土中均检出硫磺、硝酸钾、氯化钾和高氯酸钾。另经检测，被告人何学龙制作的爆炸装置中所使用的 2.5 寸烟花内筒中的发射药为黑火药，药量为 20.06 g/发，效果药为烟火药，药量为 18.33 g/发；总药量为 87.05 g/个，其中发射药：25.70 g/个，效果药：61.35 g/个。经伤情鉴定，爆炸造成何 B、何某某轻伤二级；黄某某、陈某、陈某某、何某甲、何 A、何某轻微伤。经价格鉴定，爆炸损毁的财产价值 169 857 元。

第五章　刑事法律诊所与刑事法律援助

2011年颁布的《关于实施卓越法律人才教育培养计划的若干意见》将培养应用型复合型法律职业人才，作为今后一个时期法学教育的指导目标，即充分利用法律实务部门的资源条件加大实践教学比重，从而切实提高学生法律诠释能力、法律推理能力、法律论证能力以及探知法律事实的能力。[①] 包括刑事诊所在内的高校法律援助组织作为依据《中华人民共和国法律援助条例》组建的实践教学基地，以从事法律实践教学活动为主要任务，不仅是国家法律援助的重要补充，更是实现法学教育向复合型应用人才培养目标转变的重要抓手。

第一节　我国刑事法律援助的历史发展

在我国，刑事法律援助的历史源远流长。据考证，中华人民共和国成立前，南京国民政府就曾采取过被称之为“公设辩护人”的法律援助制度。由于当时适用的指定律师制度无法有效运行，因此在当时律师公会积极推动及域外相关制度的影响下，根据1928年《刑事诉讼法》、1935年《刑事诉讼法》及1939年《公设辩护人条例》创设起了这种刑事法律援助制度，虽然未能有效施行，但不可否认，公设辩护人制度仍体现了民国时期对被告人、律师辩护权的重视。[②] 中华人民共和国成立后，刑事法律援助制度经历了更大的历史跨越，呈现出独特的中国特色。

一、我国刑事法律援助制度的发展阶段

一般认为，我国刑事法律援助制度，经历了如下几个发展阶段：

（一）孕育期[③]

新中国的法律援助制度源于刑事辩护的需要，并伴随律师制度的建立而产生。1954年颁布的《宪法》第76条以及《人民法院组织法》第7条明确规定，“人民法院审理案件，除法律规定的特别情况外，一律公开进行。被告人有权获得辩护。被告人除自己行使辩护权外，可以委托律师为他辩护，可以由人民团体介绍的或者经人民法院许可的公民为他辩护，可以由被告人的近亲属、监护人为他辩护。人民法院认为必要的时候，也可以指定辩

① 参见王刚山等：《卓越法律人才培养机制探析——以高校法律援助组织为视角》，载《西南石油大学学报》2015年第3期，第79页。

② 参见吴羽：《南京国民政府刑事法律援助制度研究——以公设辩护人制度为中心》，载《大连海事大学学报》（社会科学版）2015年第5期，第81页。

③ 参见顾永忠、陈效：《中国刑事法律援助制度发展研究报告（上）》，载《中国司法》2013年第1期，第24页以下。

护人为他辩护”。因此，从1955年起，北京、上海、南京、武汉、沈阳等20多个城市开始试行律师制度。1956年1月，司法部向国务院提出《关于建立律师工作的请示报告》，并于同年7月获得国务院正式批准。根据这项报告，当时计划凡30万人口以上的市和高、中级人民法院所在地的市、县在本年内都要建立法律顾问处。到第三个五年计划全国配备24 400名律师。由此可见，我国法律援助的产生起因于刑事诉讼中人民法院认为必要的时候为被告人指定辩护人的需要。1979年7月，我国第一部《刑事诉讼法》制定通过，正式确立了辩护制度。其中第26条规定，被告人除自己行使辩护权外，还可以委托律师、人民团体或者被告人所在单位推荐的人，或者经人民法院许可的公民；被告人的近亲属、监护人等为其辩护。不仅如此，第27条还明确规定：“公诉人出庭公诉的案件，被告人没有委托辩护人的，人民法院可以为他指定辩护人。被告人是聋、哑或者未成年人而没有委托辩护人的，人民法院应当为他指定辩护人。”[①] 于是，恢复重建1957年被左倾路线湮灭在摇篮中的律师制度及法律援助制度被正式提上日程。1980年8月26日，《律师暂行条例》获得通过，标志着我国律师制度的正式恢复重建。其中，在规定“律师的主要业务”时指出，“接受刑事案件被告人的委托或者人民法院的指定，担任辩护人”，再次表明“律师接受人民法院的指定担任辩护人”是我国法律援助制度产生的重要起因。

（二）建立期[②]

1993年，经国务院批准，司法部提出并推行深化律师工作改革方案，与此同时，积极推动把法律援助写入将要修订的《刑事诉讼法》和准备制定的第一部《律师法》中，并以此为契机逐步建立和实施法律援助制度。1996年3月，在加强刑事司法人权保障理念的指导下，立法机关对《刑事诉讼法》进行了第一次大修改，其中第34条专门就刑事法律援助制度作了集中规定：“公诉人出庭公诉的案件、被告人因经济困难或者其他原因没有委托辩护人的，人民法院可以指定承担法律援助义务的律师为其提供辩护。被告人是盲、聋、哑或者未成年人而没有委托辩护人的，人民法院应当指定承担法律援助义务的律师为其提供辩护。被告人可能判处死刑而没有委托辩护人的，人民法院应当指定承担法律援助义务的律师为其提供辩护。”该规定扩大了法定法律援助的对象，增加了对盲、聋、哑或未成年被告人和可能判处死刑的被告人的法律援助；同时明确了提供法律援助的程序和主体，即应当由“人民法院指定承担法律援助义务的律师为其提供辩护”。1996年5月，我国第一部《律师法》被通过，其中专设“第六章法律援助”，就法律援助的有关事项作出规定。该法第41条规定：“公民在赡养、工伤、刑事诉讼、请求国家赔偿和请求依法发给抚恤金等方面需要获得法律帮助，但是无力支付律师费用的，可以按照国家规定获得法律援助”；第42条规定：“律师必须按照国家规定承担法律援助义务，尽职尽责。为受援人提供法律服务”；第43条规定：“法律援助的具体办法，由国务院司法行政部门制定，报国务院批准。”显而易见，这些规定已远远超出刑事法律援助的范围，为日后建立中国特色的法律援助制度提供了框架，奠定了基础。1996年11月，司法部召开了“首届全国法律援助经验交流暨理论研讨会”，全面总结建立和实施法律援助制度的意义，结合国情讨论中国特

---

① 参见苏镜祥：《审前阶段刑事法律援助实证分析——以新《刑事诉讼法》实施为背景》，载《法学论坛》2013年第4期，第143页。

② 参见顾永忠、陈效：《中国刑事法律援助制度发展研究报告（上）》，载《中国司法》2013年第1期，第24页以下。

色法律援助制度的基本内容和特点。同年 12 月，作为指导、协调全国法律援助工作的职能机构，司法部法律援助中心正式成立。1997 年 3 月中国法律援助基金会也获准正式成立。再加上当时已形成的法律援助工作基础及 1993 年后通过深化改革而带动起来的律师队伍的繁荣发展，新中国法律援助制度步入坦途。

（三）发展期[①]

如前所述，1996 年立法机关对《刑事诉讼法》的第一次修改正式确立了中国刑事法律援助制度。这在当时的社会历史条件下是相当大的进步。从 2003 年起，全国人大再次启动对《刑事诉讼法》的第二次修改工作。在讨论、研究修改《刑事诉讼法》的过程中，理论界和实务界也提出了关于修改完善刑事法律援助制度的意见或建议。2003 年 7 月，国务院发布《法律援助条例》。它从“总则”“法律援助的范围”“法律援助申请和审查”“法律援助实施”“法律责任”“附则”六个方面对我国法律援助制度的基本问题作了系统、明确的规定。其第一条明确规定：“为了保障经济困难的公民获得必要的法律服务，促进和规范法律援助工作，制定本条例”，确立了该条例在法律援助制度建立和实施中的重要地位。同时明确“法律援助”的核心内容就是“符合本条例规定的公民，可以依照本条例获得法律咨询、代理、刑事辩护等无偿法律服务。”更重要的是，《条例》首次明确指出：“法律援助是政府的责任，县级以上人民政府应当采取积极措施推动法律援助工作，为法律援助提供财政支持，保障法律援助事业与经济、社会协调发展”。随着我国经济社会的快速发展，《法律援助条例》的发布、实施极大地推动了我国法律援助工作的快速发展。2012 年 3 月全国人大通过的《刑事诉讼法》在刑事法律援助方面作出了以下重大修改：

1. 扩大了法定刑事法律援助的范围：从原来的三种人扩大到五种人，即在原来未成年人、盲、聋、哑人以及可能判处死刑的人的基础上，又增加了“尚未完全丧失辨认或者控制自己行为能力的精神病人”和“可能被判处无期徒刑的人”。这五种人在刑事诉讼中，如果没有委托辩护人，公安、司法机关应当通知法律援助机构为他们指派辩护律师。

2. 提前了提供法律援助的诉讼阶段：从以前审判阶段才提供变为在侦查阶段和审查起诉阶段也提供法律援助，即以上五种人在侦查阶段和审查起诉阶段，如果没有委托辩护人，公安机关、检察机关也要依法为他们提供法律援助。

3. 改变了提供法律援助的方式：从以前由法院直接指定辩护律师改变为由公安机关、检察机关、人民法院通知法律援助机构为以上五种人指派律师辩护。

4. 正式建立了通过申请获得法律援助的制度：即以上五种人以外的“犯罪嫌疑人、被告人因经济困难或者其他原因没有委托辩护人的，本人及其近亲属可以向法律援助机构提出申请。对符合法律援助条件的，法律援助机构应当指派律师为其提供辩护。”

从以上修改、变化可以看出，新《刑事诉讼法》虽然没有规定无条件地为所有犯罪嫌疑人、被告人提供法律援助，但是在刑事法律援助方面仍具有重大进步，一方面高度重视刑事法律援助的重点需求，保证五种犯罪嫌疑人、被告人在刑事诉讼的全过程只要没有委托辩护人，要求公安、检察机关及人民法院都应当通知法律援助机构为他们指派辩护律师；另一方面也务实地兼顾现阶段中国经济、社会发展的实际状况，明确规定以上五种人以外的人如因经济困难没有委托辩护人的，可以向法律援助机构申请获得律师辩护。这就最大

---

① 顾永忠、陈效：《中国刑事法律援助制度发展研究报告（下）》，载《中国司法》2013 年第 2 期，第 40 页以下。

限度地使那些需要法律援助的犯罪嫌疑人、被告人可以获得律师的无偿辩护，同时也完全符合联合国《公民权利和政治权利国际公约》第14条关于“在司法利益有此需要的案件中，为他指定法律援助”的规定精神。

二、我国刑事法律援助制度的发展现状

从观念上，中国社会关于法律援助的认识经历了一个从无到有，从量到质的渐进过程。经过三十多年的发展，现在，法律援助已经成为国家促进人权保障、推进民生建设的重要举措之一。不断扩大法律援助范围、提高援助品质，已经成为中国法律援助制度发展的基本趋势。具体来说，中国的刑事法律援助制度在如下两个方面，取得了实质性发展：一是基本制度的发展与完善。1996年《刑事诉讼法》正式确立了刑事法律援助制度，并明确了刑事法律援助的适用阶段、适用范围等具体内容，后来，借由2012年《刑事诉讼法》的修改，进一步扩大了法律援助在刑事诉讼中的适用范围，具体来看，就适用阶段而言，新刑事诉讼法将法律援助的适用时间向前延伸到了侦查、审查起诉阶段。自第一次讯问或采取强制措施之日起，犯罪嫌疑人即享有获得法律援助的权利。在援助对象上，法律援助的对象范围也进一步扩大。对于可能判处无期徒刑的犯罪嫌疑人、被告人以及精神病人，也应当为其提供法律援助。此外，辩护制度的日益完善，也为刑事法律援助律师提供了更大的空间。值得注意的是，根据《关于完善法律援助制度的意见》的要求，刑事法律援助的范围将进一步扩大。具体而言，在适用阶段上，刑事法律援助的范围还将进一步扩大。具体而言，在适用阶段上，刑事法律援助将继续向后延伸，以涵盖死刑复核程序以及刑事判决生效后的申诉活动，并积极探索刑事速裁案件、刑事和解案件的法律援助制度。二是工作机制的确立与完善。1996年《刑事诉讼法》第34条规定，对于特定案件的被告人，人民法院可以或应当指定承担法律援助义务的律师为其提供辩护。然而在事实上，在上述法律规定生效之时，绝大多数地方还没有专门的法律援助机构，因而不得不由法院自行解决指定辩护的问题。因此，在相当长的一段时间里，法律援助的首要任务是成立机构、组织人员。1996年12月28日，司法部法律援助中心正式成立，之后，地方各级法律援助中心纷纷成立。2003年，国务院发布《法律援助条例》，要求县级以上人民政府应当采取积极措施推动法律援助工作，为法律援助提供财政支持，并规定，直辖市、设区的市或县级人民政府司法行政部门根据需要确定本行政区的法律援助机构。2004年，国务院首次将法律援助工作纳入年度工作要点。截至2014年年底，全国共建立了法律援助机构3 700多个，工作人员14 000多人，已基本上实现了法律援助机构与人民法院同级设置的格局。[①]

实证研究显示，2003—2009年7年间中国刑事法律援助案件(人)的数量整体上不断增加，2009年全国受援刑事被告人案件总数为115 021件，法院指定案件数为100 425件，占受援被告人案件总数的87.3%，其中包括未成年人指定辩护案件为58 045件，可能被判处死刑案件为21 523件，盲聋哑人指定辩护案件为4 576件。该年刑事法律援助申请共计26 629件，申请并获得批准刑事案件数为21 445件，扣减受援人为自诉人、被害人的6 894件，申请并获得批准的被告人案件14 596件，占受援被告人案件总数的12.7%。案

① 参见吴宏耀：《中国刑事法律援助制度的发展与前瞻》，载《中国法律》2015年第4期，第87—89页。

件以法院指定辩护为主，据统计，2003—2009 年全国各级法院审理一审、二审、再审刑事案件涉及被告人依次为 747 096 人、767 951 人、844 717 人、890 755 人、933 156 人、1 008 677人、997 872 人；受援被告人依次为 63 061 人、72 314 人、99 408 人、106 968 人、112 830 人、118 880 人、115 021 人。据此计算，受援被告人占全部被告人比例，即所谓法律援助率明显上升(如图 1 所示)。①

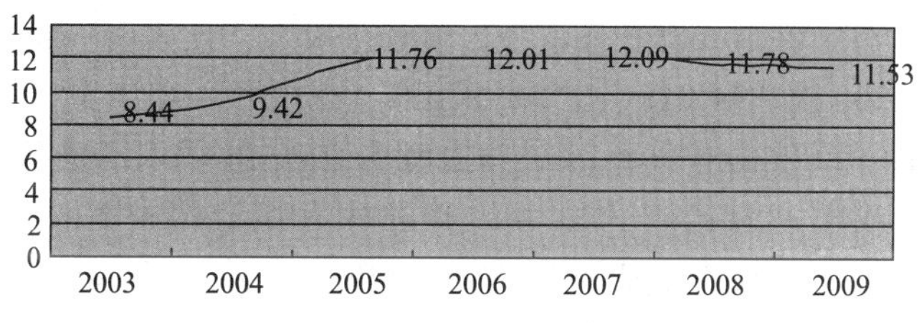

图 1　2003—2009 年中国刑事法律援助率趋势图

基于这些数据，我们可以发现若干或许有点令人意外的现象，其一是法律援助成为被告人获得辩护的重要甚至是主要手段，指定辩护比例已与委托辩护并驾齐驱，甚至有时高于委托辩护，这不仅在中级法院而且在基层法院，不仅在发达地区而且在中等发达地区、欠发达地区的法院均可见到。长期以来，我们固有的印象是：鉴于法律援助范围的特定性，鉴于执业律师介入刑事诉讼的相对普遍性、历史性，执业律师似乎占据了刑事辩护、包括重要案件辩护的绝对地位。然而，上述事实与这一印象却大相径庭，个中原因值得探讨。其二是法律援助已成为严重犯罪尤其是可能判处无期徒刑或死刑案件的最主要甚至是压倒性的辩护方式，这由中院一审刑事案件辩护情况可以清晰见到。其三是法律援助率尤其是基层法院的法律援助率呈现与区域经济、社会发展水平的关联性：经济社会越是发达比例越高。此外，还有一个此处虽未展开充分调研但根据有关情况可以推断的是，法律援助率近十年来整体上不断上升。相应地，我们可以发现委托辩护的相对比例与绝对数量都呈下降或停滞趋势。对此，笔者以为这与国家重视法律援助制度建设，在观念方面不断强化，人力、财力等方面投入不断增加密切相关。当然，也与社会律师由于种种因素减少对刑事辩护的投入有关。②

2013 年，全国共办理法律援助案件 115 万余件，受援人总数达到 128 万余人次，分别比 2012 年增长 13%和 12%。

以上是 2013 年刑事法律援助实施的基本情况，应该说存在不少问题需要解决。同时也要看到 2013 年是修改后的刑事诉讼法生效实施的第一年。公安、司法机关以及司法行政机关及其所属法律援助机构都有一个学习、适应的过程。经过 2013 年的磨合、适应，2014 年的情况有所好转。以办理刑事法律援助案件的数量为例，青海省 2013 年全省办理刑事法律援助案件 1 044 件，较 2012 年增长 60%；2014 年上半年全省办理 720 件，与 2013 年同比增幅达 38%。又如贵州省遵义市 2013 年全市办理刑事法律援助案件 1 771 件，2014 年仅上半年则达到 1 002 件。再如河南省南阳市 2013 年办理刑事法律援助案件 979 件，2014 年 1—8 月办理 886 件，已占 2013 年办案总数的 90. 5%。在其他方面也程度不同

① 转引自左卫民：《中国应当构建什么样的刑事法律援助制度》，载《中国法学》2013 年第 4 期，第 81—82 页。
② 转引自左卫民：《中国应当构建什么样的刑事法律援助制度》，载《中国法学》2013 年第 4 期，第 84 页。

地有所改观。但总体上看，距刑事诉讼法的强制性规定还有很大差距。[①]

从全国范围看，2014 年共批准办理法律援助案件 1 243 075 件，同比增长 7.3%。民事案件为法律援助案件总量增长的主要因素，占总增长量的 78.4%。从各省批准办理案件情况看，案件量超过 50 000 件的省份有 9 个。刑事法律援助案件总数为 240 480 件，增长 8.2%。其中通知辩护案件数为 200 949 件；申请并获得批准案件数为 38 393 件；强制医疗通知代理案件 1 138 件。在通知辩护案件中，侦查阶段、审查起诉阶段、审判阶段通知辩护案件数分别为 49 200 件、44 813 件、106 936 件。从受援对象来看，受援人为未成年的通知辩护案件为 114 020 件，上升 4.1%；盲聋哑人通知辩护案件为 9 577 件，上升 8.8%；尚未完全丧失辨认或控制自己行为能力的精神病人通知辩护案件为 4 435 件，上升 24.5%。在依申请案件中，转交申请和直接申请案件数分别为 27 663 件、32 338 件。在转交申请案件中，公安机关、人民检察院、人民法院转交申请案件数分别为 7 051 件、5 798 件、13 573 件，另有其他转交申请 1 241 件。民事法律援助申请数和获批准案件数分别为 1 033 361 件、997 058 件，同比分别增长 5.6% 和 7.1%，民事案件批准率为 96.4%，比 2013 年略有上升；未批准数为 36 303 件。以案件类型划分，数量最大的民事案件类型仍然是请求支付劳动报酬案件，为 200 370 件，其中请求给付赡养费、抚养费和扶养费的案件为 85 240 件；再次是交通事故案件，为 111 962 件。《法律援助条例》规定的范围以外的案件数为 468 430 件，占批准案件数的 47%。[②]

第二节　现行刑事法律援助的基本法律框架

截至目前，我国已经初步建成了以《刑事诉讼法》为法源，《法律援助条例》为骨架，《关于完善法律援助制度的意见》为准则的刑事司法援助框架体系。仅司法部就先后制定《关于法律援助工作贯彻实施修改后刑事诉讼法的意见》，会同最高人民法院、最高人民检察院、公安部修订《关于刑事诉讼法律援助工作的规定》，会同财政部等八部门出台了《关于贯彻落实〈法律援助条例〉切实解决困难群众打官司难问题的意见》，会同最高人民法院出台《关于民事诉讼法律援助工作的规定》、《关于加强国家赔偿法律援助工作的意见》等法律文件。[③]

一、现行刑事法律援助的基本内容

根据《刑事诉讼法》、《法律援助条例》等法律法规规定，我国的刑事法律援助，作为法律援助体系其管理体制为政府主导，司法行政主管。国务院司法行政部门监督管理全国的法律援助工作。县级以上地方各级人民政府司法行政部门监督管理本行政区域的法律援助工作。中华全国律师协会和地方律师协会应当按照律师协会章程对依据法律援助条例实施的法律援助工作予以协助。从服务机构来看，各地区司法行政机关设立了法律援助中心。从服务范围来看，法律咨询、代理、刑事辩护（刑事被告人只有在可能被判处死刑、

---

① 参见顾永忠、杨剑炜：《我国刑事法律援助的实施现状与对策建议——基于 2013 年《刑事诉讼法》施行以来的考察与思考》，载《法学杂志》2015 年第 4 期，第 41 页。

② 转引自司法部法律援助工作司：《2014 年全国法律援助工作统计分析（二）》，载《中国司法》2015 年第 7 期，第 37 页。

③ 参见吴爱英：《加强法律援助工作、完善法律援助制度》，载《中国司法》2015 年第 11 期，第 7 页。

盲、聋、哑的人或者是未成年人等少数情况下，才有“应当”获得法律援助的权利，而其他刑事被告人只有“可以”申请法律援助的权利）。从资金来源来看，由各级政府财政部门提供财政支持，鼓励社会捐助，各级政府司法行政部门管理，法律援助经费应当专款专用，接受财政、审计部门的监督。法律援助案件的参与程序一般由律师（包括专职和兼职律师）向区司法局申请，司法局根据律师专业情况进行登记备案建立数据库，供法律援助中心选择律师时使用（例如浙江、上海地区）；有些省份的地区由律师事务所接收法律援助中心的案件，经律所统一指派给律所内的任一律师，每年必须达到办理法律援助案件的最低数量（福建地区），并作为律师年检的条件之一；有些西部地区法律工作者仍可以接受指派。法律援助辩护人参与法律援助的权利一般来说是指，根据《刑事诉讼法》及有关司法解释的规定，辩护律师享有以下权利：阅卷及摘录案卷材料权，调查访问权、与被告人会见通信权、申请延期审理权、庭审中对被告人及证人的发问权、申请新证人到庭权，申请重新鉴定或勘验权、出示证据权、辩论权、接收法律文书权，间接上诉权、申诉权、拒绝辩护权等。刑事法律援助受援人的条件（包括被害人），包括《刑事诉讼法》第三十四条规定的：犯罪嫌疑人、被告人因经济困难或者其他原因没有委托辩护人的，本人及其近亲属可以向法律援助机构提出申请。对符合法律援助条件的，法律援助机构应当指派律师为其提供辩护。犯罪嫌疑人、被告人是盲、聋、哑人，或者是尚未完全丧失辨认或者控制自己行为能力的精神病人，没有委托辩护人的，人民法院、人民检察院和公安机关应当通知法律援助机构指派律师为其提供辩护。犯罪嫌疑人、被告人可能被判处无期徒刑、死刑，没有委托辩护人的，人民法院、人民检察院和公安机关应当通知法律援助机构指派律师为其提供辩护。以及《法律援助条例》第十一条规定的情形：（1）犯罪嫌疑人在被侦查机关第一次讯问后或者采取强制措施之日起，因经济困难没有聘请律师的；（2）公诉案件中的被害人及其法定代理人或者近亲属，自案件移送审查起诉之日起，因经济困难没有委托诉讼代理人的；（3）自诉案件的自诉人及其法定代理人，自案件被人民法院受理之日起，因经济困难没有委托诉讼代理人的。刑事法律援助的申办流程包括，提交身份证明、经济困难证明、相关案件材料；查证后，符合条件的提供法律援助，不符合的书面告知理由。犯罪嫌疑人、被告人、自诉人、被害人申请法律援助的，应当向审理案件的人民法院所在地的法律援助机构提出申请。被羁押的犯罪嫌疑人的申请由看守所在24小时内转交法律援助机构，申请法律援助所需提交的有关证件、证明材料由看守所通知申请人的法定代理人或者近亲属协助提供。法律援助终止条件为：（1）受援人的经济收入状况发生变化，不再符合法律援助条件的；（2）案件终止审理或者已被撤销的；（3）受援人又自行委托律师或者其他代理人的；（4）受援人要求终止法律援助的。异议处理流程为：申请人向确定法律援助机构的司法行政部门提出。司法行政部门应当在收到异议之日起5个工作日内进行审查，经审查认为申请人符合法律援助条件的，应当以书面形式责令法律援助机构及时对申请人提出法律援助。法律援助律师费报酬、补贴，法律援助办案补贴的标准由省、自治区、直辖市人民政府司法行政部门会同同级财政部门，根据当地经济发展水平，参考法律援助机构办理各类法律援助案件的平均成本等因素核定，可以根据需要调整。[①]

① 参见高明俊：《当今中韩刑事法律援助制度比较与借鉴》，载《武汉纺织大学学报》2015年第2期，第72页以下。

二、现行刑事法律援助法律体系的评价

（一）《刑事诉讼法》修改对于刑事法律援助的影响

修订后的《刑事诉讼法》使得适用法律援助的程序阶段得到延伸，保证法律援助由审判阶段延伸至侦查阶段及审查起诉阶段，这对于犯罪嫌疑人的权益保障意义深远；其次，使得适用法律援助的案件类型得到扩充。对于“可能被判处无期徒刑”或者是“尚未完全丧失辨认或者控制自己行为能力的精神病人”等情形下，没有委托辩护人的犯罪嫌疑人或被告人，人民法院、人民检察院和公安机关应当通知法律援助机构指派律师为其提供辩护；其三，取消了有关机关在“经济困难”情形下实施法律援助的自由裁量权。对于“经济困难或者其他原因”没有委托辩护人的被告人，之前的刑诉法规定人民法院“可以”指定承担法律援助义务的律师为其提供辩护。但是，此种情形下，修订后的《刑事诉讼法》规定只要符合法律援助条件，法律援助机构“应当”指派律师为犯罪嫌疑人、被告人提供辩护，因此，法律援助机构并无“可以”式的自由裁量权。从立法上看，《刑事诉讼法》第三十四条、第二百六十七条关于法律援助制度的规定有了较大进步，它是我国公民获得律师帮助的宪法性权利的重要体现。[①] 具体来说，根据这一法律，我国现阶段的刑事法律援助，取得了如下几个方面的进步[②]：

首先，扩大了刑事法律援助范围。

《刑事诉讼法》第 34 条修改后，刑事法律援助仍然分两种类型，即酌定和法定援助，但是扩大了以上两种类型法律援助的范围。“酌定类”援助的对象从原来公诉人出庭案件中，因经济困难或者其他原因没有委托辩护人的被告人，扩大到因经济困难或者其他原因没有委托辩护人的所有犯罪嫌疑人和被告人，去掉“公诉人出庭”的限定条件。即对于自诉案件的被告人也可以申请法律援助为其辩护。原《刑事诉讼法》中强制辩护的对象仅限于盲、聋、哑人或者未成年人以及可能被判处死刑的案件中无委托辩护人的被告人。新《刑事诉讼法》法定援助的对象则在原来三类援助对象的基础上又增加了两种，一是尚未完全丧失辨认或控制自己行为能力的精神病人。这类人在认识能力或控制能力部分丧失的情况下实施的犯罪，他们在刑事诉讼中的自我辩护能力如同盲、聋、哑人或者未成年人一样，也相对减弱。二是可能被判处无期徒刑的犯罪嫌疑人、被告人。无期徒刑是仅次于死刑的严重刑罚，如果面临如此重刑而没有辩护人，对于案件的公正审判缺乏保障。

其次，提前了法律援助介入时间。

以往无论是酌定援助还是法定援助，都是向处在审判阶段的被告人提供法律援助。在审前程序中，尽管《法律援助条例》，2005 年最高人民法院、最高人民检察院、公安部、司法部联合印发的《关于刑事法律援助的工作规定》（已废止），对侦查、审查起诉、审判等诉讼阶段的法律援助进行了较详细的规定，进一步明确了审前阶段法律援助及其操作机制，但是犯罪嫌疑人还是难以获得相应的法律援助。新《刑事诉讼法》规定律师介入刑事诉讼时间始于侦查阶段，赋予了犯罪嫌疑人在侦查阶段和审查起诉阶段获得所聘请律师的帮

---

① 参见谢佑平、吴羽：《刑事法律援助与公设辩护人制度的建构——以新〈刑事诉讼法〉第 34 条、第 267 条为中心》，载《清华法学》2012 年第 3 期，第 31 页。

② 参见郑丽娟：《刑事法律援助相关问题研究》，载《中国司法》2015 年第 10 期，第 78 页。下列内容不一一标注。

助权。负有指定辩护义务的主体也由原来的法院变为法院、检察院、公安机关。法律援助介入刑事诉讼的时间提前，援助律师可以更加全面了解案情和当事人，有针对性地进行援助，保障犯罪嫌疑人的刑事诉讼权利。

再次，增加了法律援助的启动主体。当事人获得法律援助的启动程序更加灵活。一方面是对于“酌定”类的援助对象，由犯罪嫌疑人、被告人本人或其近亲属向法律援助机构提出申请。使申请法律援助的渠道更为畅通。二是对于“法定”类的法律援助对象，根据案件所处的不同阶段由公安机关、人民检察院、人民法院各自通知法律援助机构，再由法律援助机构指派律师为犯罪嫌疑人、被告人提供辩护。使法律援助介入更为全面及时，以保障犯罪嫌疑人的权益。三是强制医疗案件的被申请人或被告人也应成为启动主体。强制医疗对人身自由实行控制，应当在程序上予以司法救济。这可以大大减少社会上未经合法程序的“被精神病”事件，保障被申请人或被告人的合法权益。

2012 年《刑事诉讼法》的修改，虽然从立法上扩大了刑事法律援助对象和刑事诉讼程序阶段的范围，但从实践来看，对刑事法律援助工作的影响与理论预期尚有较大的差距。这种差距表现在以下几个方面：第一，刑事法律援助案件的数量并未出现应有的巨幅增长。立法将刑事诉讼法律援助由审判阶段向前延伸至侦查阶段，加以增加了可能被判处无期徒刑以上刑罚的犯罪嫌疑人、被告人以及精神病人为通知援助的对象。因此，从理论上而言，刑事法律援助的案件数量将因此至少增加三倍以上。但从实践的情况看，普遍的增长幅度仅为 60%左右，跟 300%的增长幅度差距甚远。从数据上看，在刑事诉讼辩护率水平大约维持在 30%左右的情况下，刑事法律援助为刑事诉讼中的辩护率提升作出的贡献相对有限，且其更多来自于通知型的援助案件。在所有的刑事法律援助案件中，仅有 20%左右的刑事法律援助案件是来源于犯罪嫌疑人、被告人或其近亲属的申请。第二，如果说刑事法律援助对象的普遍性在很大程度上取决于国家的法律援助资源供给能力、社会公众对刑事法律援助制度的认知、认可程度的话，那么，刑事法律援助实践的及时性则很大程度上取决于制度设计的科学性、合理性，以及公安司法机关、法律援助机构对待刑事法律援助的态度。在一片“权利话语”声中，刑事法律援助很容易被误解为仅仅是为犯罪嫌疑人、被告人、被害人个体设计的一种权利保障装置，从而有意无意地在公民个人——犯罪嫌疑人、被告人、被害人，与国家——公安机关、检察机关、人民法院之间设置了一道障碍，以致一些公安司法机关及其工作人员对刑事法律援助抱持一种消极不合作的态度，大大影响了刑事法律援助的及时性。第三，如果说刑事法律援助的普遍性、及时性更多地取决于国家对刑事法律援助的重视与投入，公安司法机关对待刑事法律援助的积极态度的话，那么，刑事法律援助的有效性则在一定程度上取决于援助律帅对待州事法律援助的态度。我们对中国的刑事法律援助制度怀抱理由，也对中国的刑事法律援助实践有着清醒的认识。对于当下中国的刑事法律援助制度与实践而言，可能最为重要的是建立一个有效的制度保障，切实地履行每一级政府的法律援助责任。只有建立了有效的制度保障，为刑事法律援助提供了必要、充分的组织、人员、经费保障，刑事法律援助才有可能不至于为“无米之炊”，才可能把“普遍”、“及时”、“有效”的刑事法律援助从理想转变为现实。[①]

---

① 参见刘方权：《刑事法律援助实证研究》，载《国家检察官学院学报》2016 年第 1 期，第 121—122 页。

（二）相关配套法律措施对于刑事法律援助的影响

2015年6月，我国出台了《关于完善法律援助制度的意见》，科学定位了法律援助制度的功能价值，明确了法律援助属性、责任主体与服务对象；明确了完善法律援助制度的指导思想和基本原则、重点措施、组织领导等核心内容，对党的十八届三中全会、四中全会提出的关于“完善法律援助制度”部署及习近平总书记有关法律援助工作的重要讲话、指示等精神作了具体诠释。法律援助“最后一公里”主要内容应包含五个层面：一是完备高效的法律援助网络。网络作为开展法律援助工作的载体和平台、服务群众的窗口和阵地，是开展法律援助工作的前提，网络是否发达、深入基层贴近群众，关乎群众能否便捷找到服务网点获得法律援助服务。二是畅通无阻的法律援助申请渠道。要针对群众的不同需求提供多样化的申请方式，简化、畅通申请受理审查程序，关乎群众能否及时快速申请并获得法律援助。三是高素质的法律援助实施队伍。人力资源作为法律援助工作的具体实施者，是开展法律援助工作的根本保障，关乎法律援助制度能否顺利实施及最终执行落实效果。四是务实为民的工作作风。工作作风是群众感受最直接的环节，更是最能体现法律援助工作与群众是否存在距离的环节。法律援助人员的责任意识、服务意识强不强，服务方式、工作方式方法是否人性化，言谈举止、服务态度是否规范文明，关乎法律援助工作的形象、服务质量和效率。五是高标准的服务质量。质量是法律援助工作的生命，是评定法律援助工作效果的首要指标，关乎群众合法权益能否得到最大限度的维护，关乎公平正义能否及时实现。① 结合《关于完善法律援助制度的意见》的部署，需要特别强调以下两点内容：首先，最高人民法院死刑复核案件的法律援助。最高人民法院的死刑复核程序中，因为大多数被告人无力自行聘请辩护律师，最高人民法院办理的大部分死刑复核案件事实上并没有辩护律师的参与。因此，对于这一部分如何进一步有效建立法律援助机制，从而参与死刑复核案件的审理，就变得十分关键。其次，要畅通法律援助的申请管道。根据《刑事诉讼法》第34条，刑事法律援助案件分为两种：一种是基于司法利益的需要，由公安司法机构通知援助的，一种是因为经济困难，由犯罪嫌疑人、被告人申请的。②

针对《关于完善法律援助制度的意见》，各省市分别制定了实施细则，例如，河北省委办公厅、省政府办公厅下发了《关于进一步完善法律援助制度切实加强法律援助工作的实施意见》，提出河北当前和今后一个时期完善法律援助制度、加强法律援助工作的指导思想、总体目标和政策措施，要求进一步扩大法律援助覆盖面、大力提高法律援助服务质量、加快提升法律援助保障水平、不断创新完善法律援助便民服务方式、切实加强对法律援助工作的组织领导。要按照法律援助案件质量标准，建立健全案件申请、受理、审查、决定、指派、承办等各环节业务规范，进一步优化办案流程，努力为受援人提供符合标准的法律服务。普遍推行援务公开制、首问负责制、质量考评制、投诉处理制、重大疑难案件集体讨论制，切实加大办案服务质量监管力度。到2018年年底，河北省内公民申请法律援助经济困难标准由现行的低保标准1.5倍调整过渡为低收入标准，以惠及更多困难群众。全面推行法律援助“窗口化”服务模式，2016年年底前县、区综合法律服务中心实现全覆盖；加大“12348”法律服务热线升级力度，2018年年底前各设区市全部完成智能

① 参见周济生：《略论做好法律援助“最后一公里”》，载《中国司法》2016年第2期，第44页。

② 参见吴宏耀：《中国刑事法律援助制度的发展与前瞻》，载《中国法律》2015年第4期，第89页。

信息语音平台改造，通畅率达到100%；进一步完善法律援助“绿色通道”，一般性案件受理审查期限由7天缩短为5天，涉及农民工讨薪、群体性事件、可能影响社会稳定案件以及其他紧急特殊情况案件，实行即时受理，快速办理；对于行动不便的残疾人、老年人、未成年人及严重疾病患者实行预约式、上门式、一站式服务。[①]

除此之外，2014年国务院、中央军委还印发《关于进一步加强军人军属法律援助工作的意见》，从而保障军人军属法律援助范围逐步扩大，军地法律援助服务网络进一步健全，军人军属法律援助申请渠道更加畅通，有效维护军人军属合法权益[②]，等等。

（三）配套措施对于刑事法律援助的影响

处理好援助和救助的关系。救助主要包括两个方面，一个是诉讼救助，是人民法院在诉讼中对当事人缓交、减交或免交诉讼费用的救济措施；另一个是司法救助，是按照《关于建立完善国家司法救助制度的意见(试行)》(中政委〔2014〕3号)文件的规定，对受到侵害但无法获得有效赔偿的当事人，由国家给予适当经济资助，帮助他们摆脱生活困境的制度。诉讼救助、法律援助、司法救助分别着眼于减免诉讼费用、免除律师费用、获得有效赔偿，都是国家救助制度的组成部分，是一个有机整体。抓好援助与救助的对接，主要是做好三个方面工作。一是履行告知义务。各级法律援助机构对符合救助条件的当事人，要告知其在诉讼过程中有权向法院提出诉讼救助申请，无法获得有效赔偿时有权提出司法救助申请。二是完善衔接程序。对于获得诉讼救助和司法救助的当事人申请法律援助的，法律援助机构要免于经济困难条件审查，全部无偿给予法律援助服务。三是加大便民力度。把诉讼救助、司法救助当事人纳入法律援助“绿色通道”服务范围，快速审查受理，并指派有专业经验的律师办理，确保办案质量。对于行动不便、身体残疾的当事人，提供上门服务。除此之外，还要处理好主渠道和社会资源的关系。法律援助是一项社会化的系统工程，仅仅依赖政府投入和法律援助机构的律师办案，难以满足正常业务的开展，必须更多地利用社会资源，增加法律援助发展保障。一是要积极争取财政、民政、市场监管等部门及工、青、妇等社会团体的支持。争取有关部门在法律援助调查取证、查阅复制档案资料等过程中提供便利，减免相关费用。还可以在有关部门设立法律援助工作站，帮助提供咨询和做好案件初审、转交工作。二是积极利用社会资金弥补经费不足。2014年江苏省法律援助基金会的理财收入就超过了河北省各级政府法律援助财政拨款的总和，对法律援助发展提供了巨大的支持。因此，以法律援助基金会为平台吸纳企业、个人捐助，强化法律援助经费保障的做法应该着力推广。三是积极利用志愿者弥补人力资源不足。基层法律援助普遍人员编制较少，而工作负荷较大。因此，要善于利用社会志愿者的力量，帮助开展法律援助咨询、宣传、卷宗整理等日常工作。这种志愿者的形式，可以是提供实习机会、动员高校社团活动、成立民办非企业等。[③] 从全国范围来看，2013年法律援助经费总额为16.29亿元，其中财政拨款为16.07亿元(包括中央专项彩票公益金法律援助项目资金1亿元)，占经费总额的98.7%。在法律援助财政拨款中，同级财政拨款额为10.6亿元，占66.2%，中央补助地方法律援助办案专款为3亿元，占18.7%。2013年，法律援

① 参见河北省司法厅：《河北省出台意见要求切实加强法律援助工作》，载《中国司法》2016年第2期，第96页。

② 参见吴爱英：《加强法律援助工作、完善法律援助制度》，载《中国司法》2015年第11期，第7页。

③ 参见王晓光：《关于做好新常态下法律援助工作的思考》，载《中国司法》2015年第11期，第50页。

助经费支出总额13.68亿元，增长了14.5%。在经费支出构成中，人员经费、基本公用经费和业务经费在经费支出总额中所占比例分别为31.6%、9.4%和59%。这些数据背后体现了我国法律援助经费无论在制度设计还是具体分配上，都存在改善空间。政府拨付的法律援助经费占财政收入的比例极低，经费使用效益也有待提高。此外，法律援助经费的来源单一，由地方财政拨付带来的经费数额不统一现象十分普遍。①

第三节　刑事法律诊所中法律援助的基本流程

如果法律人只是多读几条法律，学得一些实务诀窍，至多成为搬弄条文的技师，而不是真正能够为法制解决重大问题、促成长远进步的人才。② 法学人才的培养，是一项复杂的系统工程，根据教育部颁布的《普通高等学校本科专业目录和专业介绍》规定："主要实践性教学环节包括见习、法律咨询、社会调查、专题辩论、模拟审判、疑案讨论、实习等，一般不少于20周。"在这个意义上，高校法律援助组织通过创新教学课程与社会服务训练学生法律实践能力，其中教学课程包括模拟法庭教学、案例教学和专业实习。社会服务主要是无偿、无歧视为援助对象提供法律服务，这既是高校法律援助组织的任务之一，也是社会弱势群体寻求援助的主要机构之一，而提供服务的主体是学生，提供服务的方式则是法律咨询、代写法律文书和代理参加诉讼，以上方式和途径，其目的与培养卓越法律人才目标之"强化学生法律实务技能培养"不谋而合。③

一、法律诊所开展法律援助的可能性

1992年5月，武汉大学设立我国高校第一个法律援助机构"社会弱者权利保护中心"，开创了中国高校法律援助机构之先河。在2000年9月北京大学等高校在美国福特基金会的支持下引进美国诊所式法律教育之后，高校法律援助机构有了自己的师资、经费乃至制度支持，开始走进民众的视野。目前开设以"法律诊所"方式对外提供法律援助的学校已达数十所，几乎覆盖了国内著名大学的法学院和政法院校，并成为法学教育改革的一项措施和内容。④

诊所式法律教育采用的方法与传统的法学教育方法有很大的区别。传统的法学教育往往忽略了法学作为一门实践性学科的特征。诊所式法律教育的教学是建立在真实的案件背景和真实的当事人基础之上的，能最大限度地调动起学生的学习主动性和积极性，达到事半功倍的教学效果。学生通过在大学生法律援助中心代理办案可以切身感受案件的全部过程和细节，了解并掌握处理具体问题的技巧和方法。学生首先接触到的不是抽象的法律知识，而是实践中具体的法律问题。通过分析和解决问题，学生逐步将问题上升为抽象的法律理念和知识。在这样一个教学及实践的过程中，学生们必须自己去发现问题，对各种可能性进行分析，从不同角度思考问题，通过自己的思考，集体讨论、分析、寻找解决问题

---

① 参见吴宏耀、郭勇：《完善我国刑事法律援助制度的思考》，载《中国司法》2016年第2期，第50页。

② 贺卫方著：《中国法律教育之路》，中国政法大学出版社1997年版，第146页。

③ 参见王刚山等：《卓越法律人才培养机制探析——以高校法律援助组织为视角》，载《西南石油大学学报》2015年第3期，第80页。

④ 参见陈耀、史旭峰：《略谈高校法援机构公共法律服务职能的完善》，载《学理论》2015年第33期，第181页。

最合适的方案。这一过程需要学生综合运用所学知识来处理调查事实、收集证据并分析判断，从而锻炼和提高学生分析问题、判断问题以及运用法律解决具体问题的能力。总之，对于培养学生的法律实务工作能力和创造性的独立思维能力，诊所式法律教育无疑是一种行之有效的教育方法。同样，在“法律援助—诊所式法律教育”活动中，学生是以志愿者的身份参与到法律援助工作当中来。但我国目前对于学生参与法律援助工作没有相应的法律法规的支持，学生参与法律援助的身份缺乏明确的定位。学生调查取证、会见当事人和代理出庭等的权利义务不明确，给学生办理法律援助案件造成一定困难，不利于学生法律援助活动的开展。[①] 虽然遭遇种种困难，但由法律诊所开展法律援助，具有理论可能性。

（一）法律援助契合法律诊所的职能定位

起源于美国的诊所式法律教育，主要是通过法律实践学习律师的职业技能，但因为中国的法官、检察官选拔机制与美国迥异，法科学生毕业后通过司法考试除从事律师工作外，还可以通过公务员招考直接任职法官、检察官。在这个意义上，有些学者认为，中国的诊所式法律教育不能仅学习律师技能，还应当学习审判技能、检察技能等，从而将学校诊所式法律教育的教学目标，定位在培养学生的法律执业能力、职业伦理和法律信仰[②]上面的观点，是具有一定合理性的。从本质上来说，法律诊所作为法律职业教育的重要组成部分，主要是通过专业技能培训，塑造学生的专业精神，这种专业精神不仅仅是一种匠人精神，更是一种服务于社会的服务精神。而法律援助，恰恰是法律专业服务社会的集中表现，在这个意义上，二者具有相当大的契合性。

（二）法律援助是法律诊所实践课程的重要组成部分

高校法律援助，作为具有高度实践性的职业教育活动，适用于各种类型的法学教学活动。以卓越法律人才培养计划为例，二者的兼容性可见图 2：

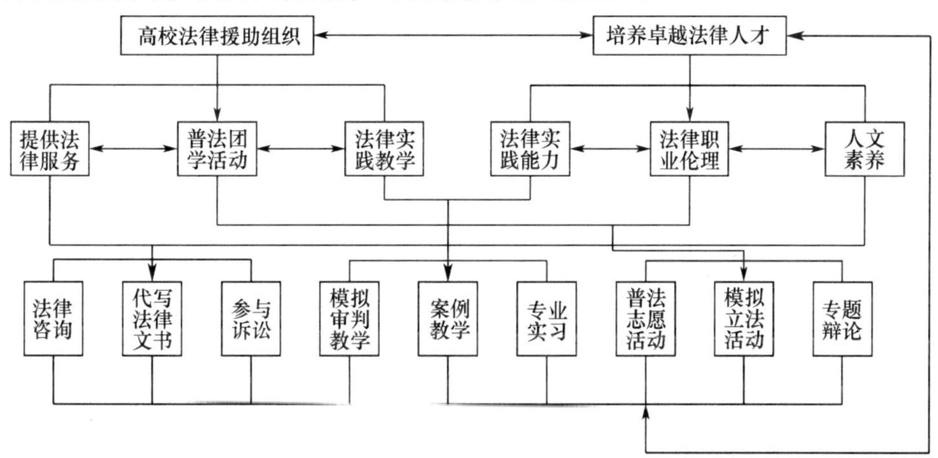

图 2 高校法律援助视野下的卓越法律人才培养模式示意图[③]

① 参见杨思留：《“大学生法律援助——诊所式法律教育”的实践与思考》，载《煤炭高等教育》2008 年第 3 期，第 109 页。

② 参见骆福林：《诊所式法律教育的实践探索》，载《常州大学学报（社会科学版）》2015 年第 5 期，第 106 页以下。

③ 参见王刚山等：《卓越法律人才培养机制探析——以高校法律援助组织为视角》，载《西南石油大学学报》2015 年第 3 期，第 82 页。

与此类似，一般来说，法科院系会在大学三年级下半学期开始法学诊所课程。这样做的原因主要在于这一阶段的本科生已经基本学完了刑法、民法、刑诉、民诉等基础主干课，具备了从事简单法律实践活动的专业知识。一般来说，这一阶段的法律诊所课程学时设计为64学时左右，其中，诊所理论教学部分通常不超过20课时，主要内容集中在法律咨询技巧、司法文书写作规范、法律职业伦理等，剩余课时主要安排职业技能培训、模拟法庭教学与法律援助。其中，职业技能培训，主要包括接待当事人、调查、谈判、调解、出庭技能等。模拟法庭教学环节，主要模拟会见、模拟辩论、模拟谈判、模拟调解、模拟庭审等，主要通过事先拟订的案例，采取分组对抗的方式进行，同时进行录音、录像，全部结束后由指导教师进行回放点评。法律援助采取分组模式，在相关法院以及学校内分别设立法律服务站，由学生与负责老师共同轮流值班，为前往服务中心的求助者提供咨询、代写法律文书。

具体的课程信息部分，可参见表5[①]。

表5 南京审计学院相关课程设计表

<table>
<tr><td></td><td>项目名称</td><td>约见或接待当事人</td><td>课时</td><td colspan="4">项目性质</td></tr>
<tr><td rowspan="2">1</td><td rowspan="2">内容及要求</td><td rowspan="2">在法律诊所中约见或接待有需求的当事人，注意接待礼仪、信息记录、问题分析和解答要求。</td><td rowspan="2">6</td><td>演示</td><td>验证</td><td>综合</td><td>设计</td></tr>
<tr><td></td><td></td><td>√</td><td></td></tr>
<tr><td></td><td>项目名称</td><td>法律咨询</td><td>课时</td><td colspan="4">项目性质</td></tr>
<tr><td rowspan="2">2</td><td rowspan="2">内容及要求</td><td rowspan="2">对有当事人的各种法律问题进行解答并给予当事人可行性意见。</td><td rowspan="2">6</td><td>演示</td><td>验证</td><td>综合</td><td>设计</td></tr>
<tr><td></td><td></td><td>√</td><td></td></tr>
<tr><td></td><td>项目名称</td><td>起草法律文书</td><td>课时</td><td colspan="4">项目性质</td></tr>
<tr><td rowspan="2">…</td><td rowspan="2">内容及要求</td><td rowspan="2">根据当事人或案件的需求书写法律文书，注意文书的格式和文书所涉法律事实的准确、真实。</td><td rowspan="2">6</td><td>演示</td><td>验证</td><td>综合</td><td>设计</td></tr>
<tr><td></td><td></td><td>√</td><td></td></tr>
</table>

二、法律诊所开设法律援助的全过程评估机制

（一）建立刑事法律援助个案的风险评估机制

因为高校法律援助的参与者大多为在校大学生，一般来说风险防范意识与防范能力较低，为了避免在从事刑事法律援助过程中遭遇不应有的人身伤害事件，在法律诊所受理刑事法律援助案件之前，必须由负责老师会同公安机关、人民检察院、人民法院以及当地司法局，对于案件的风险状况进行综合评估。在评估过程中，需要全盘考虑案件性质、当事人的精神、心理状况、当事人家属的诉求与情绪状况，避免将高风险案件、高风险当事人或当事人家属引入高校法律诊所，防患于未然。即使对于其他可以由法律诊所提供法律援助的刑事案件，也应该由上述各方集体打分，明确风险等级，同时针对不同的风险等级，

---

① 转引自王艳丽等：《诊所法律教育探索与思考——以南京审计学院为例》，载《法制博览》2015年12月(中)，第112—113页。

设立风险预案，明确责任人。

（二）建立提供刑事法律援助的学生资格评估机制

刑事案件不同于其他类型的案件，具有极强的特殊性，因此，为刑事案件提供法律援助的学生志愿者，必须具备足够的法律知识、相对完备的法律技能以及经验。应当本着自愿申请、择优录用、合理分配、全程管理的原则，积极吸收法律理论功底深厚，具有一定社会经验的优秀学生参与，同时，招募资深律师配合指导老师与这些学生有机组合，形成相对固定的团队轮岗值班。对于重大刑事案件，更应当由具有丰富办案经验，从事刑事辩护执业10年以上的专职律师牵头，从而确保法律援助案件质量。

（三）建立刑事法律援助的“SOP”

所谓“SOP”，是指高校法律诊所在提供刑事援助工作时的操作指南，是评判法律援助质量的技术依据。是统一刑事法律援助工作内容、方法、程序和质量要求，促进刑事法律援助工作规范化的基本保障，涵盖刑事法律援助案件申请、受理、审批、办理、结案、评估到费用支出等整个工作流程，需要明确各个环节负责人的职责、任务、程序、方法、完成期限及质量要求。

（四）建立刑事法律援助的质量跟踪监督机制

所谓质量跟踪监督机制，是指通过建立刑事案件法律援助质量管理系统，在电子管理系统尚无法全部建成之前，采取模拟管理的方式，对于刑事法律援助的全流程各个关键节点，进行评估，只有在符合评估要求的情况下，才能进入到下一环节，从而确保法律援助的质量，降低、防范风险。如果在哪一个节点出现了延误，或者出现了质量问题，就应当集中力量查明原因，纠正问题，在必要的时候组织各方面的专家进行集体讨论，商量对策，并形成书面意见，用以指导学生有效开展下一步的刑事法律援助工作。

（五）建立刑事法律援助案件的事后评价机制

每完成一项刑事法律援助工作，应当由负责法律诊所运行的主管老师，组织参与该项刑事法律援助项目的各有权机关、当事人、法律援助的提供者共同对于该项刑事法律援助工作打分，进行质量检查验收，进行事后总评。在这个过程中，听取司法行政机关和法律援助机构、受援人、承办法官以及法律援助提供者自身的意见，综合考量，必要的时候由第三方对于相关评估结果加以确认，从而提高事后评价机制的权威性。更为重要的是，需要在这一过程中，对于评估中发现的问题进行具体分析，找出造成问题的根本原因，并寻找具有针对性的解决办法，从而举一反三，有效实现法律诊所的实践教学目的。法律援助案件质量评估是一项系统工程，其体系构成包括价值体系、指标体系、权重构成、运行规则及相关支持系统。质量评估是一种价值判断，具有导向性的特征，其价值目标的设定差异直接影响质量评估规则设定、指标选取和评估结果，因此价值目标是整个法律援助案件质量评估体系的核心所在。指标体系是将评估指标按照一定逻辑结构组织起来的，能够反映法律援助案件工作流程和关键环节总体情况的评估指标群组。根据司法部法律援助中心《2014年法律援助案件质量评估试点工作实施方案》的规定，确定了十个指标子系统：会见受援人及提供咨询，阅卷，证据运用，庭审，法律文书制作，告知与报告义务履行，法律效果和社会效果，办案效率，服务态度，当事人评价与相关机构反馈意见。同时，根据教学目标设定不同子系统的权重构成。某一指标的权重是指该指标在整体评价中的相对重要程度。司法部法律援助中心在历年评估实施方案中并未确定十个指标子系统的各自权重。[①]

第四节 刑事法律援助模拟示例

作为模拟的案例，应当具有真实性和鲜活性。经验积累来自于法律实践，而实践质量的优劣则取决于实践内容与社会结合的程度。用于法律实践的案例必须是源于社会的典型案件，即使需要加工处理，如用于案例教学和模拟法庭教学的案例，也须保证案件的真实性和鲜活性。只有如此，才能激发学生内在动力，提高其参与的积极性、提升其法律思维等综合能力。否则，结果会适得其反，将与培养目标差之千里，因为学生能力的提升和经验积累，是在分析、解决现实中形态各异的具体案件过程中获得的。[②]

下面，根据上述原则，提出如下模拟刑事案例，要求学生在可能的情况下，为被告人提供力所能及的法律援助。

一、案情简介

2012 年 2 月 3 日 20 时 20 分许，被告人张某某、金某相约驾驶摩托车出去享受大功率摩托车的刺激感，约定“陆家浜路、河南南路路口是目的地，谁先到谁就等谁”。随后，由张某某驾驶无牌的本田大功率二轮摩托车(经过改装)，金某驾驶套牌的雅马哈大功率二轮摩托车(经过改装)，从上海市浦东新区乐某某 99 号车行出发，行至杨高路、巨峰路路口掉头沿杨高路由北向南行驶，经南浦大桥到陆家浜路下桥，后沿河南南路经复兴东路隧道、张杨路回到张某某住所。全程 28.5 公里，沿途经过多个公交和地铁站点、居民小区、学校和大型超市。在行驶途中，二被告人驾车在密集车流中反复并线、曲折穿插、多次闯红灯、大幅度超速行驶。当行驶至陆家浜路、河南南路路口时，张某某、金某遇执勤民警检查，遂驾车沿河南南路经复兴东路隧道、张杨路逃离。其中，在杨高南路浦建路立交(限速 60 km/h)张某某行驶速度 115 km/h、金某行驶速度 98 km/h；在南浦大桥桥面(限速 60 km/h)张某某行驶速度 108 km/h、金某行驶速度 108 km/h；在南浦大桥陆家浜路引桥下匝道(限速 40 km/h)张某某行驶速度大于 59 km/h、金某行驶速度大于 68 km/h；在复兴东路隧道(限速 60 km/h)张某某行驶速度 102 km/h、金某行驶速度 99 km/h。

2012 年 2 月 5 日 21 时许，被告人张某某被抓获到案后，如实供述上述事实，并向公安机关提供被告人金某的手机号码。金某接公安机关电话通知后于 2 月 6 日 21 时许主动投案，并如实供述上述事实。

二、刑事法律援助模拟要求及评估指标

可以以上述案例为摹本，根据学生人数及授课时长，从下列环节入手，参考不同环节的赋值情况，对于学生提供的刑事法律援助情况进行评估。

---

① 参见郝静、杨永志：《构建法律援助案件质量评估体系之实证检视与对策研究——以 H 省法律援助案件质量评估试点为样本》，载《西部法律评论》2015 年第 6 期，第 83 页。

② 参见王刚山等：《卓越法律人才培养机制探析——以高校法律援助组织为视角》，载《西南石油大学学报》2015 年第 3 期，第 83 页。

（一）会见当事人并提供咨询，赋值区间为 11 分至 24 分

这一阶段，主要考查法律援助提供者是否能够与被告人建立有效的对话互动，是否能够明确掌握案件基本事实、被告人的基本诉求，能否为被告人提供有建设性的法律意见与建议，特别是要明确被告人的行为是否构成犯罪、构成何种犯罪，以及具有何种加重、从重或从轻、减轻情节，并应该能够预估大致的刑期。

首先，被告人的行为涉嫌构成危险驾驶罪。

根据《中华人民共和国刑法》第 133 条之一第一款规定，“在道路上驾驶机动车追逐竞驶，情节恶劣的”构成危险驾驶罪。刑法规定的“追逐竞驶”，一般指行为人出于竞技、追求刺激、斗气或者其他动机，二人或二人以上分别驾驶机动车，违反道路交通安全规定，在道路上快速追赶行驶的行为。本案中，从主观驾驶心态上看，二被告人张某某、金某到案后先后供述“心里面想找点享乐和刺激”“在道路上穿插、超车、得到心理满足”；在面临红灯时，“刹车不舒服、逢车必超”“前方有车就变道曲折行驶再超越”。二被告人上述供述与相关视听资料相互印证，可以反映出其追求刺激、炫耀驾驶技能的竞技心理。从客观行为上看，二被告人驾驶超标大功率的改装摩托车，为追求速度，多次随意变道、闯红灯、大幅超速等严重违章。从行驶路线看，二被告人共同自浦东新区乐某某 99 号出发，至陆家浜路、河南南路路口接头，约定了竞相行驶的起点和终点。综上，可以认定二被告人的行为属于危险驾驶罪中的“追逐竞驶”。

其次，被告人的行为具有法定量刑情节。

本案中，二被告人追逐竞驶行为，虽未造成人员伤亡和财产损失，但从以下情形分析，属于危险驾驶罪中的“情节恶劣”：第一，从驾驶的车辆看，二被告人驾驶的系无牌和套牌的大功率改装摩托车；第二，从行驶速度看，总体驾驶速度很快，多处路段超速达 50%以上；第三，从驾驶方式看，反复并线、穿插前车、多次闯红灯行驶；第四，从对待执法检查的态度看，二被告人在民警盘查时驾车逃离；第五，从行驶路段看，途经的杨高路、张杨路、南浦大桥、复兴东路隧道等均系城市主干道，沿途还有多处学校、公交和地铁站点、居民小区、大型超市等路段，交通流量较大，行驶距离较长，在高速驾驶的刺激心态下和躲避民警盘查的紧张心态下，极易引发重大恶性交通事故。上述行为，给公共交通安全造成一定危险，足以威胁他人生命、财产安全，故可以认定二被告人追逐竞驶的行为属于危险驾驶罪中的“情节恶劣”。

同时，被告人张某某到案后如实供述所犯罪行，依法可以从轻处罚。被告人金某投案自首，依法亦可以从轻处罚。二被告人在庭审中均已认识到行为的违法性及社会危害性，保证不再实施危险驾驶行为，并多次表示认罪悔罪，且其行为尚未造成他人人身、财产损害后果。

基于上述事实，法院判决被告人张某某犯危险驾驶罪，判处拘役四个月，缓刑四个月，并处罚金人民币四千元；被告人金某犯危险驾驶罪，判处拘役三个月，缓刑三个月，并处罚金人民币三千元。宣判后，二被告人均未上诉。

（二）阅卷，赋值区间为 3 分至 17 分

这一阶段主要考查法律援助提供者是否严格、细致地审查证据清单中所列各项书证、物证、证人证言、鉴定结论等证据的合法性、真实性与相关性，是否严格细致地审查被告人不同时期供述之间是否存在矛盾，是否存在刑讯逼供等非法证据排除事由，审查检方相关主张的事实是否真实、准确，适用法律是否正确等。

（三）庭审及其证据运用，赋值区间为21分至37分

这一阶段主要围绕模拟法庭开展的庭审活动，对于担任辩护人的法律援助提供者是否严格遵守法庭秩序、是否严格遵守刑事诉讼法的相关规定，是否积极主动发表辩护意见、举证质证、是否有理有据地反驳检方观点、是否积极为当事人争取合法权益等事项进行评价。

（四）法律文书制作，赋值区间为20分至29分

这一阶段主要围绕法律援助提供者所制作的答辩状是否符合刑事审判相关要求，所列相关证据清单是否具有真实性、相关性与合理性等方面进行评估。

（五）告知与报告义务履行情况，赋值区间为5分至7分

这一阶段主要考查法律援助提供者是否及时告知被告人依法享有的各项权利，是否主动向有关方面报告被告人遭受的不法侵害等事项。

（六）法律与社会效果，赋值区间为12分至14分

这一阶段主要考查法律援助提供者所提供的法律服务是否得到了法院、检察院、被告人及其家属的肯定。

（七）办案效率，赋值区间为5分至8分

这一阶段主要考查法律援助提供者是否严格遵照《刑事诉讼法》规定的审理期限从事相关法律活动。

（八）服务态度，赋值区间为4分至6分

这一阶段主要考查法律援助提供者与被告人接触过程中所体现出来的服务态度与服务精神。

（九）加分项，赋值区间为7分至10分

这一段主要考查法律援助过程中服务提供者是否有其他特别值得肯定的表现。

第六章　刑事法律检索

第一节　刑事法律检索概述

一、刑事法律检索目的论

（一）刑事法律检索的概念

刑事法律检索是刑事法律实践的重要组成部分，它是一个前后紧密衔接的过程。通过这一过程，我们追索规制某个行为的法律规则，并全面发现解释或分析这一法律的相关事项信息。通过法律检索，法律人可以获得与案件相关的法律、法规规定和司法解释，以此为基础，律师们可以去提供精确和深刻的法律建议，去起草高质量的法律文书，在法庭上为维护当事人的权利进行有效的辩护；司法人员可以将裁判理由论证的有理有据。成功的法律检索能够为树立法律人法律分析中的自信提供必需的信息和知识。

刑事法律检索的对象包括各种法律资源，一些是由立法机关等法律制作主体创造的，还有一些是由法院、学者和实践中的律师参与创制的。在这里，刑事法律检索主要是指刑事法律诊所的学生通过运用检索功能找出案件应该适用的法律信息，对案件进行分析，满足当事人的要求。

（二）刑事法律检索技能训练的意义

以往我们的法学教育的重点是传授法律知识。在这样的教育模式下，学生们需要面对的是系统的、精深的法学理论体系和庞杂的法律规则，大部分时间都花费在如何记忆这些理论和规则上。事实上，把默写法律理论和规则作为对学生学习成效检测手段的做法已经被证实是一种很不理想且令人担忧的选择。法学人才培养的重点其实并不在于法条的记忆，而在于如何让学生掌握理解和适用规则的法律思维方式，具言之，法学教育应当在培养学生的法律思维和判断能力这两个方面发挥其应然的作用。同时，法律教育是否能为学生进行法律实务打下良好的基础，日益受到人们的关注，尤其在当今法律实务行业中我们能够倍加感受到这种关注与期待。

目前，很多法科学生没有进行独立的、有效的法律检索的能力，绝大多数法律专业毕业的学生在即将开始实务工作时其法律检索技能还处于刚刚起步阶段，还需要长期的训练才能适应当下的工作。可是绝大多数单位需要的是加入之后就可以高效率地开展相关工作的人员，没有几家单位甘愿自己充当培训机构。由此我们不仅听到了来自法律实务界的抱怨，也听到了学生们自己的抱怨。这些都有可能正在慢慢酝酿一场危机，积累到一定程度，就会出现整个社会对法律学位的轻蔑与不信任。

因此，法学教育的重点应逐渐偏重于与实务相关且能解决现实法律问题的技能的培养与训练上来。我们应该把相当一部分精力投放到“实践法律技能培养”这一领域，精心设计属于法律技能教育方面的教材和著作。高校应该开设法律技能课程，并使其成为大学法律课程中的重要组成部分，相关的课程采用实用的、以经验为基础的教学方式，逐渐增加对实务技能的直接指导。而在这其中，一个重要的方面就是法科学生法律检索能力的培养问题。

作为一名法科生，掌握高效的法律检索技能不仅代表着其在学业上的成功，并且也有助于今后的进一步学习以及实践工作。法律检索应当作为每一个法科学生的必修课程。法律检索这门课程专门训练学生如何在浩瀚的法律文献中有效地查找法律条文、相关案例和解释性资料。我们可以像美国一样，安排一批专业人员，致力于法律文献的编排和管理工作，帮助和指导他人从事法律检索。在美国，这些专业人员就是法律图书馆的管理人员。我们也可以安排由既有法律学位，又有图书馆学学位的法律图书馆馆员教授法律检索这门课程。毫无疑问，我们的法律院校的学生们如果受到这样的法律检索的训练，他们的学习和实际工作能力将会有很大的提高。

（三）刑事法律检索的目的

正如英国法理学家哈特所言：“法必须主要地(但不能绝对地)指向多类人、多类行为、事物和情况；法对广泛社会领域的成功运作取决于把个别行为、事物和情况认定为法所做的一般分类的实例这样一种广泛扩散的能力。”① 根据哈特对法规范的分析，法的形成从立法的层面上首先体现为个别到一般的活动过程，立法需要无疑是建立在许多个别事件积累与汇总之上的；其次是从法规范的对象上看，已不复为某个人或某一个别事件，而是某一类人或某一类行为，换言之，法规范施于其上的对象，作为主体，已然具备虚拟的性质；再次是从司法的层面上看，法的实施者所面对的仍然只能是个别的行为和个别的事物，只不过是这些个别的行为个别的事物，是在法规范的虚拟中作为某一类人某一类行为或某一类事物的实例而已。②

哈特的法规范分析向我们昭示：当法规范作为我们的应然守则时似乎不存在“类”与“个别”的矛盾，故守法领域一般不会显现出法规范自身的复杂性。但在司法领域，“类”与“个别”的矛盾却昭然若揭。哈特的法规范分析只在极其抽象的意义上揭示了这种矛盾：法官依据某类行为的规范去调整和处理个别行为和个别事物，假定在不存在法律空缺或法律漏洞的情况下，这种分析也只描述出了某位审案法官较有把握地将其处理的纠纷成功地归摄于某一法规范之下，但是，审案法官又是依据什么而做到了成功地将个别行为个别事物归诸法规范这一类存在物之下，这才是问题的复杂性所在。显然，哈特的分析没有告诉我们需要的答案。

如上所述，刑法的规范概念普遍具有模糊或抽象特点，刑法规范结构呈现漏洞或空缺现象在所难免，刑法规范彼此之间存在矛盾或冲突现象也绝不是通过立法修正就能够解决的问题。在这种情况下，直接用刑法规范作为逻辑推理的大前提去裁决某一具体的案件事实，显然是比较困难的，在这中间，即在一般刑法规范与特殊案件事实之间，或在抽象的

① ［英］哈特著：《法律的概念》，中国大百科全书出版社 1996 年版，第 124 页。

② 唐仲清：《从法律规范到裁判准据》，载《辽东学院学报(社会科学版)》2007 年第 1 期。

已被类型化了的刑法规范与具体的具有鲜明个性特点的案件事实之间，肯定存在一个中介因素，帮助它们克服了困难，成功完成了对接。这个中介因素就是刑事裁判规范，即法律文本规范与具体的案件事实进行实际对接之前，客观上存在着一个自身转化或切换环节，通过这个环节实现了刑法文本规范到刑事裁判规范的过渡，这个过渡过程尽管是隐秘的，但却是刑法运作过程中最不可缺少的。

当我们把审视刑法规范的目光由静态的文本规范视域转向动态的裁判规范视阈，思考法官案件判决形成的过程时，规范之鲜活性便跃然于眼前，这时的规范已经不是在法律文本中推演出来的抽象的、一般的东西，它指导着法官对个案事实进行法律解读，然后将案件事实与法律规范结合在一起，使生活事实变成法律事实，而在此时真正产生约束力(对法官判断而言)的是个案裁判规范。当然，这种规范是因人而异的，在学养精深的法官心目中，它有完整的结构和清晰的表述。这种规范是文本中的法律进入社会产生效力的必经阶段，是客观条文的主观化。我们常常以为自己判决书中所引用的法律条文是我们判案的大前提，其实这是忽视了自己思维中对法条进行加工这个重要环节。这些法条只是法源，即法官形成裁判规范的最主要依据，但不是全部。法官个人对文本规范的理解及价值判断、社会公共利益的考量及刑事政策的要求、体制的限制、场域行动者的需求等各种数不胜数的因素，都会对此规范的形成产生直接或间接的影响。

刑事裁判规范产生在作为连接刑法文本规范与具体案件事实中介环节的审判过程中，是法官的审判过程必须经历的环节。因为现实生活中的各种刑事案件并不按照立法者所设计的犯罪构成模式去发生，以致经常出现体现刑事案件共性的刑法条文与充满个性的具体刑事案件并不能完全对应的现象。当刑法文本规范不能完全地满足审判需要时，法官自然会形成某种直接作为当下案件据以裁判的判断，法官在刑事案件的裁决过程中需要创制刑事裁判规范。刑事裁判规范的生成，实际上就是演绎推理大前提的建立。刑法规范从文本本身到逻辑推理的大前提，是通过归纳推理、类比推理等技术手段，在与案件事实的互相建构中被演变成刑事裁判规范后，才成为逻辑推理的大前提的。刑法规范适用的过程就是刑法文本规范具体化的过程。一方面，要通过刑法规范识别，即在现行刑法规范就涉及具体案件事实有具体规定的情况下，当法官面临要解决的案件时，从现行刑法规范的体系中找出相关的法律规范，即关联法条进行定罪；在一个案件面临着两个或者两个以上的规范可能被适用的情形时，在其中进行选择关联度最密切的法条的活动，以及通过刑法规范解释，使刑法规范通过个案事实由抽象变为具体，并通过个案事实逐步确定规范的适用。另一方面，当刑法规范出现空缺或者漏洞时，作为刑法裁判规范要对具体的案件事实进行漏洞填补。

另外，案件事实并非完全客观，而是被发现和建构的。对于法官来说，当所有的证据都提供以后他必须决定他更倾向于哪种事实版本，他也许觉得缺乏一些重要证据，律师们问的问题并不正确或未召集到所有的证人，但他对此毫无办法，他必须在双方当事人提供的现有证据的基础上作出判断。这种判断必须结合运用直觉、逻辑、经验、伦理与价值，发现、判断事实的法律真实性、合法性和关联性。从规范的视角看，由于定罪是一个三段论的推理过程，刑法规范(犯罪构成要件)是大前提，案件事实是小前提，如果两者相符合，便可以得出相应的结论。所以，法官就必须把应当判决的、具体的个案与规定犯罪构成要件的刑法规范联系起来，既要从案件到规范，又要从规范到案件，对两者进行比较分析和权衡。对于案件事实，要以可能适用的刑法规范为指导进行分析；反之，对于刑法规范，要通过个案或者案件类型进行解释，形成构成要件与案例事实的彼此对应。

也就是说，要将案件事实向刑法规范拉近，同时也要将刑法规范向案件事实拉近。法官的目光不断地往返于案件事实与构成要件之间。一方面，用规范要件事实对个案案件事实进行筛选，使“事实”完成从生活事实到程序意义上证明事实再到构成要件意义上的法律事实的转变；另一方面，也使法律规范事实进入个案案件事实，去获得色彩和生命，即逐渐形成针对案件法律事实的刑事裁判规范。例如某甲持一木棍猛击某乙的头部致其轻伤，我们一看便知这种事实正好在故意伤害罪中“伤害”一词的核心意义范围内，于是便可以确认裁判规范进行推理。一般像这种刑法适用比较简单的典型案例，法官经过正当性判断机制就可以得出唯一的裁判规范。刑事裁判规范作为一种针对具体的刑事案件而生成的规范，解决了定罪和量刑中出现的问题，我们通过刑事法律检索可以方便快捷地获取刑事裁判规范，有助于帮助学生获取资源，更好地应对实务操作问题。

二、刑事法律检索所涉及的四对基本观念范畴

这一部分旨在厘清几个基本的观念范畴，引导实践中刑事裁判规范的正确获取。

（一）定罪规范与量刑规范

定罪规范，有时还可称作刑事责任的规范。从法律上讲，它是指定罪应当依照法律进行；从认识论上讲，是指定罪这一活动的标准；从逻辑上讲，它是指定罪三段论式中的大前提。在整个定罪活动过程中，定罪规范化自始至终是一个中心的问题。研究并弄清这一问题，不但对于实际的定罪工作，而且对于整个定罪论的研究都具有十分重要的意义。公正定罪是刑事法律运行所追求的最终目标之一。要实现这一任务，需要靠形式的定罪知识即法律的规定、实质的定罪知识即自然法与法治的理念、程序法律设置即保障实体法运行的公正的程序、定罪思维方式即解释法律的犯罪论的理论体系等要素的多元支撑，单纯依靠哪一个都不能保证公正定罪的实现，而必须依靠多因素的有机结合。在此前提下，各因素之间的契合性研究也是应有之意。

量刑规范，是指司法机关在立法机关所立之法的基础上，将立法的规定具体化、定量化等方式，将法律的规定细化，以使法官的自由裁量权受到限制，使其滥用权力的余地变小甚至消失。这种方式的基本特点，就是用法律与最高司法机关制定的司法解释将法律的规定具体化，也可以称为规则的具体化，来使法官的自由裁量权受到严格限制，使司法过程中法官无滥用权力的可能。在我国，司法中存在的最大问题，莫过于法官滥用权力与司法裁判缺少统一的标准，量刑不统一，违背刑法运行的基本公正原则：相同情况相同处理。事实上，在不同的时空会有相同情况不同处理的情况，即使在同时同地也可能会出现这样的相同情况不同处理的结果，于是量刑公正的实现也就困难重重。可以说法官对于宣告刑决定的实际意义不低于对犯罪的认定，不公正合理的量刑比定性失误更值得重视。量刑规范，就是用来解决这样问题的制度设计。

（二）立法规定与法律解释

立法规定，它是指享有国家立法权的国家机关根据预先设定的职权和程序所进行的立法结果，如全国人大制定的刑法等。立法规定是由语言文字表述的，而文字符号具有多义性和外延模糊性，立法一经完成就具有滞后性，所以我们需要用法律解释来面对变

动不居的社会，但是法律解释应该在立法文字应有的含义之内，不能违背刑法的基本宗旨。

有权的法律解释，是立法或司法机关对法律、法规(法令)的进一步明确界限或作的补充规定。有权的法律解释分为三种：1. 全国人民代表大会常务委员会的立法解释；2. 最高人民法院、最高人民检察院的司法解释；3. 国务院及主管部门的解释。司法解释就是依法有权作出的具有普遍司法效力的解释。广义上是指，每一个法官审理每一起案件，都要对法律作出理解，然后才能够具体适用。因此，必须对法律作出解释，才能作出裁判。每一个案件都要这样做。由最高法院对具体适用法律的问题，作出的解释就是司法解释。中国的司法解释特指由最高人民法院和最高人民检察院根据法律赋予的职权，对审判和检察工作中具体应用法律所作的具有普遍司法效力的解释。

(三) 逻辑分析与实质解读

逻辑分析是指以刑法规范为依据，消除抽象刑法规范与具体案件事实之间的隔阂与摩擦，以实现两者之间的对接和匹配。也许在某些简单案件中，规范与事实之间的联系比较明显，法官只需简单列举法条并简述案件事实就可以证明其推理结果的正当性。但是由于规范语言的抽象性、模糊性和案件事实的具体性、生动性，两者并不总能顺利对接，法官对案件事实到底是否符合刑法规范的构成要件无法轻易作出判断，从而产生疑难案件。适用法律是为了实现法的价值目标，而法的价值是多重的，多重价值之间存在矛盾与冲突是自然的、正常的。这种情况下就需要进行逻辑分析，在多种价值之间选择一种更值得保护的价值。

对刑法中的犯罪构成要件的判断不可避免地含有实质的内容，即某种行为是否构成犯罪应从处罚的必要性和合理性的角度进行判断。因此，对刑罚法规和构成要件的解释应该从这种实质角度进行。如果要判断某一行为是否成立犯罪，显然不能停留在法律形式的圈子之内寻找答案，而必须求助于更高序列的理由，即通过对刑法构成要件所蕴含的价值进行实质的判断以得出最后的结论，对其进行实质的解读。

(四) 保护法益与行为规范

法益就是指根据宪法的基本原则，由法所保护的、客观上可能受到侵害或者威胁人的生活的利益。其中由刑法所保护的人的生活利益，就是刑法上的法益。李斯特曾经指出，所有的法益无论是个人利益，或者共同社会的利益，都是生活利益。这些利益的存在不是法秩序的产物，而是社会生活本身。但是，法律的保护把生活利益上升为法益。随着社会的发展、人的观念之变化，法益的内容也会随之变化。

行为规范以一般公众为约束对象，用以指引公民行动。任何一个违反行为规范的可罚行为，其成立都必然需要满足一个前提条件，即行为人知道(故意)，或者在给予了受期待之注意的情况下能够知道(过失)，他的行为实现了一个与构成要件的描述相符的事件。刑罚的目的在于保障这种行为规范得到遵守。故刑罚的目的是对(事实上的)规范效力的维护。谁要是像具体的行为人那样，通过自己的行为表明规范是没有约束力的，那他就必须以象征性的方式承担社会冲突所产生的代价，即被国家判处刑罚。行为规范是服务于法益保护的，而国家则通过刑罚来保证该规范得到遵守。这种规范不仅禁止那些对法益造成实际侵害的行为，而且也禁止那些对法益产生危险的行为。

第二节 定罪规范的检索

一、科学的定罪规范检索过程

一个行为只有经过科学的定罪规范检索才能确定是否触犯了刑法、需要被评价为犯罪行为，并通过定罪量刑对其进行处罚。本部分所展示的是从受侵害的法益开始，经过行为类型、犯罪对象、主观罪过等法定要素的类型化区分，再到行为规范的最后界分作用，从而实现定罪规范妥当确定的理想过程。

在事实发现意义上，犯罪行为发生后，人们首先意识到的是人被杀死了、财物被盗了等法益受到侵害，此即揭示了犯罪客体的问题。随后，人们随之要思考的问题是，人是怎样被杀死，财物是怎样被盗的；谁杀死了这个人，谁盗走了这些财物。这就涉及犯罪客观方面和犯罪主体的问题。当然，最后犯罪分子被发现或被抓获之后，人们还要进一步审视这个人实施犯罪行为时的内心状况，这就是犯罪主观方面要解决的问题。

如果将上述事实发现过程转化为法律意义上的评价过程，那么首先需要评价确定的是有犯罪客体受到侵害或者威胁的事实发生；其后判断该侵害是否是人的行为所为，确定该行为与法益侵害之间是否具有因果关系；如果以上结论都是肯定的，那就要看行为人的主体资格之于犯罪要求来说是否合格；接着判断行为人从主观方面来看是否具有主观上的可谴责性，即罪过。这就形成了从客体到客观要件，再到主体，再到主观要件的犯罪评价性逻辑过程。我国传统的平面四要件犯罪构成理论体系所展现的正是这样一种犯罪评价逻辑体系。①

然而，尽管逻辑在法律中的地位是很重要的，但是并不像曾经想象的那样占中心位置。形式逻辑在解决法律问题时只具有相对有限的作用。即使人们有意要通过采纳调整大量详细情形的涉及范围很广的法典而将演绎推理在司法中的适用范围扩大到最大限度，但是实在法制度中的空白点和模糊的领域仍将是极为广泛的，而且其广泛程度足以给三段论逻辑方法的适用范围设定限制性的障碍。概言之，在犯罪评价体系的设定过程中，逻辑问题的重要性不能为人们所忽视，如果逻辑性难于理解，这样的评价体系在使用上就将存在重大问题，但这并不意味着只要是逻辑合理的评价体系就是好的或者合理的体系，逻辑对于体系来说，只具有前提的性质。

对于法律逻辑不能为案件定性提供明确的解决方案，或者逻辑方案选择多元，因此不能形成确定的定罪裁判规范时，我们就需要结合法律所维护的行为规范进行分析。例如2010 年 6 月至 8 月 26 日期间，犯罪嫌疑人耿某同徐某以营利为目的，在苏州市某会馆内，招募、组织袁某、张某等十几名女子在该会馆三楼包厢内在按摩项目中提供手淫活动，由徐某等人负责推销按摩项目。2010 年 8 月 26 日 21 时 20 分许，民警在对该会馆检查中，当场查获在三楼包厢进行卖淫嫖娼活动的袁某、吴某等 9 人(均被行政处罚)。该案例所反

① 我国的四要件犯罪构成理论体系显然也具有逻辑，如果没有任何逻辑，其理论体系就会是杂乱无章的事实堆砌，如果逻辑存在重大缺陷，就会使犯罪的认定出现逻辑上的不顺畅，是难于被理论体系的使用者认可的，因为这样的理论体系考验的是理论使用者的一般智识。

映的问题属于规范模糊型刑事疑难案件。我国现行刑法典第六章第八节规定了“组织、强迫、引诱、容留、介绍卖淫罪”。但是刑法对于这里的“卖淫”行为类型并没有予以明确，因此就出现了这里的“提供手淫服务是否卖淫”的问题。

在司法实践当中，对于“提供手淫服务是否属于卖淫”这一问题，各地各级不同法院所作出的判决和认定也存在相当大的不相同。2004 年福州市福清区人民法院审理的“汤某等涉嫌按摩店手淫服务案”，被告人的行为被认为构成了容留卖淫罪；2010 年上海的“徐某涉嫌发廊手淫服务案”，作为主审法院的上海市徐汇区人民法院也认定此种行为构成容留卖淫罪；而重庆市黔江区人民法院 2008 年审理的“庞某涉嫌会所色情按摩案”，庞某被指控的“(协助)组织卖淫罪”未获认定。2013 年，广东省高级人民法院明确指出，对于提供手淫服务(俗称“打飞机”)的行为是否属于犯罪行为这一问题，现行刑法及相关的司法解释均未作出明确的规定，依照罪刑法定原则的要求，此类行为不宜在当下的司法实践中直接被认定为犯罪，应等待立法机关和司法解释有权部门对此问题予以明确。上海市人民检察院 2003 年 10 月 23 日在给宝山区人民检察院研究室的《关于容留他人手淫能否定容留卖淫罪的批复》中则肯定提供手淫属于“卖淫”。该批复认为，卖淫嫖娼是指以金钱为媒介，发生在不特定男女之间的不正当性行为，一般表现为嫖客与卖淫妇女之间通过表意、相互达成合意、讲价、支付，而后发生性交口淫、手淫以及其他具有相同性质行为的过程。具体而言，只要一方为获得金钱或者其他物质报酬而提供性服务，而另一方为获得性快感而购买其所提供的服务，不论服务的具体方式、内容和表现形式如何，都属于卖淫嫖娼……本案当事人具有非法获利的主观目的，容留异性之间的以金钱收付为对价进行手淫服务的不正当性行为，满足《刑法》第 359 条规定的容留卖淫罪的行为要求。

理论界对此也有不同的看法。如有的观点指出，《刑法》所规制的“卖淫”行为范围应限于人体间生殖器与特定器官的黏膜膜性接触，因此可能导致性疾病传播的口淫、性交、肛交等情形，不宜将规制范围扩大解释至“胸推”、“洗飞机”、“打飞机”等所有色情服务形式。① 有的观点根据罪刑法定原则来否定提供手淫服务属于卖淫。有观点认为，提供手淫服务作为一种新类型案件形态，本着疑罪从宽的原则，在法无明文规定的情况下，不应被认定介绍、容留卖淫罪，因此“手淫服务”不应属于刑法意义上的卖淫，仅作为行政违法而以行政法规予以规制即可。② 还有的观点则认为，将提供手淫服务解释为“卖淫”适应了社会生活的发展变化，不违背罪刑法定原则和刑法谦抑原则的要求。③

从上面的观点来看，无论是理论还是实践目前对案例所反映问题的讨论，均存在观点展示色彩较强，而论证说服能力贫乏的问题。用罪刑法定原则来否定将提供手淫服务解释为“卖淫”，其实是在说如果没有法律的明确列举，即使逻辑上可以被涵摄入某种概念范畴当中，也属于法无明文规定。其实这显然是对罪刑法定原则的误解，因为现代罪刑法定原则对于法典的要求并非“具体化”，而是“明确化”。同样，简单地肯定罪刑法定原则

---

① 王钰萍：《非性交色情服务行为的司法认定》，载《中国检察官》2013 年第 11 期，第 13 页。
② 陈旭均、蒋小美：《提供手淫“服务”不构成介绍、容留卖淫罪》，载《人民司法》2008 年第 16 期，第 58 页。
③ 万建成、张云波：《提供手淫服务能否认定为卖淫》，载《中国检察官》2012 年第 9 期，第 48—49 页。

并不排斥这种情况被解释为“卖淫”在道理上也并不充分，因为很多在逻辑上可以被包容的事项实际上应被排斥在特定犯罪之外。由此可见，单纯的逻辑意义上的包容与否的讨论均无助于问题的解决。上述观点中有论证意义的是从“是否会传染性病”和“是否应当适应于社会发展扩大理解卖淫概念”这两个角度上展开的讨论。但有趣的是，这两个点都不是简单的逻辑推演，而是迈入了“我们要解决什么样的社会问题”、“能否更好解决社会问题”这些社会学的问题领域。

在我们看来，刑法惩罚组织、强迫、引诱、容留、介绍卖淫行为存在问题导向上的两种基本理解方式：一是为了防止疾病传播；再就是为了防止这种行为引发包括“性疾病传播”在内的社会管理秩序的混乱。这两种导向性理解直接决定着“卖淫行为是否包括手淫”这一问题上的结论。虽然我们并不赞成法益的抽象化，但是还是赞成在后一种问题导向性理解基础上对上述问题采肯定性结论。在这种理解方式之下，我们实际上是在强调，组织、强迫、引诱、容留、介绍卖淫罪之设定目的在于为防止可能引发的社会秩序混乱而要求人们不得从事组织、强迫、引诱、容留、介绍卖淫行为。姑且不论动用刑事制裁手段对人们的行为作出这样的规范要求是否妥当，在上述规范目的理解之下有一点是可以肯定的，那就是对本罪中“卖淫”的理解不应当仅限制于“性交”这种形式，因为组织、强迫、引诱、容留、介绍包括提供“打飞机服务”在内的淫乐行为，在可能引发的社会管理秩序混乱等方面的作用并不小于提供“性交”服务。

二、定罪规范的解释确定与罪刑法定原则

正如前文所述，作为定罪依据的法律条文有时并不能直接提供定罪规范，因而需要对法律条文的含义进行解释才能予以适用。一般来说，刑法解释方法的运用具有一定的顺序，应遵循文义解释—体系解释—历史解释—目的解释—合宪性解释的运用顺序。在可能文义之界限点上，文义因素绝对优先，目的解释居解释之冠，合宪性解释是对其他解释方法结论的最后检验。刑法解释应以维护刑法安定性优先，兼顾促进刑法正义性为价值目标，解释者不得为追求结论的妥当性而超出国民预测可能性，从而损害刑法的安定性，即刑法解释不得为过分追求妥当性而损害刑法的安定性；在不损害刑法安定性的范围内，解释者应尽量克服刑法因形式理性、安定性而造成的僵化、呆板甚至个案的非正义，解释者应尽量使刑法面向生活事实开放。解释刑法先后顺序的排列具有一定的合理性，体现了刑法解释价值目标中安定性优先的要求。

第一，刑法文本是刑法的载体，理解刑法必然先从阅读文本开始。离开了对刑法文本语言的理解，刑法的含义将无从得知。所有的解释都以语法解释为出发点。文义解释作为解释的开始，一方面是由成文法都通过语言来记载的特点所决定的，另一方面也是法的安定性要求。立法者通过语言将刑法规范固定下来，语言传达了规范的含义，同时语言保障了国民预测可能性。文义解释正是强调通过对刑法用语的词义、语法与结构来解释刑法，可见文义解释能保证解释的客观性与预测可能性，脱离刑法文本的解释必然损害刑法的安定性。所以，解释刑法首先应从文义解释开始。但是文义解释具有一定的局限：(1)当刑法用语的含义明确、单一时，需要其他解释方法来检验文义解释的结论正确与否；(2)当刑法用语含义模糊、多义、变迁或致不合理性时，文义解释具有多种结论或与其他解释方法结论不一致，在可能文义的界限内应采纳其他解释方法的结论。文义解释的局限性，是

由文义解释本身的特点决定的。文义解释，固然有助于刑法的安定性，但过分拘泥于字面含义易造成法律的僵化呆板，无法适应社会现实的发展变化，难以实现刑法的妥当性。所以，文义解释必须与其他解释方法配套使用，当文义解释的结论与其他解释方法结论不同时，在不超出可能文义的范围内，其他解释方法的结论优先。

第二，刑法应该是一个体系和谐、逻辑协调的统一体，这是安定性对刑法外在形式的要求，体系冲突、逻辑混乱必然会损害法的安定性。文义解释对用语含义的理解往往借助于词典，这固然体现了法的安定性，但有时也会损害刑法体系的协调性。如依据“暴力”在词典中的含义来解释妨害公务罪中的“暴力”与抢劫罪中的“暴力”，就损害了安定性对刑法体系和谐、逻辑协调的要求。法律条文只有处于与它有关的所有条文的整体之中才显出其真正的含义。体系解释就是基于安定性对刑法外在形式的要求，通过把待解释用语所处的上下文及其他相关条文协调起来来确定用语的真实含义。或者说，体系解释的目标就是通过解释使刑法体系协调，逻辑一致，从而满足安定性对刑法外在形式的要求，造成体系冲突的解释结论不应该被采纳。文义解释是通过字面含义来拘束解释者，体系解释是通过刑法体系的协调性来拘束解释者，二者都重在通过解释的客观性、形式性来实现刑法的安定性。体系解释应该是紧随文义解释之后运用的解释方法。

第三，历史解释。虽然历史解释更具有主观性、实质性，但历史解释是通过揭示立法动机与立法意图来限制法官的刑法解释与适用，使法官受制约于历史上的立法者所作的法律政策上的价值决定，与文义解释、体系解释一样，旨在保障刑法的安定性。因而，历史解释应是第三顺位加以运用的解释方法。

第四，与历史解释注重立法者意志不同，目的解释指适用刑法时以刑法的客观目的、意旨及法益的概念为指导，阐明刑法用语的真实含义。目的解释往往不受立法者当时意志的约束，主张结合社会现实的变化寻求适应于当下的客观刑法目的，当文义解释、体系解释与历史解释的结论存在多种可能性或相互冲突时，目的解释起最终决定作用；当目的解释的结论与文义解释、体系解释、历史解释相冲突时，目的解释的结论优先于其他解释方法的结论。

第五，合宪性解释是法治国家的要求。合宪性解释虽也旨在保障刑法的安定性，与前四种解释方法主要着眼于刑法文本或刑法目的不同，合宪性解释站在宪法的高度，主要对前四种解释方法的结论根据宪法原则与精神检验其是否合宪。因而，合宪性解释应处于运用顺序上的最后。我们在解释刑法和遵循这种位阶关系的同时应注意到刑法解释方法位阶的确立，应当受制于刑法的价值目标。法的安定性与法的正义性是刑法的价值目标，如何实现安定性与正义性是刑法适用的目标。法的安定性关涉刑法的形式理性与形式的人权保障，法的正义性关涉刑法的实质理性、实质的人权保障以及刑法保护法益的目的。

罪刑法定原则作为刑法最根本的原则，适用于刑法运行的全过程，也当然适用于犯罪认定阶段定罪规范的确定过程。通过对刑法条文的解释以确定定罪规范的过程，正是罪刑法定原则之贯彻考量最为重要的法律运行阶段之一。根据罪刑法定原则的要求，通过解释所获得入罪规范绝对不能超出法条文字含义的涵摄范围，而出罪规范则不受法条字面含义的限制。

三、实训

（一）交通肇事逃逸致人死亡与故意杀人罪的区别

设例1

甲违反道路交通安全法规超速行驶将行人乙撞倒血流不止，事故发生后，甲虽未离开现场，但并未采取任何措施，乙最终死亡。

试问：本案中甲的刑事责任？

在我国《刑法》第133条中，交通运输肇事后逃逸作为法定刑升格的条件而存在，逃逸致人死亡的更是最高可以判处十五年有期徒刑。但是，对于逃逸的具体认定，刑法条文并未作出规定。

最高人民法院《关于审理交通肇事刑事案件具体应用法律若干问题的解释》第3条规定："交通运输肇事后逃逸"是指行为人具有本解释第二条第一款规定和第二款第(一)至(五)项规定的情形之一，在发生交通事故后，为逃避法律追究而逃跑的行为。司法解释给出的解读是，交通运输肇事后逃逸有以下成立条件：(1)成立交通肇事罪(排除因逃逸而入罪的情形)；(2)在交通事故发生后；(3)行为人具有为逃避法律追究的主观目的；(4)逃跑的行为。需要强调的是，该司法解释对交通运输肇事后逃逸的解读在"为逃避法律追究"和"逃跑"两个概念的使用上十分模糊，仍有进行再次解释的必要。

目前我国实务部门的一些司法人员及学界的部分学者较为机械地理解"逃逸"与"逃逸致人死亡"，简单地将一切离开事故现场的行为都解释为逃逸，只要被害人的死亡时间在肇事司机离开现场之后，都一概论以逃逸致人死亡。我们认为，应当对交通肇事逃逸的目的进行深入细致研究，方能正确理解交通肇事逃逸的含义。①

对交通肇事逃逸设定从严处罚，刑法的规制目的何在？这里有两个关键的因素需要分析：一是刑法借助这一规定所要宣吁的行为规范是什么？二是通过这一规范要求刑法所要保护的法益是什么？探究交通肇事逃逸从严处罚所要宣吁的行为规范，必须追溯至道路交通安全法律法规对交通事故发生后车辆驾驶人义务的规定。因为根据刑法的谦抑性及补充性要求，其他部门法不认为是违法的行为，刑法也不得认为是犯罪。我国《道路交通安全法》第70条规定："在道路上发生交通事故，车辆驾驶人应当立即停车，保护现场；造成人身伤亡的，车辆驾驶人应当立即抢救受伤人员，并迅速报告执勤的交通警察或者公安机关交通管理部门。"据此，交通事故发生后，车辆驾驶人的义务为：立即停车、保护现场、救助伤员、迅速报告。以上义务均为作为义务，而纵观我国法律体系，都没有对交通事故发生后车辆驾驶人不得离开现场这一不作为义务的规定。故可以认为，交通肇事逃逸行为是对作为义务的违反，其形式为不作为。即行为人一经履行了相关作为义务，即使离开事故现场也不再承担交通肇事逃逸的刑事责任。由此可知，是否离开现场并非判断是否构成交通肇事逃逸的决定性标准，关键还在于判断行为人是否违反了刑法所宣吁公民在肇事场

---

① 学界对交通肇事逃逸保护法益的解读主要有以下学说：(1)逃避法律追究说；(2)逃避救助被害人说；(3)逃避法律追究说或救助被害人说；(4)逃避法律追究和逃避救助被害人说；(5)位阶说。参见李波：《交通肇事"逃逸"的含义——以作为义务的位阶性为视角》，载《政治与法律》2014年第7期。

合需要遵守的义务。

接下来所面临的关键问题在于，上述哪项或者哪些交通事故发生后车辆驾驶人的义务可以上升为刑法加以规制的层面？是否可以简单地一概认为不履行上述任何一项义务的行为都成立交通肇事逃逸？答案显然是否定的，因为并非所有的规范宣吁都需要动用刑罚来实现。这就涉及了法规范宣吁目的实现途经的合理选择问题。对此我们认为，为逃避法律责任追究而逃逸并非作为交通肇事罪法定升格条件的“交通肇事后逃逸”。张明楷教授的论证是非常妥当的：犯罪后为逃避法律追究而逃跑，是不具有期待可能性的行为。正因为如此，自首成为法定的从宽处罚情节。如果将“逃逸”解释为为逃避法律追究而逃跑，那么，刑法为什么不将逃逸规定为其他犯罪的法定刑升格的情节？[①] 实际上，刑法之所以将“逃逸”规定为交通肇事罪从严处罚情节，是为了保护被害人的生命、身体安全。只有如此解释，才能够保证在体系意义上的条文逻辑自洽。因此，《刑法》第133条当中的“肇事后逃逸”应当是指违反法定义务，导致被害人得不到应有的救助，从而危及被害人健康和生命安全的情形。单纯的不保护现场、不立即向警察报告，不应当成为法定刑升格的根据，只能受到行政处罚。易言之，将原本应当仅受行政处罚的行为作为刑法上的法定刑升格的根据，必然是间接处罚，违反罪刑法定原则。[②]

据此，发生交通事故后，行为人虽然仍在原地，但不救助被害人的，就可以认定为逃逸。具体到设例1当中，甲应当承担逃逸致人死亡的刑事责任。但是这一结论仍然有可质疑之处，即“不履行救助义务，坐等被害人死亡”与“不履行救助义务，逃离现场，结果导致被害人没有得到及时救治死亡”之间的应受谴责性差异是否可以不予考虑。我们认为这是一种不应忽视的差异。具有先行行为引起的救助义务，任由被害人死亡，如果不在交通肇事的场合，一般会认定为不作为的故意杀人罪，那么为什么这里就只评价为逃逸致人死亡了呢？我们认为，首先必须对行为人实施逃逸行为时对死亡结果的主观心态作区分，如果行为人只是认识到肇事伤人，但是对于被害人的伤情并没有明确认识时，逃逸致死一般应当作为交通肇事罪的加重处罚情节来处理；如果对于被害人因得不到救助而死亡的结果有了明确的认识，而实施逃逸行为，则应当认定为故意杀人罪。另外从客观方面来看，如果行为人对被害人因伤情发展导致死亡的因果历程有了新的加力作用，则更应当认定为故意杀人罪。

综上，我们认为本案中甲应当承担故意杀人罪的刑事责任。

设例 2

丙违反道路交通安全法规超速行驶，行人丁被撞后由于惯性身体紧紧贴在车的引擎盖上。丙为了逃避法律追究，没有及时停车，而是加速行驶，行至事故地点外约一百米处，丁才从引擎盖上落下。在丙逃离现场后，丁死亡。

试问：本案中丙的刑事责任？

从我国《刑法》第133条规定的交通肇事逃逸致人死亡的罪状以及法定刑来看，交通肇事逃逸致人死亡可以涵盖行为人对被害人死亡结果持间接故意心态的情形。但是，若行为

---

① 见张明楷：《刑法学》(第四版)，法律出版社2011年版，634—635页。

② 见张明楷：《刑法学》(第四版)，法律出版社2011年版，634—635页。

人在逃逸过程中，采取了诸如无视被害人生命安全的碾压、拖拽等对于被害人生命安全具有高度危险性的行为时，又应该如何处理呢？

我们认为，此时行为人的逃逸行为本身已经达到了故意杀人罪中实行行为的危险性程度，再结合行为人对于被害人死亡结果的放任心态，行为人的行为已经成立了间接故意的故意杀人罪。此时，行为人的行为同时触犯了故意杀人罪与交通肇事罪（逃逸致人死亡），属于一行为触犯数罪的想象竞合犯之情形，应当依照想象竞合犯的原理，择一重罪论处，以故意杀人罪定罪处罚。

综上，我们认为本案中丙应当承担故意杀人罪的刑事责任。

设例 3

戊违反道路交通安全法规超速行驶将己撞倒致重伤，事故发生后，戊因害怕遭到法律追究，驾车离开现场，两分钟后己死亡。事后查明，综合考察戊的救助能力及当时事故发生的时间地点，即使戊采取救助措施，仍无法挽回己的生命。

试问：本案中戊的刑事责任？

结合我们在设例 1 分析中阐述的观点，既然交通肇事逃逸的规制目的是保护被害人的生命安全，则应当将交通肇事逃逸解释为不履行救助被害人义务的不作为犯罪方为适宜。

我们认为，这一解释手段具有以下优势：

（1）该解释把握到了交通肇事逃逸概念的核心与重中之重，即救助被害人，符合刑法处罚交通肇事逃逸的规制目的。目的应当具体，只有具体了才能突出，才能在众多利益存在冲突的协调过程中提供切实有效的指导。该解释手段不再将等候司法机关处理这一明显不具有期待可能性的行为作为行为人交通肇事后的义务，从结果的行为导向及刑事政策角度来说是对行为人积极救助被害人的督促，有利于被害人生命法益的保护。

（2）该解释避免了间接处罚。根据我国刑法规定，交通肇事逃逸将对行为人所受刑罚产生巨大影响，我们不得不追问，对什么义务的违反才能达到此种加重处罚的程度？行为人在犯罪后逃离现场是缺乏期待可能性的行为，不应受到刑罚处罚。将保护现场、及时报告等并不重要的行政法义务上升为法定刑升格条件是没有必要的间接处罚，亦不符合刑法的谦抑性与补充性之要求。唯有对被害人生命法益的侵害，方能成为法定刑升格的理由。所以，该解释手段有利于避免间接处罚。

（3）该解释使交通肇事罪行为人成立自首成为可能。我国《刑法》第六十七条第一款规定："犯罪以后自动投案，如实供述自己的罪行的，是自首。对于自首的犯罪分子，可以从轻或者减轻处罚。其中，犯罪较轻的，可以免除处罚。"可见，在我国自首是对行为人减轻、从轻甚至免除处罚的情节，若行为人不自首，也不会加重其刑。从效果上讲，自首更像是行为人的一项权利。但是，在认为在交通事故发生后报警、保护现场属刑法上的义务时，不履行该法定义务将产生法律责任，将与自首的运作原理截然相悖，造成事实上自首制度在交通肇事罪中的废弃。最高人民法院《关于处理自首和立功若干具体问题的意见》的通知（法发〔2010〕60 号）中的表述也印证了这一观点。①

① 交通肇事后保护现场、抢救伤者，并向公安机关报告的，应认定为自动投案，构成自首的，因上述行为同时系犯罪嫌疑人的法定义务，对其是否从宽、从宽幅度要适当从严掌握。

但是，自首作为我国刑法总则规定的减轻情节，原则上应当可以适用于刑法分则的任款，唯独在犯交通肇事罪的情况下予以排除未免显得十分突兀。在结果的行为导向上，排除自首成立的可能也不利于鼓励行为人积极报案，直接会导致相关案件的发案率降低，大大削减打击犯罪的及时性。自贝卡利亚以降，这样牺牲刑罚的及时性与必然性来换取刑罚严厉性的做法显然会被认为是在舍本逐末，不符合犯罪控制的一般规律。将交通肇事逃逸违反的义务限定为救助被害人，有利于实现交通肇事罪与总则自首制度的衔接，有利于更为有效地实现对犯罪的打击与预防。

综上，在被害人已经死亡或无被害人需要救助的情形下，即使行为人离开事故现场也不宜认定为逃逸。同时，根据客观归责理论，实现不法风险的判断需排除结果不可避免的情形，也就是救助被害人的义务应当是一个有效的义务。那么，如果根据相关证据可以记成在当时的情况下即使行为人履行救助义务亦无法挽回被害人的生命，此时被告人即使离开现场的时间早于被害人的死亡时间，亦不应认定为交通肇事逃逸(则更无可能成立交通肇事逃逸致人死亡)。

所以我们认为，本案中戊仅需要承担交通肇事罪基本犯的刑事责任。

（二）具有零售香烟的许可批发香烟是否构成非法经营罪

自 1997 年刑法为消解传统的“口袋罪”(即投机倒把罪)而设置非法经营罪以来，在最高人民法院和最高人民检察院颁发的一系列司法解释和各级人民法院的诸多判决的推动下，非法经营罪的构成要件呈不断扩张与异化之势，并演变为新的“口袋罪”，这一点学界已基本形成共识。时至今日，非法经营罪的适用范围已然扩张到我们生活中的各个领域，如外汇、证券、期货、保险、出版、电信、传销、医药、饲料，等等。但在诸多适用非法经营罪的司法案例中，援引《刑法》第 225 条第四项兜底条款的案例占据绝大多数。因此，目前理论通说认为，非法经营罪在司法中的这种无限扩张与异化的“罪魁祸首”就是有违罪刑法定原则的高度抽象性和概括性的兜底条款。

但是笔者认为，通过对《刑法》第 225 条前三项列举的行为方式和行为对象，能较为清楚地明晰第四项兜底条款之所属内涵，并不违反罪刑法定主义之明确性要求。虽然第四项只是概括规定了非法经营行为是“其他严重扰乱市场秩序”行为，未进一步具体明确是何种性质的“严重扰乱市场秩序”行为，但不能据此认为这是一个不明确的条款。“法律不是嘲笑的对象”，倘若司法人员运用合理的解释方法能确定该兜底条款所规定的非法经营行为的具体性质，那么至少从罪刑法定主义的角度来说，仍然可以认为这款是明确的。应当说，对于非法经营罪的兜底条款，只要遵循一定的解释规则是可以达至明确的。以现行的刑法规范为基础和界限，通过对现行刑法规范进行解释来解决具体案件，并使裁判知识尽可能体系化。通过解释非法经营罪的兜底条款，一方面可以将非法经营罪兜底条款的适用严格限制在现行刑法规范的界限之内，避免其任意扩张与异化；另一方面努力追求裁判知识的体系化，有利于克服个案裁判时法官解释的恣意，从而也可减少裁判过程中的行政干预。

根据现行《刑法》第 225 条的规定可知，构成非法经营罪需要三个条件，即“违反国家规定”、“扰乱市场秩序”、“情节严重的”。首先，“违反国家规定”是非法经营罪成立之前提。从文义解释来看，即使行为人具有严重的社会危害性，但不满足“违反国家规定”之要素，亦不能以非法经营罪论处。对“违反国家规定”的理解，我们可以从这样两个方面展开：一方面，严格以《刑法》第 96 条的规定确定“国家规定”的位阶。《刑法》第 96 条明文规定，“本法所称违反国家规定，是指违反全国人民代表大会及其常务委员会制定的法律和决定，国务院制定的行政法规、规定的行政措施、发布的决定和命令。”据此可知，“国家规定”的制定主体仅限于全国人民代表大会及其常务委员会和国务院，其他主体制定的行政法规或部门规章皆不能认定为这里的“国家规定”。另一方面，违反国家规定的内容必须以明确规定为前提。“国家规定”的内容必须明确并无异议，否则适用不明确的国家规定可能背离罪刑法定原则。

其次，根据非法经营罪兜底条款的罪状表述，何为“其他”严重扰乱市场秩序的“非法经营行为”是划定非法经营罪兜底条款规制范围的关键。如果仅以罪状的字面意义理解，似乎只要这种行为发生在经营活动中，且行为违反法律规定并具有严重社会危害性，即可认定为“其他严重扰乱市场秩序的非法经营行为”。果真如此，非法经营罪将很少有扩张或异化之情形，因为只要违反国家规定，基本都会满足另外两个要素。前 3 项所打击的行为都是“未经许可经营法律、行政法规规定由特定主体才享有经营权的特定物品、业务的行为”，也就是说，其非法经营行为都与“市场秩序中的特许经营秩序”或者说“市场准入秩序”有关。因此，根据兜底条款的同类解释规则，第四项的行为类型所侵犯的法益必须与已列明的前三项具有相同性质，即同样是对市场秩序中“特许经营秩序”之侵犯的非法经营行为。

最后，我国立法“既定性又定量”的模式决定了行为人即使实施了违反国家规定扰乱市场秩序的非法经营行为，也不能径直以非法经营罪处理。因为，根据《刑法》第 225 条的规定，非法经营罪的成立尚需达到“情节严重”的要求，此外，第 225 条第四项的罪状表述中也强调扰乱市场秩序的非法经营行为必须达到“严重”的程度，因此，是否“情节严重”也成为区别非法经营行为罪与非罪的关键之一。如果说，从我国立法“既定性又定量”模式的立法旨趣来看，非法经营罪罪状中“情节严重”无疑是为了限缩此罪的犯罪构成圈。但事实上，由于刑法谦抑性功能为司法实践所忽视，这一原本为限缩犯罪圈的要素在某种程度上反倒成了非法经营罪扩张与异化的因素。一方面，严格把握“扰乱市场秩序”对“情节严重”的限定。显然，从《刑法》第 225 条的规定来看，“情节严重”是修饰“扰乱市场秩序”的限定词，所以，这里的“情节严重”并不是任何意义上的社会危害性达到某种程度即可，而是特指对“市场准入秩序”的侵犯达到“情节严重的程度”。因此，即使行为人的行为具有较大的社会危害性，但并非对“市场准入秩序”的侵害，不能简单以行为有偿或涉及经营行为就将该行为置换为对市场秩序或市场准入秩序的严重危害性行为。另一方面，应从实质的角度理解是否达到“情节严重”的程度。以非法经营数额或违法所得判断非法经营行为是否达到“情节严重”的程度，的确是一种较为便捷的方法，但不能过分强调数额在“情节严重”判断中的作用。刑法的目的是保护法益，因此，即使行为人的行为形式上符合构成要件的规定，但实质上并没有侵犯法益或对法益的侵犯没有达到法律所规定的程度的，就不宜认定为犯罪。因此，当嫌疑人的行为的确违反了有关市场准入制度的规定，且经营数额达到了非法经营罪的成立标准，但从实质层面来看，此行为对“市场准入秩序”的侵犯并未达到“情节严重”程度的，也不能直接判定为达到了非法经营罪“情节严重”的标准。

根据以上分析，具有零售香烟许可的经营者并没有从根本上侵犯国家的“特许经营制度”，而只是在具有特许经营权的情况下其具体销售方式违反了许可，所以不构成非法经营罪。

第三节 量刑规范的检索

一、科学的量刑规范检索过程

一个行为被评价为犯罪，意味着犯罪人要承担相应的否定性法律后果。这种否定性法律后果在刑法中，通常以刑罚的方式出现。然而，罪名与刑罚并非简单地一一对应，这里还需要通过量刑来确定行为人应受之具体刑罚。量刑，即审判机关在查明犯罪事实、认定犯罪性质的基础上，依法对犯罪人裁量刑罚的审判活动。若审判机关单纯地对行为加以定罪，而不指明其法律后果，则尚不能算是完整的裁判。判处何种刑罚、刑度如何、是否立即执行，对这些方面的确定，需要遵循一定的裁判规范，结合前所认定的归罪性质及所查明具体的犯罪事实，以刑法规定为前提，考察行为人的刑事责任、刑罚的必要性，参考刑事政策，由审判机关依法作出适当的裁判。

首先，应确定该罪名的基准刑。基准刑是审判主体在具体案件的审理中对犯罪人需要最先确定的量刑点。不同于法定刑，基准刑并非刑法条文明确规定的某一量刑范围，如《刑法》第 263 条中规定无加重情节的抢劫罪处“三年以上十年以下有期徒刑，并处罚金。”而是在法定刑的幅度内，根据具体的犯罪事实，如犯罪数额、犯罪次数、犯罪后果等情况，在量刑起点的基础上增加刑罚量，所确定的一个“点”。这里所说的“犯罪事实”并不是所有的犯罪事实，而是影响犯罪构成的犯罪事实，对于“行为人不具有刑事责任年龄”、“犯罪未遂”等修正犯罪构成事实的量刑情节，应在确定基准刑后，对基准刑加以调节。确定基准刑，应先确定量刑起点。量刑起点指的是根据某一具体犯罪的基本犯罪构成事实的一般既遂状态，在相应法定幅度内所应判处的刑罚。量刑起点并不一定意味着法定刑中的最低刑，因为它所需要考虑的并不仅仅是“基本犯罪构成要件”，而是“基本犯罪构成事实”。在刑法中以同样的构成要件来表述的两种不同的犯罪事实，很可能量刑起点有很大区别。如持刀故意伤害致人重伤中，捅刺的部位不同、行为人主观恶性不同、人身危险性不同等情况，均可能影响到量刑起点的确定。《人民法院量刑指导意见》中规定：“故意伤害致一人重伤的，可以在三年至五年有期徒刑幅度内确定量刑起点；以特别残忍手段故意伤害致一人重伤造成六级严重残疾的，可以在十年至十三年有期徒刑幅度内确定量刑起点。”在这里，主要考虑的是基本犯罪构成事实的社会危害性。此外，主观恶性、人身危险性、社会治安状况等因素也应合理纳入考虑。

在确定量刑起点之后，应根据其他影响犯罪构成的犯罪事实，增加刑罚量，确定基准刑。具体而言，这里需要考虑的，主要是犯罪手段、犯罪数额、犯罪次数、犯罪结果、行为方式、犯罪情形这些因素。具体而言，特定的手段作为构成要件要素时，不是量刑情节。这里的犯罪手段是作为犯罪构成事实而客观存在的影响量刑的因素。犯罪数额主要针对数额型犯罪，在确定量刑起点的基础上，对于超出起点的部分，可作为增加刑罚量的犯罪构成事实。对于刑法规定“犯罪次数”作为基本犯罪构成要件，或者作为重罪、更重罪的犯罪构成要件的，一般情况下，“犯罪次数”可作为增加刑罚量的犯罪构成事实。对于结果犯，刑法规定将“犯罪结果”作为犯罪构成要件或要素的，对于超出基本犯罪事实的“犯罪结果”，可以作为增加刑罚量的犯罪构成事实，对于刑法没有将“犯罪结果”规定为犯罪构成要件或要素的犯罪，一般情况下，对于犯罪所造成的“犯罪结果”可在确定量刑起点时一并考虑，或者在确定基准刑后，作为从重处罚情节调节基准刑。对于犯罪构成要件涵盖多种并列选择的行为方式或者犯罪方法，若行为人采取两种以上方式、方法实施犯罪的，应当选择危害最重的一种方式、方法作为确定基本犯罪构成事实，基本犯罪构成事实以外的其他方式、方法，则作为增加刑罚量的犯罪构成事实。对于犯罪构成要件涵盖多重犯罪情形，行为人具有两种以上情形的，应当选择危害最重的一种情形作为确定基本犯罪构成事实，基本犯罪构成事实之外的其他情形，则作为增加刑罚量的犯罪构成事实。根据上述的各个方面，参考《人民法院量刑指导意见》中关于各种犯罪可增加刑罚量的根据的相关规定，即可确定在量刑起点的基础上应增加的刑罚量，也即确定基准刑。

其次，运用犯罪构成以外的量刑情节对基准刑进行调节。用犯罪未遂、犯罪中止、防卫过当、避险过当、从犯、未成年犯等进一步体现犯罪行为社会危害性和刑事责任大小的量刑情节调节基准刑，得到一个量刑结果。再用自首、立功、积极赔偿等犯罪事实以外的量刑情节进行调节，得到拟宣告刑。具体而言，这里考虑的是量刑情节的两个层面。第一层面的量刑情节有 12 种，分别是：未成年人犯罪、限制行为能力的精神病人犯罪、又聋又哑的人犯罪、盲人犯罪、防卫过当、避险过当、犯罪未遂、犯罪预备、犯罪中止、从犯、胁从犯、教唆犯。第二层面的量刑情节主要有：自首、量刑指导意见规定的坦白、当庭自愿认罪、退赃退赔、积极赔偿被害人经济损失、取得被害人及其家属谅解、累犯、前科劣迹、对弱势人员犯罪、在灾害和突发事件期间犯罪、被害人过错。根据这两个层面的考量，通过加重、减轻等调节，可以得到拟宣告刑。最后，结合全案情况，依法确定宣告刑。

二、裁判规范的解释确定原则

对于刑罚的裁量，我国《刑法》第 5 条规定：“刑罚的轻重，应当与犯罪分子所犯的罪行和承担的刑事责任相适应。”这被概括为罪刑相适应原则。刑罚作为犯罪的法律后果，其轻重必须与罪行轻重及犯罪人之人身危险性、再犯可能性等因素相适应。同一罪名的两起犯罪，很可能因为这些因素的不同而获得差异显著的判罚。

行为人所受之“刑”也必须在法律明文规定的限度之内。在这一大前提下，关于刑罚的考量即被限定于一个范围之内，对于各类情节的考量均不能使犯罪人所受之刑罚冲破法定的界限。确定了法定的刑罚范围之后，即应考察罪行本身的轻重，即犯罪构成事实情况。“无行为则无犯罪”，这一刑罚格言近代以来被广泛认可。行为作为犯罪的必要条件，在考虑对犯罪人所处之刑罚时，显然也应在先予以考虑。刑法条文是高度概括的行为—违法—有责类型，所以即便被定为同一罪名，犯罪构成事实也可能有所不同。需要明确的是，犯罪构成要件不同于犯罪构成事实。通常认为，前者是法律关系，后者是事实关系。犯罪构成事实是客观的存在，是以行为为中心的，是行为构成犯罪后客观存在的表现。在量刑过程中，根据基本犯罪构成事实在相应的法定刑幅度内确定量刑起点，正是从行为本身出发。接着，要考察与行为直接关联的一些因素，如犯罪数额、次数、后果等事实，这里所作的考量基本是关于行为的社会危害性程度的。犯罪行为并非独立地存在于真空之中，而是对社会造成相应的影响，这就是犯罪的基本特征——社会危害性。在量刑起点的基础上，加上行为之社会危害性的那一部分刑罚，即得到了基准刑。可以看出，至此，量刑只是在一般的意义上进行的。接下来，则要考虑犯罪事实以外的量刑情节，如自首、行为人年龄等情况，从而确定量刑情节的调整比例，来对之前确定的基准刑加以调节。这些情况通常无关于基本犯罪事实，通常可被视为是特殊的情节。这些特殊的情节同样关乎犯罪人应受之刑罚，但一定程度上，可以说是综合特殊情况来对基准刑所作的增减，与之前的判断处于不同的范畴。在充分调节后，确定宣告刑。

简要解释了量刑步骤后，可以发现，量刑的整体思路在于：从行为到行为人、从行为本身到行为之社会危害性程度、从一般到特殊。这三组关系与法学的整体思维也是一致的。

其一，从行为到行为人。尽管刑法学史上围绕行为刑法与行为人刑法有过很多争论，然而无论哪种学说都不可否认，就逻辑上而言，先有行为，行为人才可能与行为一起被作为犯罪的组成部分，纳入到刑法的评价之中。所以在刑罚裁量的过程中，应以行为为逻辑起点，进而考量行为人的情况。

其二，从行为本身到行为的社会危害性程度。虽然在经验中，我们通常是先看到了行为的社会危害性，之后才会注意到行为本身，且构成要件本身即描述了一种实质上指向了某种社会危害性的行为类型。然而在量刑过程中，我们需要先从形式入手，确定刑事违法性的程度，再转入次数、金额、结果等社会危害性程度的考虑。这是法律自身的形式主义特征所要求的。

其三，从一般到特殊。同前一组关系类似，我们现实中在接触到一个案件时，初见的是特殊。然而法学内在的形式化思维，要求我们从一般入手，将每个特殊的事实涵摄进一般的规范中。

总之，对于刑罚的裁量所遵循的思维，与法学自身的思维是一致的。对裁判规范应联系上述的几组关系来加以理解和适用。

三、实训案例

甲、乙二人于某日夜间蒙面潜入丙宅实施抢劫。二人控制了丙，并将其双手捆绑后置于客厅沙发上，由乙负责看管，甲则在各处搜取财物。乙在看管丙的过程中，不小心面罩脱落，被丙认出。丙出言威胁道：事后一定到公安机关告乙，告得他家破人亡。乙因此决定杀人灭口，掏出匕首向丙捅刺，丙起身闪躲，正好甲从丙身后经过，乙的匕首刺中了甲的头颈部动脉，致甲失血过多休克死亡。

试问：抢劫过程中误杀同伙是否属于抢劫致人死亡？

首先，抢劫致人死亡属于结果加重犯，应遵循结果加重犯“基本行为+加重结果”的基本构造。根据结果加重犯的犯罪构造，结果加重犯应是对基本犯罪行为对象造成加重结果。例如，只有对故意伤害对象造成死亡的，才属于故意伤害致死。同理，抢劫致人死亡应是指致被抢劫人的死亡，即抢劫的对象与死亡者之间具有同一性。在抢劫过程中致抢劫对象以外的人死亡的，应不属于抢劫致人死亡的情形。

其次，抢劫罪保护的法益是抢劫犯以外的其他人的财产权利和人身权利，而不应包括抢劫犯自己以及同伙，抢劫致人死亡的场合也不例外，即抢劫犯的生命法益不受刑法保护。刑法规定“抢劫致人死亡”这样的加重结果，设置较高的法定刑，意在保护抢劫犯以外的被害人或其他相关人的财产权利和人身权利。在抢劫罪中，行为人本身的财产权利和人身权利已经丧失了刑法的保护，否则无法解释正当防卫的合理性。

综合以上两点，我们认为在量刑过程中，不应将乙刺死同伙甲作为抢劫罪加重处罚事由当中的“抢劫致人死亡”来加以处理，只应认定成立数罪。然而，行为人本身通过杀死同伙所展现出的危险性，可以作为量刑情节，影响抢劫罪的量刑。这是针对行为人自身危险性的，而不是针对其杀死同伙的行为，所以并非是对某一情节的重复评价。

第七章 刑事法律诊所与法律文书写作

第一节 刑事案件法律文书概述

一、刑事法律诊所与刑事案件法律文书

法学教育之路主要在于经验和历练，理论解说和原则分析无疑是帮助学生举一反三、触类旁通的辅助方法。[①] 法律诊所教育的初衷恰恰与此吻合，它致力于提高未来“法律职业者”的职业技能，使学生在思考、沟通、辩论、说服与文书写作、策略选择与取舍方面的多项能力在模拟练习和案件代理中得到训练，满足法律职业提出的能力要求，而这些能力是具备法律职业技能的必要条件。[②]

法律诊所自21世纪初在我国几大高校建立起来之后，在法律援助、代理案件诉讼、解答法律咨询等方面都有所涉及，但都没有着重培养学生法律文书撰写的能力，而恰恰是这种能力，在实务中是非常重要的，无论是法官、检察官还是律师都少不了要和文书打交道。因此，法律文书应是法律诊所教育一项必不可少的内容。

二、刑事案件法律文书的概念

刑事案件法律文书是指公安机关、人民检察院、人民法院在刑事诉讼过程中，以及当事人、辩护人、诉讼代理人在参与刑事诉讼过程中根据《刑事诉讼法》的要求和其他法律规定，制作的有关刑事案件的具有法律效力或法律意义的各种文书的总称。它是根据《刑事诉讼法》的具体法律规定，完成刑事诉讼法律行为，处理案件时制作的各种法律文书。

刑事案件法律文书具有以下主要特点：

第一，其是由公安机关、人民检察院、人民法院或者当事人及其他诉讼参与人制作的法律文书；

第二，其是在刑事诉讼的过程中制作的文书，在刑事诉讼的侦查、审查起诉、审判阶段都需要制作相应的法律文书；

第三，其是根据刑事诉讼法的要求和其他法律规定制作的法律文书，因此要按照特定的程序和要求进行写作；

---

① 左卫民、兰荣杰：《诊所法律教育若干问题研究》，载《环球法律评论》，2005年第3期，第266页。

② 刘加良等：《法律诊所教育研究》，载《山东大学法律评论》，2007年第00期，第266页。

第四，其具有法律效力或法律意义。司法机关制作的法律文书具有法律效力，对当事人及其他诉讼参与人具有约束力，当事人及其他诉讼参与人制作的法律文书具有法律意义，能够在刑事案件中产生影响。

三、刑事案件法律文书的总体写作要求

刑事案件法律文书的制作要严格按照《刑事诉讼法》和相关法律的规定，通过书面的形式，使案件情况和有关材料客观地记载保存下来，使司法机关、诉讼参与人根据统一文字材料统一认识，使案件的处理结果能准确、具体地表达出来。刑事案件法律文书必须依照刑事法律、法规和司法解释的有关规定制作和使用，不得随意制作和使用。

（一）紧紧围绕被告人是否构成犯罪，如何承担刑事责任这个中心。刑事案件以犯罪事实为定罪量刑的根据，如实准确地认定犯罪嫌疑人、被告人的犯罪事实，是适用法律的基础。刑事案件法律文书要求写明案情事实的各种法律要素，叙述清楚犯罪嫌疑人、被告人的犯罪事实，以便认定其是否有罪、罪行轻重，最后，正确适用法律，准确地量定刑罚。

（二）掌握刑事法律的特点，熟悉刑事法律的规定。刑事案件法律文书是司法过程的表现形式，必然要以刑事法律和具有法律性质的文件为依据，只有符合法律规定，才能受到法律的保护，才具有法定效力。制作者必须熟练掌握刑事法律和有关具有法律性质的文件，严格按照实体法、程序法的规定制作刑事案件法律文书。

（三）要注意刑事案件法律文书用语的特殊性，准确表达。刑事案件法律文书本身具有严肃性和权威性，制作者的态度应严肃认真。刑事案件法律文书必须按照规定的专门格式制作，要求语言文字具有高度的准确性，必须做到事实真实、证据确凿、逻辑严密、语言文字规范、意思明确，不允许含糊其辞或者模棱两可。①

在刑事案件中，主要涉及的法律文书有：刑事起诉书、公诉意见书、刑事辩护词、刑事自诉状、刑事代理词、刑事判决书等。现对这几种法律文书的写作方法逐一介绍。

第二节 刑事起诉书

一、概念与法律依据

刑事起诉书是人民检察院对公诉案件审查后，认为符合法定的提起公诉的条件，决定将犯罪嫌疑人交付审判，向人民法院提起公诉时制作的法律文书。

刑事起诉书的法律依据是《刑事诉讼法》第一百六十七条、第一百七十二条的规定。其中，《刑事诉讼法》第一百六十七条规定：“凡需要提起公诉的案件，一律由人民检察院审查决定。”第一百七十二条规定：“人民检察院认为犯罪嫌疑人的犯罪事实已经查清，证据确实、充分，依法应当追究刑事责任的，应当作出起诉决定，按照审判管辖的规定，向人民法院提起公诉，并将案卷材料、证据移送人民法院。”

---

① 参见周萍主编：《法律文书学》，法律出版社 2012 年版，第 100 页。

二、写作格式

××人民检察院

起诉书

××检刑诉〔 〕号

被告人……(写明姓名、性别、出生年月日、身份证号码、民族、文化程度、职业或者工作单位及职务、出生地和户籍地、住址、曾受到刑事处罚以及与本案定罪量刑相关的行政处罚的情况和因本案采取强制措施的情况等)。

如果是单位犯罪，应写明：

被告单位……(写明单位名称、统一社会信用代码、住所地、法定代表人姓名、职务等)

诉讼代表人……(写明姓名、性别、年龄、工作单位、职务)

被告人……(写明直接负责的主管人员、其他直接责任人员的姓名、性别、出生年月日、身份证号码、民族、文化程度、职业或者工作单位及职务、出生地和户籍地、住址、曾受到刑事处罚以及与本案定罪量刑相关的行政处罚的情况和因本案采取强制措施的情况等)

本案由××(侦查机关)侦查终结，以被告人××涉嫌××罪，于×年×月×日向本院移送审查起诉。本院受理后，于×年×月×日已告知被告人有权委托辩护人，×年×月×日已告知被害人及其法定代理人(近亲属)、附带民事诉讼的当事人及其法定代理人有权委托诉讼代理人，依法讯问了被告人，听取了辩护人××、被害人××及其诉讼代理人××的意见，审查了全部案件材料……(写明退回补充侦查、延长审查起诉期限等情况)。

[对于侦查机关移送审查起诉的需变更管辖权的案件,表述为:“本案由××(侦查机关)侦查终结，以被告人××涉嫌××罪，于×年×月×日向××人民检察院移送审查起诉。××人民检察院于×年×月×日转至(交由)本院审查起诉。本院受理后，于×年×月×日已告知被告人有权……”。

对于本院侦查终结并移送审查起诉的案件，表述为：“被告人××涉嫌××罪一案，由本院侦查终结，于×年×月×日移送审查起诉。本院于×年×月×日已告知被告人有权……”。

对于其他人民检察院侦查终结的需变更管辖权的案件，表述为：“本案由××人民检察院侦查终结，以被告人××涉嫌××罪移送审查起诉，××人民检察院于×年×月×日转至(交由)本院审查起诉。本院受理后，于×年×月×日已告知被告人有权……”]

经依法审查查明：……(写明经检察机关审查认定的犯罪事实,包括犯罪时间、地点、经过、手段、目的、动机、危害后果等与定罪、量刑有关的事实要素。应当根据具体案件情况,围绕刑法规定的该罪的构成要件叙写。)

(对于只有一个犯罪嫌疑人的案件,犯罪嫌疑人实施多次犯罪的,犯罪事实应逐一列举;同时触犯数个罪名的犯罪嫌疑人的犯罪事实应该按照主次顺序分类列举。对于共同犯罪的案件,写明犯罪嫌疑人的共同犯罪事实及各自在共同犯罪中的地位和作用后,按照犯罪嫌疑人的主次顺序,分别叙明各个犯罪嫌疑人的单独犯罪事实。)

认定上述事实的证据如下：

……(针对上述犯罪事实,分别列举证据)

本院认为，……(概述被告人行为的性质、危害程度、情节轻重)，其行为触犯了《中华人民共和国刑法》第××条(引用罪状、法定刑条款)，犯罪事实清楚，证据确实、充分，应当以××罪追究其刑事责任。根据《中华人民共和国刑事诉讼法》第一百七十二条的规定，提起公诉，请依法判处。

此致

××人民法院

检察员：××

（院印）

年 月 日

附：

1. 被告人现在处所。具体包括在押被告人的羁押场所或监视居住、取保候审的处所。

2. 案卷材料和证据。

3. 证人、鉴定人、需要出庭的具有专门知识的人的名单，需要保护的被害人、证人、鉴定人的名单。

4. 有关涉案款物情况。

5. 被害人(单位)附带民事诉讼情况。

6. 其他需要附注的事项。

三、起诉书制作说明

起诉书的格式供人民检察院依法将公诉案件的被告人(单位)向人民法院提起公诉时选用。上列格式均由首部、被告人(被告单位)的基本情况、案由和案件的审查过程、案件事实、证据、起诉要求和根据、尾部七部分组成。

（一）首部

1. 人民检察院的名称：除最高人民检察院外，各地方人民检察院的名称前应写明省(自治区、直辖市)的名称；对涉外案件提起公诉时，各级人民检察院的名称前均应注明“中华人民共和国”的字样。

2. 文号：由制作起诉书的人民检察院的简称、案件性质(即“刑诉”)、起诉年度、案件顺序号组成。其中，年度须用四位数字表述。文号写在该行的最右端，上下各空一行。

（二）被告人(被告单位)的基本情况

1. 被告人、被告单位的基本情况应当按照格式中所列要素的顺序叙写。

2. 被告人如有与案情有关的曾用名、别名、化名或者绰号的，应当在其姓名后面用括号注明；被告人是外国人的，应当在其中文译名后面用括号注明外文姓名。

3. 被告人的出生日期一般应以公历为准。除未成年人外，如果确实查不清出生日期的，也可以注明年龄。

4. 对尚未办理身份证的，应当注明。

5. 被告人的住址应写被告人的经常居住地。

6. 被告人是外国人时，应注明国籍、护照号码、国外居所。

7. 对被告人曾受到过行政处罚、刑事处罚的，应当在起诉书中写明，其中，行政处罚限于与定罪有关的情况。一般应先写受到行政处罚的情况，再写受到刑事处罚的情况。叙写行政处罚时，应注明处罚的时间、种类、处罚单位；叙写刑事处罚时，应当注明处罚的时间、原因、种类、决定机关、释放时间。

8. 对采取强制措施情况的叙写，必须注明原因、种类，批准或者决定的机关和时间、执行的机关和时间。被采取过多种强制措施的，应按照执行时间的先后分别叙写。

9. 同案被告人有二人以上的，按照主从关系的顺序叙写。

（三）案由和案件的审查过程

根据案件的不同情况，分别依照格式的要求叙写。叙写退回补充侦查、延长审查起诉期限时，应注明日期、原由。

（四）案件事实

案件事实部分，是起诉书的重点。叙写案件事实，应当注意以下几点：

1. 对起诉书所指控的所有犯罪事实，无论是一人一罪、多人一罪，还是一人多罪、多人多罪，都必须逐一列举。

2. 叙述案件事实，要按照合理的顺序进行。一般可按照时间先后顺序；一人多罪的，应当按照各种犯罪的轻重顺序叙述，把重罪放在前面，把次罪、轻罪放在后面；多人多罪的，应当按照主犯、从犯或者重罪、轻罪的顺序叙述，突出主犯、重罪。

3. 叙写案件事实时，可以根据案件事实的不同情况，采取相应的表述方式，具体应当把握以下原则：

（1）对重大案件、具有较大影响的案件、检察机关直接受理立案侦查的案件，都必须详细写明具体犯罪事实的时间、地点，实施行为的经过、手段、目的、动机、危害后果和被告人案发后的表现及认罪态度等内容，特别要将属于犯罪构成要件或者与定罪量刑有关的事实要素列为重点。既要避免发生遗漏，也要避免将没有证据证明或者证据不足，以及与定罪量刑无关的事项写入起诉书，做到层次清楚、重点突出。

（2）对一般刑事案件，通常也应当详细写明案件事实，但对其中作案多起但犯罪手段、危害后果等方面相同的案件事实，可以先对相同的情节进行概括叙述，然后再逐一列举出每起事实的具体时间、结果等情况，而不必详细叙述每一起犯罪事实的过程。

4. 对共同犯罪案件中有同案犯在逃的，应在其后写明“另案处理”字样。

（五）证据

应当在起诉书中指明证据的名称、种类，但不必对证据与事实、证据与证据之间的关系进行具体的分析、论证。叙写证据时，一般应当采取“一事一证”的方式，即在每一起案件事实后，写明据以认定的主要证据。对于同一被告人作案多起的一般刑事案件，如果案件事实是概括叙述的，证据的叙写也可以采取“一罪一证”的方式，即在该种犯罪后概括写明主要证据的种类，而不再指出认定每一起案件事实的证据。

（六）起诉的要求和根据

1. 对行为性质、危害程度、情节轻重，要结合犯罪的各构成要件进行概括性的表述，突出本罪的特征，语言要精练、准确。

2. 对法律条文的引用，要准确、完整、具体，写明条、款、项。

3. 对于量刑情节的认定，应当遵循如下原则：(1) 对于具备轻重不同的法定量刑情节，一般应当在起诉书中作出认定。但对于适用普通程序的案件，涉及自首、立功等可能因特定因素发生变化的情节，也可以在案件事实之后仅对有关事实作客观表述。(2) 对于酌定量刑情节，可以根据案件的具体情况，从有利于出庭支持公诉的角度出发，决定是否在起诉书中作出认定。

（七）尾部

1. 起诉书应当署具体承办案件公诉人的法律职务和姓名。

2. 起诉书的年月日，为签发起诉书的日期。

需要说明的是，当自然人犯罪、单位犯罪并存时，在叙写被告单位、被告人情况时，应先叙述被告单位、法定代表人及有关属于责任人员的被告人的情况，再叙述一般的自然人被告人情况；同时，在起诉的理由和根据部分，也按照先单位犯罪、后自然人犯罪的顺序叙写。

四、起诉书示例

××人民检察院

起诉书

××检刑诉［2013］第×号

被告人××，男，××年1月10日出生，身份证号码：××××，汉族，高中文化，单位及职业：××市××集团工人。因涉嫌故意伤害，于2012年11月2日被××公安局××分局刑事拘留，因涉嫌犯故意伤害罪，经本院批准，于2012年11月13日被××公安局××分局逮捕。

本案由××公安局××分局侦查终结，以被告人××涉嫌犯故意伤害罪，于2012年12月7日向本院移送审查起诉。本院受理后，于2012年12月7日已告知被告人有权委托辩护人，依法讯问了被告人，审查了全部案件材料。经依法审查查明：

因被告人××与被害人××、×××等人发生家庭矛盾，2012年10月21日11时30分许，××随身携带尖刀骑摩托车至××市××麻将馆，用尖刀将被害人××胸部扎伤，经法医鉴定被害人××外伤致左胸开放伤、右第5、6肋骨骨折、左血胸已构成轻伤，十级伤残。后被告人××骑摩托车至李家屯×××家，用尖刀将被害人×××腹部扎伤，经法医鉴定被害人×××胸腹刀刺伤致脾破裂已构成重伤，为六级伤残。

认定上述事实的证据有：

（一）被告人××的供述；

（二）被害人××、×××的陈述；

（三）证人××、××、××、××的证言；

（四）鉴定结论：法医学人体操作程度鉴定书、伤残等级鉴定书；

（五）书证：受案登记表及立案决定书、抓获经过、身份证明、收缴物品清单及收缴物品照片、照片、情况说明、治安行政处罚决定书。

本院认为，被告人××故意伤害被害人××致其轻伤、十级伤残；故意伤害被害人×××致其重伤、六级伤残的行为已触犯了《中华人民共和国刑法》第二百三十四条之规定，犯罪事实清楚，证据确实充分，应当以故意伤害罪追究其刑事责任。根据《中华人民共和国刑事诉讼法》第一百七十二条的规定，提起公诉，请依法判处。

此致

××人民法院

检察员：××

××年×月×日

附：1. 被告人××现羁押于××第二看守所；

2. 卷宗两册。

第三节　公诉意见书

一、概念与法律依据

公诉意见书是指受人民检察院指派出庭支持公诉的公诉人在法庭上就案件情况及证据等发表意见的法律文书。

公诉意见书的法律依据是《刑事诉讼法》第一百八十四条、第一百九十三条第二款、第一百九十八条第二项、第二百零三条的规定。《刑事诉讼法》第一百八十四条规定："人民法院审判公诉案件，人民检察院应当派员出席法庭支持公诉。"第一百九十三条第二款规定："经审判长许可，公诉人、当事人和辩护人、诉讼代理人可以对证据和案件情况发表意见并且可以相互辩论。"第一百九十八条第二项规定："在法庭审判过程中，遇有下列情形之一，影响审判进行的，可以延期审理：……(二)检察人员发现提起公诉的案件需要补充侦查，提出建议的；……"第二百零三条规定："人民检察院发现人民法院审理案件违反法律规定的诉讼程序，有权向人民法院提出纠正意见。"

二、写作格式

××人民检察院

公诉意见书

被告人　××

案由　××

起诉书号　××

审判长、审判员(人民陪审员)：

根据《中华人民共和国刑事诉讼法》第一百八十四条、第一百九十三条、第一百九十八条和第二百零二条的规定，我(们)受××人民检察院的指派，代表本院，以国家公诉人的身份，出席法庭支持公诉，并依法对刑事诉讼实行法律监督。现对本案证据和案件情况发表如下意见，请法庭注意。

……(结合案情重点阐述以下问题)

一、概述法庭质证的情况、各证据的证明作用，并运用各证据之间的逻辑关系证明被告人的犯罪事实清楚，证据确实充分。

二、论证应适用的法律条款并提出定罪及从重、从轻、减轻处罚等意见。

三、做必要的法制宣传和教育工作。

综上所述，起诉书认定本案被告人×××的犯罪事实清楚，证据确实充分，依法应当认定被告人有罪，并建议________(提出量刑建议或从重,从轻,减轻处罚等意见)。

公诉人：××

年　月　日当庭发表

三、公诉意见书制作说明

公诉意见书由首部、正文、尾部三部分组成。

（一）首部

制作文书的检察院名称，文书名称，被告人姓名、案由、起诉书号，法庭审判人员称谓。

（二）正文

公诉意见书的正文是主体部分。先阐明检察人员出庭支持公诉的法律依据、法庭上的身份、职责，这部分内容应当按规定程式写明。然后结合案情，重点阐述以下问题：

1. 根据法庭调查的情况，概述法庭质证的情况、各证据的证明作用，并运用各证据之间的逻辑关系证明被告人的犯罪事实清楚，证据确实充分。

2. 根据被告人的犯罪事实，论证应适用的法律条款并提出定罪及从重、从轻、减轻处罚等意见。

3. 根据庭审情况，在揭露被告人犯罪行为的社会危害性的基础上，必要的法制宣传和教育工作。

公诉意见书的重点要突出。当一个案件有几个问题都需要重点论述时，可以分别详细论述，也可以有所侧重。总之，要根据案情，集中重点论述支持公诉和公正履行检察职责的意见。

（三）尾部

写明“公诉人”身份并署名。公诉人为二人以上的，应当同时署名。注明××年××月××日当庭发表。①

本文书为公诉人在法庭上对证据和案件情况集中发表意见时使用；本文书集中表达公诉人意见，制作和发表时注意与答辩意见等法庭上公诉人发表的意见合理分工，各有所侧重；本文书法制宣传部分，可视情况决定是否制作。

四、公诉意见书示例

××检察院

公诉意见书

被告人：××、××

案由：盗窃

起诉书号　(2013)××

审判长、审判员(人民陪审员)：

根据《中华人民共和国刑事诉讼法》第一百八十四条、第一百九十三条、第一百九十八条和第二百零三条的规定，我(们)受××区人民检察院的指派，代表本院，以国家公诉人的身份，出席法庭支持公诉，并依法对刑事诉讼实行法律监督。现对本案证据和案件情况发表如下意见，请法庭注意。

一、通过法庭调查以及法庭举证质证的情况能够证明被告人××、××的犯罪事实清楚，

---

① 参见刘志军主编：《法律文书写作教程》，对外经济贸易大学出版社 2013 年版，第 126 页。

证据确实充分。

二、被告人××、××在公共场所扒窃，其行为已经构成了盗窃罪，鉴于××、××系聋哑人，且案发后赃物被追缴并返还被害人，可以从轻处罚。

三、在本案中，被害人被盗的物品中有一钱包未作价，原因是被害人自称该钱包购买时间较长且不值钱，故公诉机关认为该钱包可以不认定为犯罪数额。

公诉人：××

2013 年 1 月 21 日当庭发表

第四节　刑事辩护词

一、概念与法律依据

辩护词是指在刑事案件中辩护人为维护被告人的合法权益，在开庭审理的法庭辩论阶段所发表的论证被告人无罪、罪轻以及依法应当从轻、减轻、免于处罚的意见。

辩护词的法律依据是《刑事诉讼法》第三十五条的规定，即“辩护人的责任是根据事实和法律，提出犯罪嫌疑人、被告人无罪、罪轻或者减轻、免除其刑事责任的材料和意见，维护犯罪嫌疑人、被告人的诉讼权利和其他合法权益”。

二、写作格式

××涉嫌××罪辩护词

审判长、审判员(人民陪审员)：

依照法律规定，受被告人××的委托和××律师事务所的指派(或经××法律援助中心指定并取得了被告人××同意)，我担任本案被告人××的辩护人。

开庭前，我查阅了本案的案卷材料，进行了必要的调查，会见了被告人××。刚才我又参加了法庭调查。我认为……。理由如下：

……(运用事实和法律,论证辩护的基本观点)

……(提出定罪量刑建议)

××律师事务所律师××

××年××月××日

三、辩护词制作说明

辩护词相对于其他格式化的法律文书而言，其并没有严格的格式要求。但就司法实践来看，辩护词通常由前言、辩护理由和结束词等部分组成，这几乎是辩护词的通用结构。

(一) 前言

前言包括对审判庭成员的称谓，即写明该辩护词的听取人；申明辩护人受何人委托或委派，还是人民法院指定的；简要介绍开庭前的工作概况，陈述辩护人对案件的基本看法。

(二) 辩护理由

辩护理由是辩护词的核心，在这一部分中，辩护人需运用法律理论结合案件事实对案件的基本看法进行系统全面的分析，论证被告人的行为不构成犯罪，或者罪轻，或者可以从轻、减轻、免除处罚。

从辩护理由涉及的方面来看，常见的有以下三个：第一，起诉书指控被告人的犯罪事实能否成立；第二，起诉书适用法律是否正确；第三，起诉书在诉讼程序上是否合法。

（三）结束词

结束词部分是辩护人对本案全部辩护观点的归纳和总结，一般应从两个方面进行叙述：一是总结或复述辩护词的基本要点，二是从定罪量刑等角度提出对被告人的处理意见。最后写明辩护人身份并署名，注明日期。[①]

辩护词的内容必须严格遵循"以事实为根据，以法律为准绳"，对无根据的事实情节和材料，一般不写入辩护词中。[②] 此外，还要注意辩护词的观点要鲜明，论证结构清晰。

四、辩护词示例

辩　护　词

审判长、审判员：

依照法律规定，受被告人××的委托和××律师事务所的指派，我担任本案被告人××的辩护人。

开庭前，我查阅了本案的案卷材料，进行了必要的调查，会见了被告人××。刚才我又参加了法庭调查。我对起诉书的罪名指控没有异议，现就影响本案量刑的事实和情节提出以下辩护意见：

一、被告人××系又聋又哑的人，依法可以从轻、减轻处罚

本案中，被告人××是聋哑人，由于聋哑人的智力、身心发育不健全，对事物的辨别能力差。除聋哑外，被告人文化程度低，只有小学文化程度，没有任何经济来源，被告人犯罪受生活所迫。根据《中华人民共和国刑法》第十九条的规定，"又聋又哑的人或者盲人犯罪，可以从轻、减轻或者免除处罚"。鉴于本案被告人××为聋哑人，对这样的特殊群体，根据刑法教育为主、惩罚为辅的原则，请求法庭依法对被告人从轻或减轻处罚。

二、被告人有酌定从轻处罚的情节

被告人犯罪动机不恶劣，作案手段一般；被告人在实施盗窃之后，未下公共汽车就被抓获，被害人的财产也已悉数返还，其行为社会危害性相对较小。而且被告人有认罪悔罪表现，如实供述了自己的犯罪事实，并对犯罪行为深感后悔，因此被告人主观恶意性较轻。这些都是酌定的从轻处罚、减轻处罚情节，请求人民法院予以考虑。

综上，辩护人请求合议庭能充分考虑本案的特殊之处，依法对被告人××从轻或减轻处罚，以体现法律的严肃和社会的宽容。

以上辩护意见请合议庭合议时予以充分考虑。

××律师事务所律师××
××年××月××日

① 参见刘志军主编：《法律文书写作教程》，对外经济贸易大学出版社 2013 年版，第 288 页。

② 参见陈学权编著：《模拟法庭实验教程》，高等教育出版社 2012 年版，第 89 页。

第五节　刑事自诉状

一、概念与法律依据

刑事自诉状是指根据法律规定享有自诉权的个人向有管辖权的人民法院控告刑事被告人时，按照法律规定制作的诉讼文书。

刑事自诉状的法律依据是《刑事诉讼法》第二百零四条、第二百零五条的规定。《刑事诉讼法》第二百零四条规定："自诉案件包括下列案件：（一）告诉才处理的案件；（二）被害人有证据证明的轻微刑事案件；（三）被害人有证据证明对被告人侵犯自己人身、财产权利的行为应当依法追究刑事责任，而公安机关或者人民检察院不予追究被告人刑事责任的案件。"第二百零五条规定："人民法院对于自诉案件进行审查后，按照下列情形分别处理：（一）犯罪事实清楚，有足够证据的案件，应当开庭审判；（二）缺乏罪证的自诉案件，如果自诉人提不出充分证据，应当说服自诉人撤回自诉，或者裁定驳回。自诉人经两次依法传唤，无正当理由拒不到庭的，或者未经法庭许可中途退庭的，按撤诉处理。法庭审理过程中，审判人员对证据有疑问，需要调查核实的，适用本法第一百九十条的规定。"

二、写作格式

刑事自诉状

自诉人……（写明姓名、性别、年龄、民族、出生年月、身份证号码、职业或工作单位、家庭住址）

被告人……（写明姓名、性别、年龄、民族、出生年月、身份证号码、职业或工作单位、家庭住址）

案由和诉讼请求（被告人被控告的罪名和具体的诉讼请求）

事实与理由（被告人犯罪的时间、地点、侵害的客体、动机、目的、情节、手段及造成的后果。有附带民事诉讼内容的，在写明被告人的犯罪事实之后写清。理由应阐明被告人构成的罪名和法律依据）

证据和证据来源，证人姓名和住址（主要证据及其来源，证人姓名和住址。如证据、证人在事实部分已经写明，此处只需点名证据名称、证人详细住址）

此致

××人民法院

自诉人：

（代书人：）

×年×月×日

附：本诉状副本×份

三、刑事自诉状制作说明

刑事自诉状由首部、案由和诉讼请求、事实与理由、尾部构成。

（一）首部

包括标题，应当写明是“刑事自诉状”或者是“刑事诉状”；自诉人和被告人的基本信息，具体包括：自诉人或被告人姓名、性别、年龄、民族、出生年月、身份证号码、职业或工作单位、家庭住址。

（二）案由和诉讼请求

该部分要写明，被告人被控告的具体罪名和具体的诉讼请求。

（三）事实与理由

该部分应阐明被告人构成的罪名和法律依据，要写明被告人犯罪的时间、地点、侵害的客体、动机、目的、情节、手段及造成的后果；有附带民事诉讼内容的，在写明被告人的犯罪事实之后写清。理由部分应阐明被告人构成的罪名和法律依据。另外，还要写明证据和证据来源，证人姓名和住址。如果证据、证人在事实部分已经写明，此处只需点名证据名称、证人详细住址。

（四）尾部

尾部要写明致送机关、自诉人签名或者盖章、代书人签名或者盖章、诉状书写的具体时间。

四、刑事自诉状示例

刑事自诉状

自诉人××，男，1963年5月10日出生，汉族，住址××××。

被告人××，男，1973年8月15日出生，汉族，住址××××。

被告人××，男，1990年6月8日出生，汉族，住址××××。

诉讼请求

1. 请求人民法院依法追究被告人的刑事责任；

2. 判令被告人赔偿因其犯罪行为给自诉人造成的损失：(1)医疗费：16 123.86元；(2)误工费：38 400元；(3)护理费：3 150元；(4)住院伙食补助费：1 050元；(5)营养费：315元；(6)交通费：200元；(7)伤残赔偿金：56 025.08元；(8)代理费：4 000元；(9)鉴定费：2 156元；(10)二次治疗费8 000元，合计人民币为：129 419.94元。

事实与理由

××年×月×日，自诉人在市政工程施工的过程中，因道路维修阻碍了被告人通行，被两被告人殴打致伤。后自诉人报警，经过公安机关处理，被告负全部责任，其行为已经构成轻伤，根据《刑法》的规定：其犯罪行为已经构成故意伤害罪，应当依法负刑事责任。因自诉人住院花去大量的医疗费用，并给自诉人造成九级伤残，给自诉人精神及身体造成巨大的伤害，为维护自身的合法权益，起诉到贵院，请求依法追究被告人的刑事责任，并赔偿自诉人因其犯罪行为给自诉人造成的损失。

此致

××人民法院

自诉人：××
××年××月××日

第六节 刑事代理词

一、概念与法律依据

刑事代理词是指刑事案件中的被害人、自诉人、附带民事诉讼当事人委托的诉讼代理人，为维护当事人的合法权益，根据事实和法律，在法庭辩论阶段对追究被告人的刑事责任和保护当事人合法权益所作的综合辩论性发言或书面意见。

刑事代理词的法律依据是《刑事诉讼法》第四十四条的规定，即“公诉案件的被害人及其法定代理人或者近亲属，附带民事诉讼的当事人及其法定代理人，自案件移送审查起诉之日起，有权委托诉讼代理人。自诉案件的自诉人及其法定代理人，附带民事诉讼的当事人及其法定代理人，有权随时委托诉讼代理人。”

二、写作格式

刑事代理词

审判长、审判员(人民陪审员)：

××律师事务所接受本案被害人××(或其近亲属××)的委托，指派××律师担任其诉讼代理人，接受代理后，代理人经过阅读案卷材料，会见被害人、证人和进行调查收集证据，及出席今天的庭审调查，对本案有了较为全面的了解。现发表如下意见，供合议庭在合议时参考：

……(运用事实和法律,论证代理的基本观点。)

诉讼代理人：××(签名或盖章)

×年×月×日

三、刑事代理词制作说明

刑事代理词的格式与辩护词大致相同，一般可以分为三大部分：前言、代理意见和结束语。

（一）前言

包括文书名称、对审判人员的称呼、代理律师代理该项诉讼的法律依据和事实根据、前期所做的准备工作、案件的性质和审级等内容。要注意概述接受委托或指派担任本案当事人哪一方面的代理人，以表明代理人的合法地位。

（二）代理意见

代理意见通常从以下几个方面展开：

第一，叙述被告人的犯罪事实，并运用充分、确实的证据加以证明；

第二，引用相关法律条款并运用犯罪构成理论、相关知识论证被告人刑事责任的合法性和必要性；

第三，从行为知识背景、心理等方面分析被告人犯罪的动机和原因，向法官、陪审员阐述该被告人的犯罪行为给被害人和社会造成的严重后果与社会危害性。

（三）结束语

这部分是刑事代理词的小结。代理人对自己的发言进行归纳总括，提出结论性看法即对本案的处理意见，以供法庭采纳。

（四）刑事代理词示例

刑事代理词

审判长、审判员(人民陪审员)：

我接受本案被害人赵××的近亲属徐××的委托，依法担任被害人赵××诉柳××虐待案的第一审诉讼代理人。在接受委托后，我进行了广泛而必要的调查取证活动，认真阅读了本案的卷宗，做了较为充分的庭前准备工作。根据刚才进行的法庭调查活动，赵××诉被告人柳××虐待一案事实清楚，证据充分、确实。为了进一步支持起诉，维护本案被害人赵××的合法权益，我在此向法庭发表如下代理意见：

一、本案所指控的犯罪事实清楚，证据确实充分

(应详细叙述事实经过,此略。)

以上事实均有证据予以佐证。证据已提交法庭。

二、柳××的行为构成了《中华人民共和国刑法》(以下简称《刑法》) 规定的虐待罪，应予追究刑事责任。

虐待罪，是指对共同生活的家庭成员，经常以打骂、冻饿、限制人身自由、凌辱人格等方法，从肉体上和精神上进行摧残迫害，情节恶劣的行为。我国《刑法》第二百六十条规定：“虐待家庭成员，情节恶劣的，处二年以下有期徒刑、拘役或者管制。”

在本案中，柳××虐待赵××时间长(长达×年)，造成的后果严重——给赵××的身心健康造成了极大的损害，属情节恶劣，理应追究其刑事责任。而且，柳××公然蔑视国家的计划生育政策，重男轻女还因此对不愿屈从其错误意志的妻子百般折磨，实属情理不容。

综上所述，被告人柳××的行为已构成虐待罪，请人民法院对其依法惩处。

诉讼代理人：××(签名或盖章)

××年××月××日

第七节 刑事判决书

一、概念与法律依据

刑事判决书，是人民法院依照刑事诉讼法规定的程序，对刑事案件审理终结，根据查明的事实和证据，依法对被告人定罪量刑的法律文书。

刑事判决书根据我国现行法律，分为第一审刑事判决书和第二审刑事判决书，另外，在特定条件下还有刑事附带民事判决书。刑事判决书的法律依据是《刑事诉讼法》第一百九十五条、二百二十五条、第一百零一条的规定。

其中第一审刑事判决书依照《刑事诉讼法》第一百九十五条规定：“在被告人最后陈述后，审判长宣布休庭，合议庭进行评议，如果案件事实清楚，证据确实、充分，依据法律认定被告人有罪的，应当作出有罪判决”；第二百二十五条规定：“第二审人民法院对不服第一审判决的上诉、抗诉案件，经过审理后，应当按照下列情形分别处理……”；第一百

零一条规定："人民法院审理附带民事诉讼案件，可以进行调解，或者根据物质损失情况作出判决、裁定"。

二、写作格式

×××人民法院

刑事判决书

（年度）×刑初字第××号

公诉机关××××人民检察院。

被告人……（包括姓名、性别、出生年月日、民族、出生地和户籍地、文化程度、工作单位和职务、住址、有无前科、何时被拘留、逮捕、羁押处所等）

辩护人……（包括姓名，工作单位，职务）

如果是单位犯罪，应写明：

被告单位……（写明单位名称、统一社会信用代码、住所地、法定代表人姓名、职务等）

诉讼代表人……（写明姓名、性别、年龄、工作单位、职务）

被告人……（写明直接负责的主管人员、其他直接责任人员的姓名、性别、出生年月日、身份证号码、民族、文化程度、职业或者工作单位及职务、出生地和户籍地、住址、曾受到刑事处罚以及与本案定罪量刑相关的行政处罚的情况和因本案采取强制措施的情况等）

××××人民检察院以×检×诉[ ]××号起诉书指控被告人×××犯××罪，于××××年××月××日，向本院提起公诉。本院依法组成合议庭，公开（或不公开）开庭审理了本案。××××人民检察院指派检察员×××出庭支持公诉，被害人×××及其法定代理人×××、诉讼代理人×××，被告人×××及其法定代理人×××、辩护人××、证人××、鉴定人×××等到庭参加诉讼。现已审理终结。

××××人民检察院指控……

被告人×××辩称……，其辩护人的辩护意见是……。

经审理查明，……。

本院认为，……。依照……的规定，判决如下：

……。

如不服本判决，可在接到判决书的第二日起十日内，通过本院或者直接向××××人民法院提出上诉。书面上诉的，应当提交上诉状正本一份，副本×份。

审判长××

审判员××

审判员××

××××年×月×日

（院印）

本件与原件核对无异。

书记员×××

三、刑事判决书制作说明

刑事判决书由首部、正文和尾部三个部分组成。

(一) 首部

1. 标题

分两行写：在文书的上部正中写“×××人民法院”。判处涉外案件时，各级法院均应冠以中国的国名，字体比正文大；在法院名称下一行正中写“刑事判决书”，字号要比正文大两号，以便醒目。

值得注意的是：文种名称之前不加审级，也不加表明文书性质的词语，如“有罪”等字样。

2. 编号

在标题右下方写文书编号。如：“(年度)×刑初(终)字第×号”。

3. 公诉机关和诉讼参加人情况

对于公诉案件，先写公诉机关即检察机关名称。如：“公诉机关×××人民检察院”。不能写“×××人民检察院检察长(或员)×××”。

对于自诉案件，先列自诉人。写自诉人的身份事项，包括姓名、性别、出生年月日、民族、籍贯、文化程度、职业或职务、单位和住址。自诉人有数人的，依次列写。

被告人的身份事项。在写完公诉机关或自诉人之后，写被告人身份等情况。包括姓名(曾用名、别名、化名)、性别、出生年月日、民族、籍贯、职务或职业、单位和住址；被告人曾经受过刑事处分、行政处分，或者又在以上限制自由的期间逃跑过的，可能构成累犯或者有法定从重、加重的情节，应写明其事由和时间；因本案受到强制措施的，应写明被拘留、逮捕的时间及羁押地点。被告人如因本案被收容审查过，在此期间又被限制了人身自由的，应写明起止日期，以便折抵刑期。

如果被告人是法人的，应写明其单位全称和所在地址、法定代表人或单位的主要负责人的姓名、职务。

如果被告人是未成年人或限制行为能力人，其下还应插入“法定代理人”或“指定代理人”。

如果一案有被告多人，应按主犯、从犯的顺序依次写出每个被告人的身份事项。

在辩护人一栏，如辩护人是律师的，只写姓名、工作单位和职务；如辩护人是其他人的，写“辩护人：×××，性别，年龄，在××单位担任××工作，与被告人是××关系”。

自诉案件自诉人和公诉案件被害人，如果委托代理人的，代理人应在其被代理人的次行书写。其代理人的写法与辩护人的写法大致相同。

4. 案件审理的有关情况

案件审理的有关情况指案件的由来和审理经过的表述，包括以下内容：案由和案件来源，即写明被告人姓名、罪名及案件由来(要写明法院受理本案的时间，以便计算审判期限)；审判组织，即写明法院依法组成合议庭，审理是公开进行的，还是依法不公开进行的(写这一内容关系到是否贯彻公开审判原则)；公诉人和被告人及其辩护人、证人、鉴定人等到庭情况等。公诉案件和自诉案件有不同的写法，分别是：

(1) 公诉案件。写：“×××人民检察院于××××年×月×日以被告人×××犯×罪，向本院提起公诉。本院受理后，依法组成合议庭(或依法由审判员×××独任审判)，公开(或不公开)开庭审理了本案。×××人民检察院检察长(或员)×××出庭支持公诉，被告人×××及其辩护人×××、证人×××等到庭参加诉讼。本案现已审理终结。”

（2）自诉案件。写："自诉人×××以被告人×××犯×罪，向本院提起控诉。本院受理后，依法由审判员×××独任审判(或组成合议庭)，公开(或不公开)开庭审理了本案。自诉人×××、被告人×××及其辩护人×××等到庭参加诉讼。本案现已审理终结"。

对于一些报经审判委员会讨论决定的重大、疑难案件，在案由部分的"本案"与"现已审理终结"之间，增写"经合议庭评议，审判委员会进行了讨论并作出决定"。

（二）正文

1. 事实

理由和判决结果的成立要以事实为基础。首先，概述检察院指控的基本内容；其次，写明被告人的供述、辩解和辩护人辩护的要点；再次，重点写法院查明的事实，这一事实是有罪、无罪和定性判刑的主要根据，所以要遵循"还原事实真相"的原则来写法院查明的事实。具体说来要注意以下几个方面：

（1）叙写犯罪事实的内容，要写明犯罪事实的七个要素，犯罪事实要写全面，反映案件行为人犯罪行为事实的时间、地点、动机、目的、手段、情节、结果必须周全。有的时候还要写上被告人的事后态度、表现。

（2）通过对主要证据的分析论证来说明对犯罪事实的认定是准确的，即犯罪事实要确凿。事实是否真实可靠，要让证据来说话，因此，在一审刑事判决书中叙写犯罪事实时，要列举经法院查证核实的用以证明被告人有罪、罪重或者罪轻的证据来证明犯罪事实。

2. 理由

理由部分是阐述法院为什么如此判决，是把案件的事实、情节和裁判结果有机地结合在一起的媒介。其核心内容是针对案情特点，运用法律规定和立法原理与犯罪构成原理及要件，分析被告人行为的实质，论证应该如何处理，从而定出惩罚犯罪的具体措施，达到预防犯罪的目的。具体说来，要注意以下几个方面：

（1）按照刑法的规定阐明定罪量刑的理由。通过分析被告人的作案动机、目的罪行表现、危害后果，来论证被告人的罪行性质，恶性程度和造成的严重影响，以《刑法》分则各条规定的罪状特征为依据，以被侵犯的直接客体为基础，确定其罪名。例如，依照刑法规定，以暴力、胁迫或者其他方法抢劫公私财物的，构成抢劫罪，只有符合这样的性质，才能成立本罪。另外，还应注意不要把犯罪构成要件作为从重处罚的理由。

（2）对控、辩双方的意见加以分析说明。控、辩双方的意见，在一审刑事案件中，一方是人民检察院的指控或自诉人的控告，另一方是被告人的辩解及其辩护人的辩护意见。在书写理由部分时，必须对控、辩双方所持的主要论点及理由加以分析，是正确的，表明予以采纳；错误的，予以据理批驳。

（3）正确处理事实、理由、判决三者之间的关系。判决理由在判决书中起到承上启下的作用，必须上与已经认定的事实、情节相适应，下与判决结果相一致。这样，事实、理由、判决三者之间才能相互照应，无懈可击。

3. 判决结果

判决结果是依照法律条文的具体规定，对被告人作出的有罪或者无罪，犯什么罪，适用什么刑罚的处理结论，是判决书的实质部分，必须严格推敲，做到判决结果与事实、理由、法律相适应。一审有罪判决书应这样写判决结果：先写明被告人犯什么罪，然后再续写判处什么刑罚。刑罚包括主刑和附加刑。罪名必须严格按照法律规定来写，不能不写或滥定。以往有的判决书不写罪名，只写刑罚，如“判处被告人李××有期徒刑二年”。李××犯什么罪，要到理由部分去找；还有的判决书中出现过“判处盗窃犯王××拘役六个月”，没有用专句把罪名表述出来，是不妥当的。具体表述如：

“一、被告人×××犯××罪，判处……（写明主刑、附加刑）

二、被告人×××……（包括追缴、退赔或者没收财物的种类和数额。没有的不写此项）”

（三）尾部

尾部是判决书的结束部分，应依次写明以下内容：

1. 交代上诉权和上诉审法院在主文之后另起一行写明：“如不服本判决，可在接到判决书的第二日起××日内，通过本院或者直接向×××人民法院提出上诉。书面上诉的，应交上诉状正本一份，副本×份”。

2. 在尾部的右下方，由审判长、审判员（代理审判员）依次署名，如系独任审判则由审判员或代理审判员署名。助理审判员参加合议庭审判的，按照法院组织法的规定，其署名应为“代理审判员”。

3. 判决的决定日期

在署名的右下方写明判决的年月日，如果是经过审判委员会讨论的案件，应写审判委员会作出决定的日期，并加盖人民法院印章。

4. 书记员署名

在年月日下方署书记员名，并在年月日和署名之间的左下方加盖“本件与原本核对无异”的条戳，以示核对。

四、刑事判决书示例

××市××区人民法院

刑事附带民事判决书

（××）刑初字第××号

公诉机关××市××区人民检察院。

附带民事诉讼原告人于××，男，1958 年 2 月 9 出日生于××省××市，汉族，高中文化，工作单位系××，住××，户籍所在地为××。系本案被害人。

诉讼代理人××，××律师事务所律师（代理权限为诉讼代理）。

被告人李××（附带民事诉讼被告人），男，1968 年 11 月 1 日出生于××省××市，汉族，高中文化，无业，逮捕前住××，户籍所在地同上。被告人曾因盗窃于 1986 年 7 月 12 日被××市人民政府劳动教养委员会决定劳动教养一年六个月，因犯盗窃罪、脱逃罪于 1990 年 10 月 24 日被××市××区人民法院判处有期徒刑十年，于 1996 年 10 月 19 日刑满释放。因犯故意伤害罪，于 2008 年 1 月 11 日被取保候审；同年 8 月 22 日被逮捕，现羁押于××市看守所。

辩护人××，××律师事务所律师。

××市××人民检察院以××检刑诉（××）第××号起诉书指控被告人李××犯故意伤害罪于 2008 年 8 月 22 日向本院提起诉讼。在诉讼过程中，附带民事诉讼原告人于××提起附带民事诉讼。本院依法组成合议庭，公开开庭进行了合并审理。××市××区人民检察院指派代理检查员××出庭支持公诉。附带民事诉讼原告人于××及其诉讼代理人××、被告人李××及其辩护人××到庭参加诉讼，现已审理终结。

××市××区人民检察院指控：被告人李××于2007年2月2日晚17时30分许，在××超市门前，因琐事与被害人于××发生口角，被告人李××将被害人于××打伤，致于××左胫骨平台粉碎性骨折，经法医鉴定：于××的外伤已构成轻伤。

××市××区人民检察院认定上述事实的证据如下：被告人李××的供述、被害人于××的陈述、证人××证言、接受刑事案件登记表、受案登记表、立案决定书、抓获经过、情况说明、门诊医疗手册、户籍证明、劳动教养决定书、刑事判决书及释放证明书、法医鉴定书等证据。

××市××区人民检察院认为：被告人李××故意伤害他人身体，致人轻伤，其行为触犯了《中华人民共和国刑法》第二百三十四条的规定，犯罪事实清楚，证据充分，应当以故意伤害罪追究其刑事责任。

附带民事诉讼原告人于××诉称：1. 依法追究被告人李××的刑事责任。2. 判令被告人李××赔偿附带民事诉讼原告人于××医疗费4 814.30元、住院90元、交通费200元、误工费396元、护理费396元、鉴定费1 400元、残疾赔偿费78 200.56元、律师代理费2 500元。

附带民事诉讼原告人于××为支持其主张提供如下证据：××医院临床部病例及出院证明书各1份、医疗费票据8张、××司法鉴定所鉴定费票据1张、××照相打印社复印、照相、打字费收据1张、××司法鉴定所法医学鉴定意见书、××律师事务所律师代理费发票等证据。

被告人李××辩称：2007年2月2日晚上，我去超市买酱油，我看见于××正要打超市的××，我上去拉仗，之后他要和我出来打。他刚一出门就摔倒在地了，摔的头上都是血。我打他上身了，踢了二脚，二脚是他摔倒后站起来我踢他前胸了。我不认罪，被害人腿伤不是我打的，是他摔的。我不同意赔偿。

辩护人××提出的辩护意见是：公诉机关指控被告人李××犯故意伤害罪事实不清，证据不足。1. 被告人李××口供始终稳定一致，供述于××的轻伤并非被告人所致，并且证人××的证言与被告人供述完全一致。2. 于××笔录和他的控告材料自相矛盾，内容明显虚假。3. 于××一方提供的证人证言明显虚假矛盾，不足采信。4. 证人××的证言双方均表示无异议，应作为认定案件事实的根据。5. 被害人于××的伤情照片、病历、鉴定结论不能充分支持起诉意见。

本院经审理查明：被告人李××于2007年2月2日晚17时30分许，在××超市门前，因琐事与被害人于××发生口角，被告人李××将被害人于××打伤，致于××左胫骨平台粉碎性骨折，经法医鉴定：于××的外伤已构成轻伤。

上述事实，有经庭审举证、质证的下列证据予以证明：

一、书证

1. 接受刑事案件登记表、受案登记表及立案决定书：载明××于2007年2月2日18时电话报案称2007年2月2日晚于××在××小区北李××打伤。公安机关于2008年1月10日决定立案侦查。

2. ××公安局物证鉴定所法医学人体损伤程度鉴定书：载明被害人于××外伤致胫骨下段骨折已构成轻伤。

3. 被害人于××照片：载明被害人于××受伤情况。

4. ××刑警支队法医中心(××市公安局物证鉴定所)的情况说明：载明2007年5月10日××公安局物证所出具的2007年438号鉴定书，误把胫骨上端骨折打字成下段骨折。

5. ××分局刑警大队出具的情况说明：载明2008年11月21日于××向公安机关提供2007年2月2日在医院原始线片(编号为200722184643844)及影像学检查报告单。2008年11月14日于××在解放军461医院重新复拍线片(编号003703)及医疗检查处理申请报告单。

6. ××医院门诊医疗手册：载明被害人于××于2007年2月2日18时30分在××医院就诊，诊断为头外伤，左胫骨平台骨折。

7. ××医院门诊影像学报告单：载明被害人受伤欧去医院就诊，检查情况。

8. ××医院临床部出具说明：载明003703号片，因医生字迹模糊“尧”字与“光”字分辨不清，造成电脑输入成“于××”。特此说明。

9. ××分局刑警大队出具的情况说明二份：载明1. 公安机关接警后赶到现场，打人者李××已逃跑。2. 被害人于××外伤已构成轻伤，公安机关办案人咨询××公安局物证所法医，能否说明于××外伤是摔伤所致还是由外力踢伤所致。法医答复只评定损伤程度，不进行损伤机制鉴定。

10. 抓获经过：载明被告人李××被公安机关抓获的事实。

11. 寻目击证人启事：载明2007年11月2日被害人于××在《新文化报》刊登寻找目击证人的事实。

12. 户籍证明：载明被告人李××的自然情况。

13. ××劳动教养管理委员会治审字第(朝)××号劳动教养决定书：载明被害人李××因盗窃殴打他人于1986年7月12日被××劳动教养管理委员会决定劳动教养×年×个月。

14. ××区人民法院(××)刑字第××号刑事判决书及××监狱(××)第××号释放证明：载明被告人李××于××年××月××日被××区人民法院因犯盗窃罪被判处有期徒刑××年，因犯脱逃罪被判处有期徒刑××年，决定执行有期徒刑××年。于××年××月××日刑满释放。

二、证人证言

1. 证人××证言：我来报警，我丈夫于××于2007年2月2日17时30分左右在××超市被外号叫胖子的李××打了。当晚17时30分左右，我下班回家路过××超市，看见我丈夫于××坐在地上，满脸是血。我问他怎么回事，我丈夫告诉我是胖子给打的。这时胖子(李××)从××超市出来又上来用脚踹我丈夫，边踹边骂。我一看怕胖子把我丈夫打坏了，就去拉着，并向胖子求情。胖子踹了几脚后，骂骂咧咧地走了。我爱人用手机报警，不一会儿，警察就来了，把我爱人送到医院。我看见胖子踹我丈夫腿和头部了。当时现场有××超市的两个女的，还有一个女的路过，胖子走后，那女的帮我把我丈夫扶起来。这女的我不认识，当时我怕找不到证人，就把她手机号留下。现场还有别人路过，但当时天有些黑，我没看清是谁。

2. 证人××证言：××年××月××日晚××点××分左右，我从××小区路过，走到小区里一个超市，看到一个50岁左右男子从超市里出来，走到超市台阶前五六米远。这时从超市对面的一栋楼里出来一男一女，男的在前，女的在后，男的有点胖。这有点胖的男子跑到从超市里出来那50岁左右男子身后，抬起一脚，踹到50岁左右男子的左腿上，一下把50

岁左右男子踹倒了。刚开始50岁左右男子左腿单腿跪在地上，侧身想起来，还没等起来，挺胖的男子又往50岁左右男子左腿踹了一脚，50岁左右男子就趴在地上了。这时挺胖男子又上前朝倒地男子的胸和头部踹了几脚，之后挺胖的男子和同他在一起的那女的进超市了。50岁男子就坐在地上没起来。这时从旁边过来一个女的，问坐在地上的男子咋的了，这时打人的那男子从超市出来，到坐在地上男子跟前，又朝地上的男子踹了几脚，踹在什么部位我没看清楚。因为这次踹时后来的那人在一旁拉着，挡住我的视线。当时我距打仗的地方大约四五米远，而且路灯亮了。我听到打人那男子打人时说："打死你"。还说一些别的，我没听清。打人的被打的人我都不认识。

3. 证人××证言：××年××月××日晚××新村发生打仗，我当时正好路过。当天我从××新村南侧有个小门进来走到4栋小卖店门口，看见李胖子（李××）正好在打于××。我看见李胖子用拳头打在于××头部，然后用脚踹在左腿部，于××就倒地了。我还听到屋里有女人喊："打他，我有钱。"于××倒在地上，李胖子抬脚又踹他了，具体踢什么部位没看清。李胖子手里没拿凶器，就用拳头打脚踢。当时谁在场我不认识。

4. 证人××证言：××年××月××日晚××小区于××、李××打仗，我下班回来路过看见了。我下班时大概五六点钟，听到4栋小卖店有吵架声，我就过去。我走到小卖店门前，看见争吵的是两个人，李××站着正和一个坐在地上的人相互骂，走近后认出地上坐着的人是于××。两人都很激动，因为双方都是我的邻居，我就过去劝说。我把李××劝回家，李××往家走时，于××媳妇也回来了，她招手让我帮她把于××扶起来，我因当时着急，就先走了。我看见时，双方没动手，就相互骂了。我看见小卖店的两个女的了，她俩没参与。我看见于××坐在地上门的左侧，离门能有两米左右。当时谁在场我没看见，天太黑。我到现场没看见谁打的于××。

5. 证人××证言：××年××月××日晚于××和李××打仗的事我当时看见了。我在××小区租房住有5年左右，是2007年4月份搬走的。我前些天看报纸看于××家登的寻找目击证人启事，才知道他们的事没完，就自愿来作证的。2007年2月2日17时30分至18时，我从家出来走到4栋南边路口，看见4栋靠超市门口站个男的，挺高个儿，手里拎着一小袋东西。当时天黑，没仔细看是谁。这时从3栋1门出来一男一女，急急忙忙往4栋走。我看见是管市场的李××，后面跟着烫头的那女的。李××走到超市门口站着的那人身边，抬脚踹那人腿上，同时用拳头打那人脸，一下就把那人打倒了。之后李××又冲上去一顿踢，地上那人想起来，用手拄地，没起来。这时那烫头的女的在喊："给我往死里揍。"地上那人开始骂李××，我听声才知道是于××。当时看李××挺凶的，我就没敢过去，先走了。我看见刚开始李××一脚踢于××左腿了，于××倒地后，李胖子又用脚乱踢一阵，具体踢哪记不清了。我没看见有别人动手。当时现场路过的人很多，具体谁不知道，也有的在一边看。我没看见于××从超市台阶上摔下来。我看见他时，他站在超市门外靠马路的地方，没看到他什么地方受伤。

6. 证人××证言：我家在××小区有一处住房，是我小姑的，她家出国了。这房子我管着，房主是××，是小区20栋108室。张志英我认识。她曾租住20栋108室的房子，是2005年租给××住，2007年4月搬走的。

三、被害人陈述

被害人于××陈述：2007年2月2日在××新区我被李××打伤了。我在××小区有一处门市房，租给××姐俩开超市好几年了。前一阶段我听说××离婚，我曾劝过她，所以××有点恨我。2007年2月2日17时30分左右，我在超市买牛奶，××就开始指责我，我就和她吵吵几句。之后××就跑出去。我就拎着牛奶走出门，到花池附近等我爱人××。不一会儿，我看到××领着李××从3栋那边过来。李××上来就给我头部一拳，同时一脚踹我左腿膝盖下部，一下把我踹倒了，之后又对我头部、脸部、胸部、腿部一顿踹，边打边说我造谣。这时××还在旁边喊："往死里打，打死我负责。"后来被邻居拉开。李××和孟凡秋就站到超市里边。不一会，我爱人××回来，看到我坐地上站不起来，而且脸上有血，问我谁打的，我说是李胖子打的。这时李××又从超市里出来，上来又踹了我几脚，让隋自力拉开。李××骂骂咧咧地走了。后来我想站起来，腿特疼，站不起来，别人帮忙把我扶起来。我在打仗之前之后都没有从超市台阶上摔下来过。李胖子和李××是同一个人，院里人都叫他李胖子。没有别人参与打仗，就李××一个人打我了。我被打时周围有一些邻居，但天黑，没看清楚都是谁。××当时在场，还拉仗来的。

四、被告人供述

被告人李××供述：2007年2月2日晚5点30分左右，××超市门口我将于××打了。当晚5点多钟，我从家出来到××超市买酱油，刚进超市里，看到于××用拳头打超市老板的妹妹××。我就上前拉仗。于××当时喝了不少酒，骂我。我就说："你咋骂我呢。"于××说："我骂你，还打你呢。"说着就朝我打了一拳，我躲开了。我就说："你愿意打，出来打，咱俩打，你别打女的。"说着我就出来了，站在超市门口等于××出来。于××也跟着出来。超市门口有几个台阶，于××也不知道是踩空了，还是绊在什么上了，我眼瞅着于××从台阶上摔下来，倒在台阶下，翻身坐在地上，满脸是血，坐在地上骂我。我非常生气，上前朝他胸口踹了两三脚，不知道谁将我拉开。我就站在一旁。当时于××还骂我，我就还要上前踹他。这时于××的媳妇过来拉着我，对我说："胖子，你别打了，给嫂子点面子。"我就没再打。我踹于××时，于××是坐在地上，之踹他胸部两三脚，没踹于××腿部。我不是××找来打仗的。

上述证据经庭审举证、质证，被告人李××对被告人于××的陈述有异议，辩称：于××自己摔倒后我踢两脚；对证人隋自力的证言有异议，辩称：我只踢于××两脚，而我抬第三脚时××就来了，让我原谅；对证人××证言有异议，辩称：证人说××找我，我过来就打，应该是在正面，被害人说我在后面打的；对证人××证言有异议，辩称：××说我从后面打的不对，我根本没踢被害人；对证人××的证言有异议，辩称：我没有打于××两次，我和于××接触就是两脚；对接受刑事案件登记表、受案登记表有异议，辩称：于××的腿不是我打的；对公安机关的情况说明有异议，辩称：案发后我没有外逃；对其他证据无异议。辩护人对被害人于××陈述有异议，认为：从后面打不到眼睛，外伤检查中没有显著外伤，证明被告人没有打两次；对证人隋自力的证言有异议，认为：证人只看到于××坐在地上，没亲眼看见李××打于××；对证人××证言有异议，认为：证言与于××陈述不一致，没有面对面站着的情节；对证人××证言有异议，认为：此证言与其他证言互相矛盾；对证人××证言有异议，认为：××证言和××证言有矛盾，从细节看证据不真实；对公安机关的情况说明有异议，认为：没有任何证据证明李××外逃。对其他证据无异议。

本合议庭对控辩双方就刑事部分的事实和证据提出异议的问题进行审查后认为虽被告人李××及其辩护人对部分证据提出异议，但所提异议并无事实和法律依据，故不予采信。

上述证据，法医学人体损伤程度鉴定书证明被害人于××的损伤已构成轻伤；被害人于××的陈述证明其被被告人李××打伤经过；证人××、××、××证言均证明上述证人直接看到被告人李××殴打被害人于××经过；证人隋自力证言证明被害人于××在案发现场坐在地上满脸是血，被告人李××又上前踹被害人；其他证据亦能证明相关案件事实。上述证据能够相互印证，并形成证据链条。除被告人李××供述中称被害人于××的伤是摔伤的辩解外，其他证据可作为本案的定案依据，合议庭予以确认。

被告人李××的辩护人向法庭提供如下证据：

1. 于××控告材料：载明在我购完物刚走出超市门口七八米远处时，就被李××从后面将我一脚踹倒在地，随后拳打脚踢致伤，欲证明于××关于打仗的说法与被害人提供证人关于打仗的具体细节相矛盾。

2. 证人××证言：2007 年 2 月 2 日晚，于××到××开的超市里买东西，当时××和姐姐××在超市看电视，我房东于××喝很多酒进来，进屋后使劲敲两下冰柜，买了三袋奶，三个面包。他用手摸我脸一下，我们发生争吵，他用拳头打我头几拳。在我们撕打过程中，住 3 号楼的胖子(大名不知道)进屋，看见我们在撕巴，就过来拉仗，于××骂他，××说你出来，于××就出去了，不知道咋的，还是没站稳，在他出去时，就倒在门口台阶上了。等他坐起来之后，我就见他脸上出血了。胖子走过来踹他两脚就走了。

3. 证人××证言：2007 年 2 月 3 日我在公安机关证实于××是在超市门口台阶上摔下去的，是我亲眼看到的。于××怎么摔的，因为什么摔的我不知道。只是他正往外走突然就摔下去了。当时超市里就我和我妹妹××。李××在外面与于××发生撕打的过程我看见了，我在超市门里看的，没出去。我妹妹××一直都没出超市，没去找李××来帮她打仗。

上述辩护人提供的经庭审举证、质证的证据，公诉人认为控告材料证明的问题与证人××、××证明的细节基本一致；证人××、××的证言证明力没有公诉人提供的证人××、××的证明力强。被害人于××认为证人××、××与被告人李××有利害关系，不能做证人。合议庭评议认为，辩护人所提证据控告材料证明的问题与公诉机关提供的证人证言证明的问题并不矛盾，予以采信。其提供证人××、××的证言，因证人××、××与本案有利害关系，且无其他证据相佐证，其证言不予采信。

本院还查明：被告人于××伤后于 2007 年 2 月 2 日 18 时到××医院就诊，于 2007 年 2 月 2 日 21 时到××医院临床部住院治疗，于 2007 年 2 月 7 日出院，共住院 5 天，诊断为左胫骨平台粉碎性骨折，胸部外伤，头部外伤。共计支付医疗费 4 624.29 元，支付鉴定费及照相费 1 100 元、律师代理费 2 500 元，于××之外伤经鉴定达八级伤残。

上述事实，有在庭审中举证、质证的下列证据予以证明：

1. ××医院临床部病历及出院证明书各 1 份：载明于××于 2007 年 2 月 2 日入院，2007 年 2 月 7 日出院，诊断为：左胫骨平台粉碎性骨折，胸部外伤，头面部外伤，为××级护理。

2. 医疗费票据 8 张：①××医院临床部住院票据 1 张，金额××元，住院××天。②门诊票据 7 张，金额共计××元。

3. 吉××鉴定所鉴定费票据 1 张：载明于××支付鉴定费 1 000 元。

4. ××照相打印社复印、照相、打字费收据××张：载明于××支付 100 元。

5. ××司法鉴定所法医学鉴定意见书：载明于××之外伤达八级伤残。

6. ××律师事务所律师代理费发票：载明于××支付律师代理费2 500元。

上述证据经庭审举证、质证，被告人李××均未提出异议，合议庭予以确认。附带民事诉讼原告人于××请求赔偿医疗费××元，只提供××元的票据，故医疗费应赔偿××元；误工费请求赔偿396元，被害人未提供固定工资收入证明，可按××年全省平均工资每月××元计算，包括××天误工时间，其请求合法，应予支持；护理费请求赔偿396元，未提供护理人员有固定工资收入，可按××年省统计局公布的居民服务和其他服务业的工资标准每月××元计算，包括××天护理时间，即赔偿××元；住院伙食补助费请求包括××天，每天按××元计算，应赔偿××元；鉴定费请求赔偿××元，只提供××元的票据，故应赔偿鉴定费××元；残疾赔偿金请求赔偿××元，按××年××省城镇居民人均可支配收入××元计算，包括××年的××%，其请求合理，予以支持；律师代理费请求赔偿××元，提供了票据，其请求合法，予以支持；交通费请求赔偿××元，未提供票据，故不予支持。

合议庭评议认为，被告人李××故意伤害他人身体，致人轻伤，造成八级伤残的后果，其行为已构成故意伤害罪。对公诉机关的指控应予支持。被告人李××及其辩护人关于被害人于××的轻伤不是被告人李××造成的辩解和辩护意见无事实及法律依据，合议庭不予支持。被告人李××对其犯罪行为给被害人于××造成的经济损失应予以赔偿。依照《中华人民共和国刑法》第二百三十四条一款、第四十七条、第三十六条第一款、《中华人民共和国民法通则》第一百一十九条、《中华人民共和国民事诉讼法》第六十四条第一款、《最高人民法院〈关于审理人身损害赔偿案件适用法律若干问题的解释〉》第十七条、第十九条、第二十条、第二十、第二十三条、第二十五条之规定，判决如下：

一、被告人李××犯故意伤害罪，判处有期徒刑二年。

（刑期从判决执行之日起计算，判决执行以前先行羁押的，羁押一日折抵刑期一日。即自2008年8月22日起至2010年8月21日止。）

二、被告人李××赔偿附带民事诉讼原告人于××医疗费人民币4 624.29元、误工费人民币396元、护理费人民币261.80元、住院期间伙食补助费人民币75元、鉴定费人民币1 000元、残疾赔偿金人民币78 200.56元、律师代理费人民币2 500元，共计人民币87 167.65元，于判决生效后十日内付清。

三、驳回附带民事诉讼原告人于××的其他民事赔偿请求。

如不服本判决，可在接到判决书的第二日起十日内，通过本院或者直接向吉林省××市中级人民法院提出上诉。书面上诉的，应当提交上诉状正本一份，副本一份。

审 判 长 ×××
审 判 员 ×××
人民陪审员 ×××
××××年×月×日
书 记 员 ×××

第八章　刑事法律诊所与庭前策略

在我国，辩护人参与刑事诉讼主要是为犯罪嫌疑人和被告人提供法律咨询、提供法律帮助和进行刑事辩护。而这一过程贯穿整个刑事诉讼的始终，即最早从侦查期间接受犯罪嫌疑人家属委托代理案件之后（当然不排除辩护人在审查起诉期间或者一审期间接受委托），一直到庭审结束、宣判之前，辩护人都是犯罪嫌疑人（庭审阶段的被告人）合法权利的忠实维护者。在刑事诉讼中，并非所有的案件都会走完整个刑事诉讼程序。有的案件可能在侦查阶段因为发现不应对犯罪嫌疑人追究刑事责任而撤销案件，有的案件可能在审查起诉阶段因为具有法定情形或者酌定情形而不予起诉。即便最终公诉机关决定对犯罪嫌疑人提起公诉，辩护人也应该在庭审之前做好充分的准备工作，以更好地维护被告人的合法权利。从狭义的角度理解，庭审之前仅仅指的是在法院对刑事案件立案之后，第一次开庭之前这段时间。从广义的角度理解，庭审之前则不仅限于刑事案件立案之后到第一次开庭之前的期间，还包括一审开庭审理之前，辩护人开始介入之后的所有期间，包括侦查期间和审查起诉期间。本章将主要从广义的角度出发，从辩护人（主要是律师）的角度阐述开庭之前辩护人可以采取的策略和开展的工作。刑事和解可以贯穿于整个刑事诉讼的始终，对犯罪嫌疑人或者被告人的法律后果会产生重大影响，被害人谅解在庭审阶段也会对犯罪嫌疑人和被告人的行为的追究产生重要影响。虽然在司法实践中，刑事和解和被害人谅解也可能在庭审之后、宣判之前达成，但一方面考虑到本章所涵盖的诉讼期间比较全面，另一方面也考虑到各章内容的体系性安排，该部分内容将在本章进行介绍。

第一节　侦查阶段的主要工作

根据我国《刑事诉讼法》第三十三条的规定，犯罪嫌疑人自被侦查机关第一次讯问或者采取强制措施之日起，有权委托辩护人；在侦查期间，只能委托律师作为辩护人。因此，律师作为辩护人在犯罪嫌疑人被侦查机关第一次讯问或者采取强制措施之日就可以接受犯罪嫌疑人家属的委托，开展工作。在实践中，由于犯罪嫌疑人家属可能对案件情况不是很了解，所能提供的案件信息很有限，除了涉嫌的罪名之外，可能提供不了更多的信息。因此，律师在接受委托之后，应当尽快开展工作，尽早了解案件的相关情况。并且，犯罪嫌疑人在被采取强制措施之后，虽然侦查机关会告知其依法应当享有的诉讼权利，但是由于多数犯罪嫌疑人缺乏必要的法律知识，对其享有的诉讼权利如何行使并不了解。同时，犯罪嫌疑人也会因为法律知识的缺乏而对自己行为的犯罪性质、法律后果不了解而产生焦虑心理。因而，辩护律师应当在接受委托之后尽早开展工作，为犯罪嫌疑人提供法律服务。

根据《刑事诉讼法》第三十六条的规定，辩护律师在侦查期间可以为犯罪嫌疑人提供法律帮助；代理申诉、控告；申请变更强制措施；向侦查机关了解犯罪嫌疑人涉嫌的罪名和案件有关的情况，提出意见。从该规定来看，在侦查阶段，辩护律师的工作主要在于帮助犯罪嫌疑人维护其合法权利。根据《刑事诉讼法》第四十一条的规定，辩护律师在侦查阶段也有调查取证权。因而，在侦查阶段，由于律师无法获取侦查机关的证据情况，为了防止一些对犯罪嫌疑人有利的证据的灭失，在必要的情况下也依法收集证据。

一、向侦查机关了解案件情况，会见犯罪嫌疑人并提供法律咨询

律师在接受委托之后，向侦查机关了解案件的情况，以及通过会见犯罪嫌疑人了解案件的具体情况是律师进一步开展工作的前提和基础。为了能够及时给犯罪嫌疑人提供帮助，律师在接受委托之后，应该及时与侦查机关取得联系并会见犯罪嫌疑人。

（一）与侦查机关取得联系

虽然根据刑事诉讼法的规定，在普通的刑事案件中，律师会见犯罪嫌疑人不再需要经过侦查机关的许可。但一方面，在一些特殊的案件中，律师在侦查期间会见在押的犯罪嫌疑人需要经侦查机关许可，另一方面，即使在普通的刑事案件中，为了能够全面了解案件情况，从侦查机关获得及时的信息，律师应该及时和侦查机关取得联系。

首先，辩护律师和侦查机关取得联系主要是与具体的案件承办人取得联系，向他们提交犯罪嫌疑人家属签署的授权委托书、律师事务所指派律师参与诉讼的律师事务所函，出示律师执业证并留下复印件和联系方式，从而告知侦查机关辩护律师已经正式介入到该案件的刑事诉讼中，案件的进展情况可以随时和辩护律师取得联系。其次，律师在和案件承办人取得联系之后，还应当向其了解犯罪嫌疑人涉嫌的罪名情况。这一方面是为了确认犯罪嫌疑人的家属介绍的情况和所涉及的罪名，另一方面也是为了探查犯罪嫌疑人是否还有其他在拘留证或者逮捕证上没有标注的罪名。最后，律师与案件承办人取得联系之后，如果所代理的是危害国家安全犯罪、恐怖活动犯罪、特别重大的贿赂犯罪案件[①]，还应当及时向其提出会见的申请，以便能够早日见到犯罪嫌疑人，了解案件的具体情况。除非具有有碍侦查[②]或者可能泄露国家秘密的情形之外，侦查机关应当允许会见，并在一定期限内[③]作出决定，出具允许会见的决定文书。

（二）会见犯罪嫌疑人并提供法律咨询

根据《刑事诉讼法》第三十七条的规定，辩护律师可以同在押的犯罪嫌疑人会见和通信。根据刑事诉讼法的规定，律师当然也可以会见未被羁押的犯罪嫌疑人，这种会见可以在律师事务所进行，除了要注意三类特殊案件需要经侦查机关许可之外，本部分不作专门介绍。因而，本部分所提及的会见，指的是辩护律师与被羁押的犯罪嫌疑人的会见。

律师前往羁押场所会见犯罪嫌疑人需要携带一些文件和证件。主要包括：委托人签署的授权委托书、律师事务所会见犯罪嫌疑人的律师事务所证明、律师本人的律师执业证，如果是三类特殊案件，还需要携带侦查机关批准会见的许可决定文书。

在会见犯罪嫌疑人时，律师应该在较短的时间内与其建立信任关系，消除其与辩护律

---

① 《人民检察院刑事诉讼规则（试行）》（2013 年 1 月 1 日最高人民检察院）第 45 条。

② 《公安机关办理刑事案件程序规定》（2013 年 1 月 1 日公安部）第 49 条第 5 款。

③ 特别重大贿赂犯罪案件是 3 日内，危害国家安全犯罪案件、恐怖活动犯罪案件是 48 小时内。

师谈话的顾虑，尽可能全面了解案件情况，并在法律允许的范围内向其提供法律咨询，使其了解其所涉案件的性质及法律后果。

（1）向犯罪嫌疑人了解案件情况

向犯罪嫌疑人了解案件的具体情况是律师为犯罪嫌疑人提供法律服务的基础，因此，律师应当尽可能全面了解案件的详细情况。但是，在第一次会见时，有的犯罪嫌疑人可能并不完全信任律师，而且出于为自己辩护的本能，可能不会全面地、如实地叙述案件的整个过程。此时，律师应该有清晰的头脑，当犯罪嫌疑人叙述的事实有矛盾时，应该善意提醒，并进一步说明律师工作的意义。也有的犯罪嫌疑人因为事先没有准备，见到律师之后急于表达自己的愿望，从而导致陈述时间过于冗长而毫无头绪。此时，律师应当及时打断，让犯罪嫌疑人的陈述回归到案件的具体情况中来。在会见时，最好由律师主导整个谈话过程，既要控制谈话的范围，又要让犯罪嫌疑人尽可能全面说明案件情况。

律师在了解案件的具体情况时，围绕“5W”原则（谁在什么时间、什么地方、因为什么、实施了什么行为），可以主要了解以下的案件情况：犯罪嫌疑人的自然情况；是否参与所涉的案件；案件的起因是怎么样的；怎样参与所涉案件；造成了什么后果；如何到案；到案后，人身权利以及诉讼权利是否受到侵犯；等等。

（2）为犯罪嫌疑人提供法律咨询

犯罪嫌疑人通常并不了解法律，尤其是刚被采取强制措施后，可能还没有时间利用看守所里的法律书籍了解自己的合法权益。因此，为犯罪嫌疑人提供法律咨询，是律师会见犯罪嫌疑人时的重要工作。为此，律师应该有足够的法律储备，并在会见犯罪嫌疑人之前做充分的准备。当然，有的犯罪嫌疑人并非不了解法律，有的犯罪嫌疑人甚至通过各种途径对所涉犯罪有了非常充分的了解。因而，犯罪嫌疑人的提问有时是想听听律师对相关法律规定的具体解释，也不排除有的犯罪嫌疑人通过提问的方式来考查律师的业务能力。因此，在给犯罪嫌疑人提供法律咨询时，应该尽可能全面详细。

根据《律师办理刑事案件规范（修改稿）》第三十三条的规定，律师会见犯罪嫌疑人时提供的法律咨询可以包括以下内容：有关强制措施的条件、期限、适用程序的法律规定；有关侦查人员、检察人员及审判人员回避的法律规定；犯罪嫌疑人对侦查人员的提问如实回答的义务即对本案无关的问题有拒绝回答的权利；犯罪嫌疑人有要求自行书写供述的权利，对侦查人员制作的笔录有核对、补充、改正、附加说明的权利以及在承认笔录没有错误后应当签名或盖章的义务；犯罪嫌疑人享有侦查机关应当将用作证据的鉴定意见向他告知的权利及可以申请补充鉴定或者重新鉴定的权利；犯罪嫌疑人享有辩护权；犯罪嫌疑人享有申诉权和控告权；刑法关于犯罪嫌疑人所涉嫌的罪名的有关规定；刑法关于自首、立功及其他相关规定；有关刑事案件侦查管辖的法律规定；其他有关法律问题。

当然，律师在提供上述法律咨询时，并无必要面面俱到。有些犯罪嫌疑人的权利，侦查机关在采取强制措施后第一次讯问时就已经告知了犯罪嫌疑人。此时，律师只要向其核实侦查机关是否已经告知即可。但对于其中比较重要的内容，律师有必要向犯罪嫌疑人再次强调，如核对笔录的权利、对鉴定及意见的知情权以及申请补充、重新鉴定的权利等。

法律咨询并非要告诉犯罪嫌疑人对抗侦查，而是保障其在刑事诉讼中的知情权等诉讼权利。因此，律师对于犯罪嫌疑人提出的如何回答侦查机关的提问、如何处理证据等咨询时，要注意回答的技巧。

(3) 制作会见笔录

犯罪嫌疑人叙述的案情中可能会有一些对其有利的事实和证据，但侦查期间比较长，律师很可能在会见一次之后长时间不会再会见，为了避免忘记这些对犯罪嫌疑人有利的事实和证据，并且为了给犯罪嫌疑人以工作认真负责的印象，律师应该在会见犯罪嫌疑人时及时制作会见笔录。这不仅是律师为犯罪嫌疑人服务的记录凭证，也是律师在侦查阶段必要时收集证据的线索。

会见结束时，最好让犯罪嫌疑人在会见笔录上签字。但需要注意的是，律师的会见笔录没有必要作为证据交给侦查机关。如果律师认为犯罪嫌疑人叙述的事实对其有利，应该嘱咐其将这些事实告知侦查机关，并要求侦查机关记录在讯问笔录中，并在确认无误后签字。

在会见过程中，律师也应该避免给犯罪嫌疑人冷冰冰的印象，这不利于日后工作的进一步开展。并且，犯罪嫌疑人在被限制人身自由的情况下，除了自身行为的刑法后果之外，最关心的就是其家人的情况。因此，除非和案件有关，律师在会见时也可以主动告知犯罪嫌疑人其家属的情况。这不仅可以缓解犯罪嫌疑人焦虑的心情，还可以增强犯罪嫌疑人对律师的信任。

二、为犯罪嫌疑人提供法律帮助

我国《刑事诉讼法》第六十四条规定，人民法院、人民检察院和公安机关根据案件情况，对犯罪嫌疑人、被告人可以拘传、取保候审或者监视居住。我国宪法第四十一条规定，对于任何国家机关和国家工作人员的违法失职行为，公民有向有关国家机关提出申诉、控告或者检举的权利。据此，律师在侦查阶段可以为犯罪嫌疑人提供的法律帮助包括向公安机关申请取保候审、监视居住和代理申诉和控告侦查机关的违法行为。另外，根据《刑事诉讼法》第一百四十六条的规定，犯罪嫌疑人对鉴定意见有异议时，可以申请补充鉴定或者重新鉴定。

(一) 申请取保候审

根据我国《刑事诉讼法》第六十五条的规定，当犯罪嫌疑人具备以下几种情形的时候，公安司法机关可以适用取保候审：(1)可能判处管制、拘役或者独立适用附加刑的；(2)可能判处有期徒刑以上刑罚，采取取保候审不致发生社会危险性的；(3)患有严重疾病、生活不能自理，怀孕或者正在哺乳自己婴儿的妇女，采取取保候审不致发生社会危险性的；(4)羁押期限届满，案件尚未办结，需要采取取保候审的。

为犯罪嫌疑人申请取保候审，就是要按照上述刑事诉讼法规定的条件，并以此为理由，向侦查机关提出申请。取保候审的条件中有的是客观条件，此时只要有证据证明犯罪嫌疑人符合具体条件即可。如患有严重疾病导致生活不能自理、怀孕或者正在哺乳自己婴儿的妇女、羁押期限届满等。有的是主观条件，此时需要律师以客观事实为基础，对其中“可能判处管制、拘役或者独立适用附加刑”、“不致发生社会危险性”等情形加以充分论证。需要注意的是，如果公安机关决定不适用取保候审时，律师有权根据《刑事诉讼法》第九十五条的规定，要求其说明不同意的理由。并且，根据《刑事诉讼法》第九十三条的规定，律师也可以向检察机关申请启动羁押必要性审查程序，由检察机关向公安机关建议变更强制措施。

申请取保候审是律师帮助犯罪嫌疑人及其家属行使权利，但律师的执业义务中并不包括充当犯罪嫌疑人取保候审的保证人或者为其缴纳保证金，因此当犯罪嫌疑人或者其家属有上述不当要求时，律师可以向其说明情况。

（二）申请监视居住

我国《刑事诉讼法》第七十二条规定，人民法院、人民检察院、公安机关对于符合逮捕条件，但有下列情形之一的犯罪嫌疑人、被告人，可以监视居住：(1)患有严重疾病、生活不能自理的；(2)怀孕或者正在哺乳自己婴儿的妇女；(3)系生活不能自理的人的唯一扶养人；(4)因为案件的特殊情况或者办理案件的需要，采取监视居住措施更为适宜的；(5)羁押期限届满，案件尚未办结，需要采取监视居住措施的。对符合取保候审条件，但犯罪嫌疑人、被告人不能提供保证人，也不交纳保证金的，可以监视居住。

当犯罪嫌疑人符合第一种、第二种和第五种情况下，律师应当为其申请取保候审。当犯罪嫌疑人属于第三种情况时，律师无法为其申请取保候审，但可以为其申请监视居住。并且根据上述规定，当犯罪嫌疑人符合取保候审条件，但无法提供保证人或者交纳保证金时，律师也可以为其申请监视居住。当犯罪嫌疑人符合相关条件时，律师首先应当为其申请取保候审，但当犯罪嫌疑人符合逮捕条件时，律师还应当注意可以为其申请监视居住，因为监视居住措施的强制性毕竟比羁押要轻。

（三）代理申诉、控告

我国《刑事诉讼法》第一百一十五条规定，当事人和辩护人、诉讼代理人、利害关系人对于司法机关及其工作人员的下列行为之一，有权向该机关申诉或者控告：(1)采取强制措施法定期限届满，不予释放、解除或者变更的；(2)应当退还取保候审保证金不予退还的；(3)对与案件无关的财物采取查封、扣押、冻结措施的；(4)应当解除查封、扣押、冻结不解除的；(5)贪污、挪用、私分、调换、违反规定使用查封、扣押、冻结的财物的。另外，根据我国《刑事诉讼法》第八条的规定，人民检察院依法对刑事诉讼实行法律监督。这里的法律监督按照《人民检察院刑事诉讼规则》的规定，在本阶段主要包括侦查活动监督、看守所执法活动监督等。对此，《人民检察院刑事诉讼规则》有明确规定，本部分不赘述。根据这些规定，在本阶段，律师代理申诉、控告的对象包括公安机关及其侦查人员以及看守所及其工作人员。律师可以就相关事项向公安机关或者检察院提起申诉或控告。

律师代理申诉和控告时，应当写成书面的申诉书或者控告书，向有关机关提交，申诉书或者控告书中应当写明申诉、控告人的申诉、控告事项；申诉、控告的事实和理由；申诉、控告的受理单位等内容。

（四）协助申请补充鉴定或者重新鉴定

在一些案件中，鉴定意见是决定犯罪嫌疑人有罪或者无罪、罪重或者罪轻的关键证据。刑事诉讼法明确要求侦查机关应当将用作证据的鉴定意见告知犯罪嫌疑人，犯罪嫌疑人对鉴定意见有异议时，可以申请补充鉴定或者重新鉴定。《公安机关办理刑事案件程序规定》第二百四十五条和第二百四十六条规定了应当补充规定或者应当重新鉴定的情形。因此，当发生需要补充鉴定或者重新鉴定的情形时，辩护律师应当协助犯罪嫌疑人提出申请。

需要注意的是，根据《关于实施刑事诉讼法若干问题的规定》，对犯罪嫌疑人作精神病鉴定期间不计算在办案期限内，而对于其他鉴定期间都应当计入办案期限。因此，辩护律师在协助犯罪嫌疑人申请补充或者重新鉴定时，应该向其说明办案期限的情况。

三、调查取证

如上文所述，我国《刑事诉讼法》第四十一条赋予了律师的调查取证权，并且根据第四十条的规定，当辩护人收集到的有关犯罪嫌疑人不在犯罪现场、未达到刑事责任年龄、属于依法不负刑事责任的精神病人的证据，应当及时告知公安机关、人民检察院。因此，辩护人在侦查阶段也具有调查取证权。当辩护人通过会见犯罪嫌疑人了解到的犯罪事实与向侦查机关了解的犯罪事实有很大的出入时，辩护人应该开展调查，尤其当涉及犯罪嫌疑人可能不构成犯罪的情况下，律师更应该主动开展调查，切实维护犯罪嫌疑人的权益。另外，如同上文所述，为了防止有利于犯罪嫌疑人的证据的灭失，律师也应当根据会见时犯罪嫌疑人提供的线索，收集有关的证据材料。

辩护律师既可以向证人或者其他有关单位调查取证，也可以向被害人或者其近亲属以及被害人提供的证人调查取证。但需要注意的是，当辩护律师向证人或者其他有关单位收集与本案有关的证据时，应当征得他们的同意；律师向被害人及其近亲属、被害人提供的证人收集与本案有关的证据时，不仅需要征得他们的同意，还要经人民检察院或者人民法院许可。另外，如果证人或者有关单位、个人不同意辩护律师向其收集调取与本案有关的证据材料时，辩护律师可以申请人民检察院、人民法院收集、调取证据。辩护律师应当以书面的形式提出申请，并说明理由，写明要收集、调取的证据材料的内容或者需要调查的问题的提纲。

辩护律师在收集证据的时候，应当由二人进行，持律师事务所的介绍信、出示律师执业证。在收集证据时，应当制作调查笔录，调查记录上应当载明调查人、被调查人、记录人的姓名、调查的时间、地点；等等。调查结束时，应当请被调查人在调查笔录上签字，必要时还应当邀请见证人，并在调查笔录上签字。辩护律师收集的物证、书证和视听材料应当提取原件，无法提取原件的，可以复制、拍照或录像，但应当附有证据提供者的说明。

四、向侦查机关提出法律意见

《刑事诉讼法》第一百五十九条规定，在案件侦查终结前，辩护律师提出要求的，侦查机关应当听取辩护律师的意见，并记录在案。辩护律师提出书面意见的，应当附卷。根据《公安机关办理刑事案件程序规定》，在案件侦查终结前，辩护律师提出要求的，公安机关应当听取辩护律师的意见，根据情况进行核实，并记录在案，辩护律师提出书面意见的，应当附卷。对辩护律师收集的犯罪嫌疑人不在犯罪现场、未达到刑事责任年龄、属于依法不负刑事责任的精神病人的证据，公安机关应当进行核实并将有关情况记录在案，有关证据应当附卷。

在侦查阶段，辩护律师主要会围绕强制措施的变更、羁押期限、不应追究刑事责任等情况提出意见，这些意见对于侦查机关是撤销案件，还是移送同级人民检察院审查起诉具有一定的影响。尤其是在涉及罪与非罪、此罪与彼罪的问题上，辩护律师更应该尽早提出辩护意见，提供证据支持或理论分析，以供公安机关参考。根据侦查终结案件移送审查起诉的条件，辩护律师侦查阶段对多数的案件提出法律意见时，主要可以针对案件事实是否清楚、证据是否确实充分、犯罪性质和罪名认定是否准确、是否应当追究刑事责任发表意见。尤其是对于重大、复杂、疑难的案件，辩护律师更应当充分论证，有理有据地向侦查机关提出法律意见。

第二节　审查起诉阶段的主要工作

审查起诉是指人民检察院对于侦查部门侦查终结后移送审查起诉的案件进行审查，以决定是否向同级人民法院提起公诉的活动。根据《刑事诉讼法》第一百六十八条的规定，审查起诉的内容包括：犯罪事实、情节是否清楚，证据是否确实、充分，犯罪性质和罪名的认定是否正确；有无遗漏罪行和其他应当追究刑事责任的人；是否属于不应当追究刑事责任的情形；有无附带民事诉讼；侦查活动是否合法等。人民检察院经审查后，如果认为事实清楚、证据充分，会作出提起公诉的决定；如果认为证据不充分时，可以要求公安机关补充证据；如果认为符合不起诉的条件的，会作出不起诉的决定。审查起诉是我国刑事诉讼过程中一个独立的诉讼阶段，是刑事诉讼不可缺少的环节。在审查起诉阶段，由于辩护律师可以通过阅卷而了解侦查机关掌握的案件事实，可以充分掌握侦查机关所获取的证据，因而能够就案件事实和证据情况发表无罪或者罪轻的实质性意见。在该阶段，辩护律师仍然应围绕案件的事实和证据开展工作，为犯罪嫌疑人提供服务。

一、到检察院查阅、复制案卷材料

我国《刑事诉讼法》第三十八条规定，辩护律师自人民检察院对案件审查起诉之日起，可以查阅、摘抄、复制本案的案卷材料。这一规定赋予了辩护律师的阅卷权，即辩护律师有权在该阶段到检察院查阅与案件有关的包括证据材料在内的案卷材料。

当案件移送到人民检察院审查起诉后，辩护律师应当及时与承办案件的检察人员取得联系，向其提交授权委托书、律师事务所函等材料，出示律师执业证，以表明已经接受犯罪嫌疑人的委托，正式介入案件审查起诉阶段的辩护工作。

案卷材料包括诉讼文书和证据材料，诉讼文书主要包括立案决定书、拘留证、批准逮捕决定书、逮捕决定书、逮捕证、起诉意见书等；证据材料主要包括对犯罪嫌疑人的讯问笔录、对被害人的询问笔录、鉴定意见书、证人证言、物证(照片)、视频资料等。律师到检察院阅卷，应当将重点放在证据材料的查阅上，对于立案决定书等诉讼文书，虽然可以据此了解案件的过程，但辩护律师一般很难对其提出实质性质疑，而且侦查机关一般也不会将一个明显超期羁押的案件送到检察院审查起诉。因此，诉讼文书对于本阶段的辩护工作意义不是很大。在审查起诉阶段，律师应该重点查阅侦查机关出具的审查起诉意见书、讯问笔录、询问笔录、证人证言、鉴定意见书等材料。律师可以在检察院指定的场所查阅案卷，也可以将案卷通过复印、扫描、拍照等方式将全卷复制后查阅。需要提请注意的是，有的案件的证据材料很多，有些书证等证据材料是重复的，没有必要全部复制。在共同犯罪的案件中，有的犯罪事实可能并不涉及辩护律师所代理的犯罪嫌疑人，对于无关的证据材料需要通过现场阅卷的方式进行筛选。

起诉意见书由侦查机关制作，是侦查机关案件侦查终结、将案卷移送人民检察院要求审查是否提起公诉的法律文书。通过查阅起诉意见书，辩护律师可以了解到侦查机关究竟侦查的是犯罪嫌疑人的何种行为以及侦查机关对这种行为的定性。起诉意见书是侦查机关对于其所侦查的案件的观点，辩护律师最终向公诉机关提交的辩护意见书也可以针对起诉意见书提出辩护意见。

证据材料是证明犯罪嫌疑人是否有罪以及犯罪性质的重要材料，因而是辩护律师阅卷的重点。对证据材料的充分掌握，是辩护律师在该阶段会见犯罪嫌疑人时核实证据以及最终向公诉机关提供辩护意见的基础，应当引起充分的重视。律师查阅证据材料，主要是弄清楚侦查机关所获取的这些证据能否证明犯罪嫌疑人的行为构成犯罪以及能否构成侦查机关所确定的犯罪。除此之外，辩护律师在查阅证据材料时，还要弄清楚侦查机关是否将全部的证据材料移送到检察院，尤其是侦查机关是否全部移送了对犯罪嫌疑人有利的证据。

二、分析案卷

在检察院查阅、复制案卷时，辩护律师可能在当时并没有足够的时间对案卷进行分析。因而，将案卷复制之后，辩护律师应该充分地对案卷进行细致的分析，以确定辩护的方向以及准备与犯罪嫌疑人会见时要核实的问题。对于案卷，辩护律师应该怀着质疑的态度，这种质疑包括以下几个方面，一是案件的事实是否清楚，二是证明案件事实的证据是否充分，三是案件的定性是否符合法律规定，四是是否可能存在有利于犯罪嫌疑人的事实和证据。

在分析案卷时，辩护律师应该根据案卷的材料在头脑中构建一个“故事”，在这个“故事”中，至少应该包括：1. 主体是谁？身份是否确定？（尤其是涉及身份犯的时候，主体身份的确定尤其重要）2. 发生了什么行为，该行为的起因是什么？3. 犯罪嫌疑人是如何介入到该行为当中的？4. 行为发生的过程如何？5. 被害人在其中的作用是什么？6. 行为的后果是什么，是如何发生的？（尤其是当涉及死亡结果的时候，分析行为与结果之间的因果关系很重要）7. 行为是如何被发现的？当然，“故事”的构建应当参照侦查机关的起诉意见书。

在分析案卷时，一个很重要的工作是对案卷中的证据材料的分析。如犯罪嫌疑人的供述前后是否一致，有无有利于其的供述在案卷中没有相关的证据材料；犯罪嫌疑人的供述与被害人的供述是否能够相互印证；对于鉴定意见，辩护律师可以对其质疑，即可以质疑鉴定人的鉴定资格、鉴定机构的鉴定资格，鉴定材料是否合法，鉴定方法是否合理，鉴定程序是否合法，等等。

在分析案卷的过程中，辩护律师应当对案卷中的不清晰或者可疑之处详细记录下来，这是辩护律师开展下一步工作的重要线索。

三、会见犯罪嫌疑人

与侦查阶段会见犯罪嫌疑人不同，在审查起诉阶段的会见应该立足于案卷的材料，深入地向犯罪嫌疑人询问案情，探查与案件有关的一切细节。

辩护律师在详细分析案卷之后，应该尽快到羁押场所会见犯罪嫌疑人。如果是首次会见，则可以同侦查阶段的会见一样，围绕“5W”原则了解案件的事实情况。如果辩护律师在侦查阶段就已经介入，并且已经对案件有所了解，则该次会见应该更详细地探查案件细节，尤其是有利于犯罪嫌疑人的案件细节。

在审查起诉阶段，犯罪嫌疑人一般已经在羁押场所关押了一段时间，已经经历了侦查人员的多次讯问，已经形成了固定的思维模式。因而，辩护律师在询问犯罪嫌疑人的时候，要注意引导犯罪嫌疑人对案件事实叙述的广度和深度，尤其是要围绕已经经过详细分析的案卷来引导犯罪嫌疑人对案件事实的叙述。辩护律师在该阶段会见犯罪嫌疑人，主要目的是通过这种深度对话，找到为其辩护的理由和根据。因此，辩护律师在与犯罪嫌疑人谈话的过程中，要注意发掘犯罪嫌疑人叙述的对其有利的蛛丝马迹，将有利的事实和情节发展成为辩护理由，对不利的事实早做准备，尽力为其作合理的解释，以消除指控的严厉性。

在会见过程中，辩护律师首先要用简短的提问让犯罪嫌疑人尽可能充分地回忆案件的细节，当发现可能对其有利的事实时，可以进一步以提示性的方式进行追问，以尽可能多地获得对其有利的案件细节。

辩护律师在会见时应当制作会见笔录，并交由犯罪嫌疑人确认无误时签字确认。我国《刑事诉讼法》规定，自案件移送审查起诉之日起，辩护律师可以向犯罪嫌疑人、被告人核实有关证据。因而，在会见过程中，辩护律师也可以就案卷中的证据向犯罪嫌疑人核实，并听取其对证据的看法。但是，如果辩护律师是第一次会见犯罪嫌疑人，则尽量不要核实证据，而是尽量听取犯罪嫌疑人对案件事实的叙述，以免给犯罪嫌疑人圈定谈话范围，从而不利于发现有利于犯罪嫌疑人的事实。

四、调查取证

与侦查阶段不同，在审查起诉阶段，辩护律师通过详细地分析案卷以及会见犯罪嫌疑人之后，对于案件的情况已经有了非常深入的了解。在侦查起诉阶段，辩护律师虽然也可以调查取证，但由于对侦查机关掌握的证据材料不了解，并且对于犯罪嫌疑人自身叙述的事实无法辨明真伪，因而调查取证工作的方向不明确。在审查起诉阶段，辩护律师可以围绕侦查机关掌握的证据以及犯罪嫌疑人的详细叙述，收集有利于犯罪嫌疑人的相反的证据。

律师在审查起诉阶段调查取证的目的是为了用相关的证据说服检察院对犯罪嫌疑人作出不起诉的决定，或者说服检察院以较轻的罪名作出指控，或者向法院作出较轻的量刑建议。

所谓对犯罪嫌疑人有利的事实、情节包括犯罪嫌疑人的犯罪主体资格是否具备，如是否因年龄或者精神状态而不具备或者不完全具备刑事责任能力，在身份犯中，犯罪嫌疑人是否具有刑法要求的身份；犯罪嫌疑人的主观状态如何，如犯罪嫌疑人是直接故意还是间接故意，是故意还是过失，还是意外事件，是否有目的犯中所要求的犯罪目的等；犯罪嫌疑人是否有不在场或者不具有作案时间的证据，是否有正当防卫或者紧急避险或者超法规的排除犯罪的事由；犯罪嫌疑人是否有其他的法定或者酌定的可以从轻或者减轻的情节，如是否犯罪未遂、犯罪中止或者犯罪预备，是否在共同犯罪中处于从犯或者胁从犯的地位，是否已经赔偿了被害人并取得了谅解，有无自首、立功的情节；等等。

需要注意的是，虽然侦查机关有义务调查、收集犯罪嫌疑人有罪、无罪或者罪轻的所有证据，但在司法实践中，侦查机关收集的更多的还是犯罪嫌疑人有罪的证据。因而，犯罪嫌疑人的权利还是主要由辩护律师来保障，收集对犯罪嫌疑人有利的证据就是为了充分保障其权利。

辩护律师收集证据的方式包括访问证人、访问被害人、勘查现场、收集物证和书证及视听资料、就鉴定意见咨询专家。在特殊情况下，当辩护律师自身无法收集相关证据的时候，还可以申请检察院调取、收集证据。就收集证据的过程中需要注意的事项分述如下：

1. 访问证人、被害人或其提供的证人。在访问证人的时候，要征得其同意。在访问被害人及其提供的证人的时候，不仅要征得其同意，还要征得检察机关的同意。无论是证人还是被害人，辩护律师在访问之前要注意调查其是否是限制行为能力人，是否是案件的直接目击者。在访问的过程中要注意制作调查笔录，记录的内容要注意全面、忠实于谈话的过程。在访问过程中一定不能诱供和逼供。如果访问的笔录对于在审查起诉阶段的辩护很重要，也不要轻易将自行调查的证据直接提交给检察院，一方面可以请公证人员对取证过程现场公证(可能性很小)，另一方面是要求检察院调取相关证据(检察院介入时,获取的证言不一定对犯罪嫌疑人有利)。最稳妥的办法是将谈话笔录作为工作备忘录，在庭审过程中通过法庭传唤证人出庭作证。如果非常有必要，可以对取证过程全程录像，从而减少争议以及避免日后不必要的麻烦。在形式要件上，调查笔录应该注明调查的时间、地点(最好是律师事务所)、受访者、调查人和记录人、公证员(若有)。辩护律师在收集物证、书证及视听资料的时候，同样要注意形式要件的满足，必要时也要注意对收集的过程全程录像。在司法实践中，辩护律师访问被害人或其提供的证人的可能性很小。即使能够有机会进行访问，也要注意即使检察院许可，其也同意接受辩护律师的调查，但他们几乎都不会积极主动配合律师的调查。因此，辩护律师在与其谈话的时候，不仅要注意语气，还要注意不要对其予以过度追问。辩护律师不能指望将这一访谈笔录作为对犯罪嫌疑人有利的证据，这一访谈的价值更多地在于谈话内容能否印证辩护律师对于案件的观点。如果辩护律师认为被害人或其提供的证人可能对犯罪嫌疑人有利，应当在庭审阶段通过法庭要求其出庭作证。在访问过程中，辩护律师也可以将问题以诱导性的方式提出，通过观察被害人或者其提供的证人的反应来判断是否存在有利于犯罪嫌疑人的事实。

2. 勘查现场。在勘察现场的时候，要注意现场的一切细节，尤其要注意案发现场周围有无可能记录案发时现场情况的摄像设备，如道路交通违法摄像机等。由于辩护律师代理案件后，特别是接受凶杀、伤害一类的案件后，往往距离案发已经过了一段时间，在现场基本上已经没有什么痕迹了。虽然此时律师勘探现场并不一定能够获取有价值的证据，但如果能够通过犯罪现场的感受激发辩护灵感就是有意义的，如果能够在案发现场收集到一些有价值的证据或者辩护线索，则更有意义。辩护律师不应该放弃任何发现对犯罪嫌疑人有利线索的机会。

辩护律师勘探现场也应该做好记录，这不仅是律师积极开展辩护工作的证据，更是日后回忆案件细节、增加辩护可信度的依据。但律师的记录本身不是证据，无须向检察院或者法庭出示。但如果必要，律师可以据此向检察院或者法院申请调查取证。

3. 咨询专家。鉴定意见是法定的证据形式之一，如伤残鉴定、死亡鉴定、财物价值评估等。很多涉及财产犯罪、暴力犯罪的案件一般都会有鉴定意见。辩护律师在调查取证的过程中，必要时也应当就鉴定意见中的专业问题咨询相关的专家。

辩护律师咨询专家不是为了获取专家的意见作为证据，而是通过对专家的咨询了解代理的案件有无值得怀疑的地方，是否有必要申请重新鉴定。而且，在一般情况下，相关领域的专家也会因各种原因拒绝就案件情况作出正式的答复。因此，辩护律师在咨询专家的时候，应该以谦逊的态度就专业领域的一般性问题进行咨询，不要纠缠于个案的具体情况。经过咨询之后，辩护律师可以就咨询所获得的一般性专业知识应用于对所代理的案件的解释，从而获得有利于犯罪嫌疑人的辩护事由。

在多因一果的案件中，咨询专家的意见对于案件的辩护工作有很大的帮助。因而，在一些特殊的案件中，辩护律师不应当忽视咨询专家的重要意义。

五、发表辩护意见

根据刑事诉讼法的规定，人民检察院审查案件，应当听取辩护人的意见，并记录在案，辩护人提出书面意见的，应当附卷。在审查起诉阶段，由于辩护律师对案件有了非常充分的了解，应当向检察院发表对犯罪嫌疑人有利的辩护意见。

辩护律师在审查起诉阶段发表辩护意见，不是要通过反对控方的证据来否定对犯罪嫌疑人的指控，而是重在提出对犯罪嫌疑人有利的事实，提出证明这些事实和情节的证据或者提供证据线索，或者通过法理论证犯罪嫌疑人构成较轻的犯罪，或者根本不构成犯罪。在审查起诉阶段，辩护律师能够做到的最好的结果是通过已有的或者收集到的事实和证据，通过法律论证，争取检察机关作出不起诉的决定。另一个比较成功的结果就是促使检察机关以一个比侦查机关的起诉意见书中认定的罪名较轻的罪名提出公诉。如果前两者都没有足够的依据，则辩护律师还可以争取检察机关作出较轻的量刑建议。总之，辩护律师在审查起诉阶段应当围绕案件的事实和证据，有理有据地向检察机关发表辩护意见，维护犯罪嫌疑人的权益。

（一）争取检察机关作出不起诉的决定

不起诉是指检察机关对侦查机关侦查的案件在进行依法审查之后，依照刑事诉讼法规定的情形，作出不将犯罪嫌疑人交付法院审判的决定。根据我国《刑事诉讼法》和《人民检察院刑事诉讼规则》的规定，不起诉可以分为法定不起诉、酌定不起诉和证据不足不起诉。

《刑事诉讼法》第一百七十三条第一款规定，犯罪嫌疑人没有犯罪事实，或者有《刑事诉讼法》第十五条规定的情形之一的，人民检察院应当作出不起诉的决定。这是关于法定不起诉的规定。《刑事诉讼法》第十五条规定，当具有以下情形的，不追究刑事责任，已经追究的，应当撤销案件，或者不起诉，或者终止审理，或者宣告无罪：(1)犯罪情节显著轻微、危害不大，不认为是犯罪的；(2)犯罪已过追诉时效期限的；(3)经特赦令免除刑罚的；(4)依照刑法告诉才处理的犯罪，没有告诉或者撤回告诉的；(5)犯罪嫌疑人、被告人死亡的；(6)其他法律规定免于追究刑事责任的。

《刑事诉讼法》第一百七十三条第二款规定，对于犯罪情节轻微，依照刑法规定不需要判处刑罚或者免除刑罚的，人民检察院可以作出不起诉决定。这是关于酌定不起诉的规定。

《刑事诉讼法》第一百七十一条第四款规定，对于二次补充侦查的案件，人民检察院仍然认为证据不足，不符合起诉条件的，应当作出不起诉的决定。《人民检察院刑事诉讼规则》第四百零三条第二款规定，人民检察院对于经过一次退回补充侦查的案件，认为证据不足，不符合起诉条件，且没有退回补充侦查必要的，可以作出不起诉的决定。这是关于证据不足不起诉的规定。并且《人民检察院刑事诉讼规则》第四百零四条对于何种情形属于证据不足，不符合起诉条件，不能确定犯罪嫌疑人构成犯罪和需要追究刑事责任的情形进行了详细的规定，即(1)犯罪构成要件事实缺乏必要的证据予以证明的；(2)据以定罪的证据存在疑问，无法查证属实的；(3)据以定罪的证据之间、证据与案件事实之间的矛盾不能合理排除的；(4)根据证据得出的结论具有其他可能性，不能排除合理怀疑的；(5)根据证据认定案件事实不符合逻辑和经验法则，得出的结论明显不符合常理的。对于证据不足不起诉来说，如果发现了新的证据，符合起诉条件时，人民检察院也可以提起公诉。

在审查起诉阶段，辩护律师能够提请人民检察院作出不起诉的决定，就是根据案件的事实和证据分析案件是否符合上述各种类型的不起诉的规定。在司法实践中，法定不起诉适用的情形较少，这是因为如果符合法定不起诉的条件的话，侦查机关在一开始就不可能立案，或者在立案后也会及时撤销案件，不会进入到审查起诉阶段。对于酌定不起诉来说，辩护律师可以论证案件属于情节轻微的情形，从而提请检察机关作出不起诉的决定。在共同犯罪中，可以针对从犯、胁从犯进行这样的辩护。尤其在聚众类共同犯罪中，可以针对一般参加者进行这样的辩护。在论证情节轻微时，辩护律师还可以针对案卷中的法定从轻、减轻情节进行论证，如自首、立功、犯罪中止、犯罪预备、未造成后果的犯罪未遂等。总体来说，在进行酌定不起诉的辩护时，辩护律师应当主要围绕案件的后果以及刑法中关于从轻、减轻处罚的法定情节进行论证。另外，应当注意的是，刑事诉讼法中规定的刑事和解也是检察机关考虑的作出不起诉决定的理由，辩护律师在争取酌定不起诉时，也可以围绕刑事和解开展工作。在司法实践中，辩护律师经常遇到的是作证据不足不起诉的辩护。在作这样的辩护时，律师的重要工作就是分析案卷中的证据材料是否属于证据不足、不符合起诉条件的情形。在论证时，辩护律师一方面要注意适用《人民检察院刑事诉讼规则》第四百零四条的规定，分析现有证据能否证明案件事实，另一方面，辩护律师也要注意分析案件是否符合《刑事诉讼法》第一百七十二条规定的符合提起公诉的条件。

（二）争取检察机关以较轻的罪名提起公诉

如果辩护律师通过对案卷的分析，认为没有足够的理由向检察院提出不起诉的请求，则辩护律师还可以争取检察机关以较轻的罪名提起公诉。

不可否认的是，同样的行为，如果行为主体不同、行为人的主观心态不同、侵犯的法益不同，其刑法后果会有很大的差别。例如，同样的窃取行为，如果是国家工作人员利用职务之便窃取则是贪污罪，如果是非国家工作人员利用职务之便窃取则是职务侵占罪，如果普通的窃取就是盗窃罪，而行为人构成不同的犯罪，其刑法的后果显然是不同的。辩护律师争取检察机关以较轻的罪名提起公诉，就是要求辩护律师通过对案卷的事实和证据的分析，以充分的理论论证犯罪嫌疑人的行为构成一个较侦查机关所确定的罪名要轻的犯罪，从而为犯罪嫌疑人争取较轻的刑法后果。

在刑法当中，对同样的行为因为侵犯法益的不同或者因为行为人的主观心态的不同而规定不同的罪名是一个比较常见的现象。例如，对于骗取财物的行为，刑法根据骗取行为侵犯法益的不同，不仅规定了普通的诈骗罪，而且规定了金融诈骗罪和扰乱市场管理秩序的合同诈骗罪，还规定了妨害社会管理秩序的招摇撞骗罪等。再如，致人死亡的行为，刑法规定了故意杀人罪、过失致人死亡罪以及将致人死亡的结果规定为构成犯罪的情节或者作为结果加重犯予以规定。因此，辩护律师争取检察机关变更罪名时，应当储备足够的理论基础，围绕案件的事实和证据进行充分的论证。

（三）争取检察机关作出较轻的量刑建议

虽然向法院提出量刑建议不是检察机关的义务，但是辩护律师可以通过对案卷中的量刑情节的分析，争取检察机关向法院提出较轻的量刑建议。

《人民检察院刑事诉讼规则》第三百九十九条规定，人民检察院对提起公诉的案件，可以向人民法院提出量刑建议。除有减轻处罚或者免除处罚的情节外，量刑建议应当在法定刑幅度内提出，建议判处有期徒刑、管制、拘役的，可以具有一定的幅度，也可以提出具体确定的量刑建议。如果检察机关提出量刑建议的，可以制作量刑建议书，与起诉书一起移送人民法院。量刑建议书的主要内容包括被告人所犯罪行的法定刑、量刑情节、人民检察院建议人民法院对被告人处以刑罚的种类、刑罚幅度、可以适用的刑罚执行方式以及提出量刑建议的依据和理由等。

由于法律对于检察机关的量刑建议不是强制性规定，因而在司法实践中，很多检察机关由于各种原因并不愿意制作量刑建议书。此时，辩护律师应当发挥作用，争取检察机关作出有利于犯罪嫌疑人的量刑建议。这种量刑建议的辩护更需要辩护律师对于法定量刑情节的熟悉和准确运用，例如犯罪嫌疑人的行为是既遂还是未遂、是主犯还是从犯、是一罪还是数罪对其量刑都会产生非常重要的影响。辩护律师应该充分掌握相关的理论，对涉及量刑建议的法定情节依照案卷的事实和证据进行充分的论证，争取说服检察院作出有利于犯罪嫌疑人的量刑建议。必要的时候，辩护律师还应该根据上述规定，制作出标准格式的量刑建议，以提交给检察机关参考。

当然，在审查起诉阶段，辩护律师除了上述工作之外，仍然可以为犯罪嫌疑人提供法律帮助，包括申诉、控告、取保候审等。

第三节　庭审之前的准备工作

人民检察院经审查之后，认为应当追究刑事责任的，将向同级人民法院提起公诉，并向人民法院移送案卷材料。人民法院对提起公诉的案件进行审查后，对于起诉书中有明确的指控的犯罪事实的，应当决定开庭审判。自受理案件之日，辩护律师就应该全力以赴为案件的一审开庭审理作充分准备，这种准备工作包括尽快与办案法官取得联系，查阅、分析案卷材料；去羁押场所会见被告人；收集对被告人有利的证据；与被告人商定辩护策略及其为开庭进行其他准备工作。

一、查阅、分析案卷材料

检察院在对案件审查之后，如果决定提起公诉，会出具起诉书。起诉书是对指控的犯罪事实进行简单描述，对其进行定性，要求人民法院判处被告人刑罚的法律文书。辩护律师接受委托介入案件之后，应当尽早与办案法官取得联系，向其提交委托手续，并查阅案卷。在司法实践中，有的辩护律师认为在审查起诉阶段已经全面查阅了案卷，送到法院的案卷材料不会有很大变化，因而不去法院阅卷。但需要注意的是，如果不去法院阅卷的话，辩护律师将无法掌握在审查起诉阶段检察机关获取的证据情况，也无法了解检察机关在起诉书中对案件的观点。因此，在庭审之前尽早到法院阅卷是辩护律师应当履行的重要职责。

在法庭审理阶段，律师到法院查阅案卷的目的在于全面了解案件的情况，尤其是公诉机关对案件的态度，为法庭辩护作准备。在阅卷的过程中，辩护律师应当做到全面仔细，认真审查每一份证据，查找对犯罪嫌疑人有利的情节。当然，辩护律师可以将案卷全卷复印，带回办公场所仔细查阅。辩护律师在法院审理阶段查阅案卷，重点是研究起诉书、被告人口供、主要的证人证言、被害人询问笔录、重要的物证书证、鉴定意见等，因为这些证据材料是检察机关指控被告人有罪的核心证据。律师在法庭审理阶段的阅卷应当全面仔细，不放过任何对被告人有利的事实和证据。在阅卷过程中，辩护律师应当对每一份证据材料都从公诉和辩护两个角度进行思考，即该份证据从公诉的角度来说，其有何优势和缺陷，从辩护的角度来说，如何化解其指控有罪的证明力，如何攻击其中存在的缺陷。并且，辩护律师在阅卷的过程中，最好是制作阅卷笔记，对阅卷过程中的证据情况和当时的质证思路予以记载，以便庭审的时候有的放矢。通过全面而详细的阅卷，辩护律师至少应当做到充分掌握：被告人的自然情况；被告人被指控的犯罪的时间、地点、动机、目的、手段、后果以及其他定罪量刑的情节；被告人无罪、罪轻的事实和证据；证人、鉴定人、勘验笔录制作人的情况；被害人的情况；侦查、审查起诉阶段的各种法律手续是否合法、齐备；鉴定意见及其理由；同案犯的情况；证据的“三性”是否具备；证据本身以及证据之间有无矛盾之处；等等。

辩护律师法庭审理阶段的阅卷与审查起诉阶段的阅卷的不同之处在于，审查起诉阶段的阅卷主要是为了发现对犯罪嫌疑人有利的事实和证据，从而争取检察院作出不起诉决定，或者变更较轻的罪名起诉，或者给出较轻的量刑建议，而没有必要过分关注证据本身存在的问题。在法庭审理阶段的阅卷，辩护律师可以针对证据本身发表意见，削弱甚至排除证据对于案件事实的证明力，因而对于每一份证据的形式要件也要进行仔细审查。也就是说，辩护律师在法庭审理阶段进行阅卷时，应当怀有挑剔和质疑的目光，寻找公诉机关指控的犯罪事实中的漏洞和可疑之处。这种质疑不仅包括对证据本身证明力的质疑，还包括对证据获得程序是否合法的质疑。至于如何质疑各种类型的证据，可以参照刑事诉讼法解释中司法机关审查证据要求的相关规定。

二、会见被告人

在充分详细查阅案卷，对公诉机关指控的犯罪事实和证据全面掌握之后，辩护律师就应当尽快到羁押场所会见被告人。律师在法院审理阶段会见被告人的时候，如果此前已经会见过，已经尽可能全面地了解案情的话，则此时的工作重点应该放在核实案件事实和案卷材料中的矛盾和疑点，听取被告人的意见，与被告人讨论辩护方向，告知庭审程序；等等。辩护律师在法院审理阶段会见被告人之前，被告人已经详细阅读过起诉书，并且经过长时间的关押与讯问，被告人已经对案件事实十分清楚。此时，辩护律师无须对通过该次会见能有新的收获抱有期望，而是通过会见尽早确定辩护方向。在会见的过程中，辩护律师应该坦诚地告知被告人案卷材料对其有利和不利之处，听取其意见，为其详细分析不同的辩护方向对其有利之处和不利之处，并告知庭审程序，使其有一定的心理准备。

（一）与被告人核实案件事实和证据材料

在核实案件事实和证据材料的过程中，辩护律师应当重点了解以下情况：(1) 被告人对起诉书的意见，即是否承认起诉书指控的罪名、指控的事实是否准确、起诉书中的从重情节是否存在、是否存在起诉书中没有写明的从宽处罚的情节等；(2)对自身的讯问笔录的意见，即讯问笔录中记录的事实是否准确，有无在法庭上需要补充说明的情况；(3)对被害人询问笔录的意见，即被害人的陈述中有无不准确的地方，能否提供证据或者证据线索予以证明；(4)对证人证言的意见，即该证人是否与待证事实有利害关系，证人证言中有无不准确的地方，能否提供证据或者证据线索予以证明；(5)对物证、书证的意见；(6)对视听资料、电子数据等其他证据的意见。在了解的过程中，辩护律师也应当向被告人分析每种证据对待证犯罪事实的有利和不利之处，听取被告人对其中不利之处的辩解意见。

在实务中，有些被告人面对律师的会见，会推翻其之前在侦查阶段和审查起诉阶段所作出的有罪供述，而改为辩称自己无罪。被告人的翻供一般出现在庭审过程中，但在庭审之前与律师的会见过程中，被告人有时也会否定自己之前的供述。被告人翻供的现象在实践中也会出现，有的是因为确实受到了刑讯逼供，不得不作出有罪供述，而有的是因为其认为没有什么希望而做出的最后一搏。

面对被告人的突然翻供，辩护律师应该从容应对。如果被告人认为是因遭受刑讯逼供而不得不作出的有罪供述，则辩护律师应当向羁押场所了解送到该场所时被告人的身体状况，了解侦查机关每次提讯、交接的记录，查看讯问时的录像，从而确认侦查机关是否有非法取证的情况的存在。如果有理由相信被告人受到了刑讯逼供，则辩护律师应当向法庭申请非法证据排除，如果没有证据证明被告人受到了刑讯逼供，则辩护律师应当向被告人说明情况，告知其没有证据的翻供并没有什么实际意义。

（二）与被告人商定辩护方向

辩护方向是辩护律师在庭审过程中给被告人作无罪辩护、有罪辩护还是罪轻辩护。辩护方向是律师的辩护目标，可以指引律师辩护策略的选择。在确定辩护方向之前，律师应当与被告人协商，征求被告人的意见。在与被告人商定辩护方向时，律师应当客观地为被告人梳理案件的情况，为被告人分析案件对其有利之处和不利之处，不利之处能否得到合理的解释。在确定辩护方向时，律师也应该给被告人以建议。但是，选择罪轻辩护是以被告人已经构成犯罪为前提的，这意味着被告人丧失了通过审判获得自由的希望，这关乎被告人重大的人身利益，因而辩护方向的最终决定权应该交给被告人。如果被告人的立场与辩护律师的立场不一致，尤其是被告人选择作无罪辩护，而律师根据案卷材料的分析和对法律的理解认为无法作无罪辩护，则律师应该告知被告人，让其另行委托律师辩护，以免妨碍被告人辩护权的行使。在确定辩护方向后，律师应该告知被告人在庭审时的立场要与其一致。

（三）告知被告人庭审程序

在实务中，很多被告人是第一次犯案，没有法庭审理的经历。很多被告人从相对熟悉的羁押环境被押送到法庭，面对庄严肃穆的法庭氛围和严肃威严的法官时，会感到紧张而思维混乱，这会严重影响其辩护权利的正常行使。因此，辩护律师在开庭之前，应该专门会见被告人一次，尽可能详细地向其介绍法庭的布局以及一审开庭审理的全部程序以及在审理程序的各个阶段，被告人享有的诉讼权利和义务等，以缓解被告人真正开庭时的不安和恐慌。辩护律师的介绍应该细致有序，甚至包括法庭的大小、法官的衣着、法警的位置、检察官和律师的位置等。

三、调查取证

在审查起诉阶段，律师调查取证的目的主要是为了寻找对犯罪嫌疑人有利的证据和线索，通过自行收集或者申请人民检察院调取的方式，说服检察院作出不起诉、变更较轻的罪名起诉或者作出较轻的量刑建议等有利于犯罪嫌疑人的决定。而在法院审理阶段，辩护律师除了需要继续寻找对被告人直接有利的证据之外，还可以寻找否定检察院指控被告人有罪证据的相反证据，从而否定有罪证据或者削弱有罪证据的证明力。因而，在法院审理阶段，辩护律师调查取证不仅是必要的，而且是十分重要的。直接寻找有利于被告人的证据的方法在上文已有介绍，本部分重点介绍如何寻找否定或者对抗控方证据的证据。

（一）寻找否定或者对抗控方证据合法性的证据

如果证据来源不合法，该证据根据刑事诉讼法的规定就应该排除。不合法的证据，主要指的是经过非法途径或者不符合程序要求取得的证据。如通过刑讯逼供或者以威胁、引诱、欺骗等非法方式获得的证据，通过非法搜查获得的证据。具体来说，辩护律师可以围绕下列情形收集证据：收集物证、书证的收集程序、方式违反法律及有关规定；证言的取得程序、方式是否违法，如有无使用暴力、威胁、引诱、欺骗以及其他非法手段取证的情形，有无违反询问证人应当个别进行的规定，笔录是否经证人核对确认并签名、捺指印，询问未成年人证人，是否通知了其法定代理人到场，其法定代理人是否在场等。根据刑事诉讼法的司法解释，没有个别询问而取得的证言、没有经证人核对确认并签名、捺手印的证言以及询问聋哑人或者不通晓当地通用语言、文字的少数民族人员、外国人，应当提供翻译而未提供的证言，不能作为定案的根据；被告人的讯问时间、地点、讯问人的身份是否符合法律规定，讯问被告人的侦查人员是否不少于二人，讯问被告人是否个别进行，讯问笔录的制作、修改是否符合法律规定，首次讯问时是否告知被告人的相关诉讼权利，被告人是否核对确认并签名、捺手印，是否有不少于二人的讯问人签名，讯问聋哑人、少数民族人员、外国人时是否提供了通晓聋哑手势的人员或者翻译人员，讯问未成年人同案犯时，是否通知了其法定代理人到场，其法定代理人是否在场；鉴定意见中的鉴定人是否存在应当回避而未回避的情形，鉴定机构和鉴定人是否具有合法的资质，鉴定程序是否符合法律的规定；勘验、检查笔录是否依法进行，笔录的制作是否符合法律规定，勘验、检查人员和见证人是否签名或者盖章，固定证据的形式、方法是否规范；视听资料的来源是否合法，制作过程中当事人有无受到威胁、引诱等违反法律规定的情形，是否载明制作人或者持有人的身份，制作的时间、地点和条件以及制作方法；电子证据的制作、储存、传递、获得、收集、出示等程序和环节是否合法，取证人、制作人、持有人、见证人等是否签名或者盖章。

（二）寻找否定或者对抗控方证据真实性的证据

辩护律师可以围绕下列情形收集否定或者对抗控方证据之真实性的证据：物证、书证在收集、保管及鉴定过程中是否受到破坏或者改变，书证是否被更改；证人作证时的年龄、认知水平、记忆和表达能力，生理上和精神上的状态是否影响作证，证人与案件的当事人、案件处理结果有无利害关系。根据司法解释的规定，明显醉酒、麻醉品中毒或者精神药物麻醉状态，以致不能正确表达的证人所提供的证言，不能作为定案的根据；被告人的供述和辩解是否符合常理，有无矛盾之处，与其他证据能否相互印证；鉴定程序、方法是否错误，鉴定对象与送检材料、样本是否一致，送检材料、样本来源是否明确，是否被污染而不具备鉴定条件，鉴定是否违反鉴定特定标准；勘验、检查时是否准确记录了时间、地点、在场人员、现场方位、周围环境等，是否准确记载了现场、物品、人身、尸体等的位置、特征等详细情况以及勘验、检查、搜查的过程，文字记载与实物或者绘图、录像、照片是否相符，现场、物品、痕迹等是否被破坏或者伪造，是否原始现场，人身特征、伤害情况、生理状况有无伪装或者变化等；视听资料的内容和制作过程是否真实，有无经过剪辑、增加、删改、编辑等伪造、变造的情形；电子证据的内容是否真实，有无剪裁、拼凑、篡改、添加等伪造、变造情形；辨认是否在侦查人员的主持下进行的，辨认人在辨认前是否见到辨认对象，辨认人的辨认活动是否个别进行，辨认对象是否混在具有类似特征的其他对象中，辨认的对象数量是否足够，辨认中有无他人给辨认人明显暗示或者明显有指认嫌疑。

（三）寻找否定或者对抗控方证据关联性的证据

辩护律师可以围绕下列情形收集否定或者对抗控方证据关联性的证据：物证、书证与案件事实有无关联，如现场遗留的与犯罪有关的具备检验鉴定条件的血液、毛发等是否通过鉴定与被告人或者被害人的特征一致；鉴定意见与待证事实有无关联；视听资料的内容与案件事实有无关联；电子证据与案件事实有无关联。

在实务中，辩护律师收集的证据只要能否定控方证据即可，没有义务收集证明事实真相的证据。如律师只要能够证明案件中作为物证的棍棒与本案无关即可，即只要证明被害人的伤情不可能是由棍棒导致的就可以排除棍棒与本案的关联性。再如，在失火案中，控方认为失火的原因是因为被告人吸烟导致的，辩护律师只要能够证明在当时的情况下，电焊也可能导致火灾的发生即可，而没有必要去证明火灾到底是如何发生的。

四、选择辩护策略

检察机关在公诉书中都会就案件事实的认定及其证据目录以及案件的法律适用问题进行说明。辩护律师在经过阅卷、会见被告人商定辩护方向以及调查取证之后，应该围绕辩护方向确定辩护策略。一般来说，为实现无罪辩护的目标，辩护律师可以针对案件事实、证据情况以及法律适用展开辩护；为实现罪轻的辩护目标，辩护律师可以主要针对法律适用，尤其是犯罪情节的适用展开辩护。

（一）事实辩护

辩护律师可以从两个途径开展事实辩护，一是运用案卷材料中的证据以及调查取证获取的证据，讲述一个与公诉机关所构建的事实完全不同的事实，二是运用证据否认公诉机关所指控的部分事实，从而削弱甚至化解公诉机关指控的事实基础。

事实辩护可以分为犯罪成立条件是否具备的事实辩护与犯罪情节是否存在的事实辩护。对于前者来说，主要是围绕犯罪成立的积极条件和消极条件两个方面来展开；对于后者来说，主要是围绕刑法中规定的法定和酌定的量刑情节展开。如果辩护律师能够证明犯罪成立的事实不存在或者具备排除犯罪的事由，则犯罪不能成立；如果辩护律师能够证明具有从宽处罚的情节，则可以为被告人争取从宽的处罚。具体来说：

首先，针对犯罪成立的积极要件，辩护律师可以从主体资格是否具备，行为是否被告人实施，结果是否被告人造成，主体是否具有主观上犯意或者是否具备目的犯中的特定犯罪目的等。从行为主体的角度来说，主体是否达到了刑事责任年龄、是否具有刑事责任能力，是否盲聋哑人，行为人是否具备身份犯中所要求的身份，是单位犯罪还是个人犯罪等，对于行为人是否构成犯罪，是否应当从宽处罚具有十分重要的意义。尤其是对于身份犯来说，如果行为主体不具备特殊身份的话，则不能构成相关的犯罪，如贪污罪。从行为本身来说，辩护律师可以提出证据证明在案发当时被告人不在犯罪现场或者根本没有作案时间。有的犯罪的成立需要特定的犯罪对象，如虐待罪的对象必须是共同生活的家庭成员。有的犯罪的成立需要特定的犯罪结果，如对于所有的过失犯罪来说，必须造成一定的后果才能成立犯罪。因果关系的存在，是将危害后果归结于行为人必须具备的要素，如果能够证明虽然发生了一定的后果，但如果能够说明该后果不是由行为人的行为造成的，也可以排除犯罪的成立，或者至少能够减轻行为人的罪责。如在失火案件中，如果能够证明火灾所造成的后果不是因为行为人的吸烟乱扔烟头所导致的，而是因为他人电焊的火花所导致的，则即使行为人在禁烟场所吸烟，也不能认为行为人构成失火罪。在杀人的案件中，如果被害人死亡的结果不是由于行为人的杀人行为造成的，而是因为送往医院的过程中由于发生车祸造成的，则行为人的杀人行为就是未遂，是法定的从宽处罚的事由。从主观层面来说，辩护律师可以围绕行为人在当时的环境下是否具有故意和过失展开辩护，如果事实指向的是意外事件，则行为人不负刑事责任。如果检察机关指控的是故意犯罪，而事实指向的过失，则行为人的刑事责任要小得多，如失火罪的刑事责任要比放火罪的刑事责任不可同日而语。刑法中的一些犯罪是目的犯，如果行为人不具有特定目的的话，也不能构成犯罪，如对于盗窃、抢劫、诈骗等财产犯罪来说，非法占有的目的是犯罪成立的必要要素，如果能够证明行为人不具备该目的，则犯罪不能成立。再如，传播淫秽物品牟利罪，牟利的目的是构成该罪的必要要素，如果不具备该要素的话，则行为人的行为最多可能成立传播淫秽物品罪，而两罪的成立条件和法定刑有很大的差别。

其次，辩护律师还可以围绕排除犯罪的事由展开辩护。排除犯罪的事由包括法定的排除犯罪事由和超法规的排除犯罪事由，前者如正当防卫和紧急避险，后者如依法令行为、体育竞技行为、被害人承诺行为、义务冲突行为等。辩护律师可以依照相关的排除犯罪事由的理论，为被告人开展无罪辩护。

最后，辩护律师还可以针对法定或者酌定的情节是否存在，为被告人争取从宽处罚的机会。如是否存在自首、立功的事实，行为是否犯罪预备、犯罪未遂、犯罪中止，被告人在共同犯罪中是否处于从犯或者胁从犯的地位，被害人在犯罪的发生上是否存在过错，被告人的一贯表现如何，是否有前科劣迹等。

（二）证据辩护

在公诉案件中，全面充分证明被告人有罪的证明责任由公诉机关承担。我国《刑事诉讼法》明确要求认定被告人有罪的，案件事实应当清楚，证据应当确实充分。如果证据不足、不能认定被告人有罪的，应当作出证据不足、指控的犯罪不能成立的判决。据此，辩护律师除了可以从正面证明被告人无罪之外，还可以从反驳公诉机关指控犯罪成立的证据入手，说明公诉机关没有证据证明被告人有罪，或者其所提供的证据不充分，以至于不能确凿地证明被告人有罪。这种对公诉机关所提供的证据进行反驳的辩护方法就是证据不足辩护。

采用证据辩护的方法，要将控方所用以证明被告人有罪的证据一一列明，分析每一个证据与案件事实之间的关系，每一份证据能够证明的事项是什么以及每一份证据在整个证据体系中的作用如何。

我国《刑事诉讼法》第五十三条规定，对一切案件的判处都要重证据，重调查研究，不轻信口供。只有被告人供述，没有其他证据的，不能认定被告人有罪和处以刑罚。证据确实、充分，应当符合以下条件：定罪量刑的事实都有证据证明；据以定案的证据均经法定程序查证属实；综合全案证据，对所认定事实已经排除合理怀疑。在实务中，辩护律师在作证据不足的辩护时，要注意申请法院排除不合法、不真实、与案件无关的证据，要注意所有的证据应当形成证据链才能证明被告人有罪，要注意证据不充分的时候不能定案，要注意孤证不能定案，等等。

（三）法律适用辩护

单纯的法律适用辩护，指的是辩护律师对控方提出的案件事实没有异议，但对于该案件事实是否构成犯罪，构成何种犯罪，是否符合法定的从宽处罚情节的要求等所提出的辩护意见。

对于无罪的法律适用辩护，辩护律师需要掌握理论上的罪与非罪的界限，掌握和理解复杂的司法解释，有时甚至要掌握空白罪状中相关法律法规的规定和司法解释。这对于律师而言是一个很大的挑战，因而，当辩护律师决定作无罪的法律适用的辩护的时候，要做充分的准备，必要的时候，应当请教相关领域的专家学者。罪轻的法律适用辩护，指的是辩护律师提出被告人的行为不符合公诉机关指控的罪名，而是可能构成另一个刑事责任较轻的犯罪的辩护。当然，在作罪轻的辩护时，辩护律师当然也需要充分掌握此罪与彼罪之间的界限，熟知相关的司法解释和其他的相关的法律法规的规定。法律适用辩护还包括案件事实是否构成法律规定的从宽处罚情节的规定，如自首的成立条件在司法实践中就是一个疑难问题，而行为人是否构成自首对于被告人的量刑有很大的影响。

五、庭前准备

庭前准备是辩护律师在开庭之前所做的一些程序性准备，如是否申请回避、是否对管辖权提出异议、了解法庭组成人员的情况、是否有新证据向法庭提交、出席庭前会议、特殊情况申请延期开庭等。

第四节　刑事和解和被害人谅解

我国《刑事诉讼法》以专章的形式规定了当事人刑事和解的公诉案件的诉讼程序，最高人民法院关于常见犯罪的量刑指导意见确立了被害人谅解制度。这两个制度对于犯罪嫌疑人、被告人刑事责任的承担会产生重大的影响。

一、当事人和解

《刑事诉讼法》第二百七十七条规定，下列公诉案件，犯罪嫌疑人、被告人真诚悔罪，通过向被害人赔偿损失、赔礼道歉等方式获得被害人谅解，被害人自愿和解的，双方当事人可以和解：因民间纠纷引起，涉嫌《刑法》第四章、第五章规定的犯罪案件，可能判处三年有期徒刑以下刑罚的；除渎职犯罪以外的可能判处七年有期徒刑以下刑罚的过失犯罪案件。对于当事人和解的公诉案件，公安机关可以向人民检察院提出从宽处罚的建议。人民检察院可以向人民法院提出从宽处罚的建议；对于犯罪情节轻微，不需要判处刑罚的，可以作出不起诉的决定。人民法院可以依法对被告人从宽处罚。

《公安机关办理刑事案件程序规定》对不属于民间纠纷引起的犯罪案件进行了界定，即雇凶杀害他人的；涉及黑社会性质组织犯罪的；涉及寻衅滋事的；涉及聚众斗殴的；多次故意伤害他人身体的；其他不宜和解的。双方当事人和解的，公安机关应当审查案件事实是否清楚，被害人是否自愿和解，是否符合规定的条件。对符合条件的，公安机关应当主持制作和解协议，并由双方当事人及其他参加人员签名。

《人民检察院刑事诉讼规则》对可以刑事和解的公诉案件的条件也作出了进一步的规定，即犯罪嫌疑人要真诚悔罪，向被害人赔偿损失、赔礼道歉等；被害人明确表示对犯罪嫌疑人予以谅解；双方当事人自愿和解，符合有关法律规定；属于侵害特定被害人的故意犯罪或者有直接被害人的过失犯罪；案件事实清楚，证据确实、充分。该《规则》同时规定，双方当时仅能就赔偿损失、赔礼道歉等民事事项进行和解，并且可以就被害人及其法定代理人或者近亲属是否要求或者同意公安机关、人民检察院、人民法院对犯罪嫌疑人、被告人依法从宽处理进行协商，而不能就案件的事实认定、证据采信、法律适用和定罪量刑等分别属于公安机关、人民检察院、人民法院职权范围的事宜进行协商。刑事和解既可以是自行和解，也可以是经人民调解委员会、村民委员会、居民委员会、当事人所在单位或者同事、亲友等组织或者个人调解后达成和解。

根据上述规定，辩护律师可以在刑事诉讼的各个阶段就符合刑事和解条件的案件积极促成双方当事人和解，以为犯罪嫌疑人、被告人争取最有利的结果。当然，在促成双方当事人和解的过程中，辩护律师不能以非法的方式要求被害人同意和解。即，刑事和解一定不能违背双方当事人的意愿，尤其是不能违背被害人的意愿。

二、被害人谅解

《最高人民法院关于常见犯罪的量刑指导意见》中规定，对于积极赔偿被害人经济损失并取得谅解的，综合考虑犯罪性质、赔偿数额、赔偿能力以及认罪、悔罪程度等情况，可以减少基准刑的40%以下；积极赔偿但没有取得谅解的，可以减少基准刑的30%以下；尽管没有赔偿，但取得谅解的，可以减少基准刑的20%以下；其中抢劫、强奸等严重危害社会治安犯罪的应从严掌握。对于当事人根据《刑事诉讼法》第二百七十七条达成刑事和解协议的，综合考虑犯罪性质、赔偿数额、赔礼道歉以及真诚悔罪等情况，可以减少基准刑的50%以下；犯罪较轻的，可以减少基准刑的50%以上或者依法免除处罚。据此，可以认为，我国法律确定了不同于《刑事诉讼法》中规定的刑事和解制度不同的被害人谅解制度，并将其作为对被告人从宽处罚的情节予以考虑。辩护律师可以根据上述规定，积极促成被害人对被告人的谅解，从而获取对被告人从宽处罚的机会。

需要注意的是，我国法律并没有限制被害人谅解制度适用案件范围以及案件性质，只要有具体明确的被害人，都可以适用被害人谅解制度。因而，被害人谅解制度的适用范围就不限于《刑法》第四、五章规定的侵犯公民人身权和财产权的犯罪，也不限于判处七年以下有期徒刑的过失犯罪。因此，只要是涉及人身权利、财产权利侵害的案件，无论罪质如何都可以适用被害人谅解，这应该引起辩护律师的注意和重视。

当然，辩护律师在促使被害人谅解的过程中，也应当注意不能使用暴力、胁迫、欺骗或者其他非法方法强迫、引诱被害人谅解，否则这一谅解将会被认定无效。

第九章　刑事法律诊所与庭审策略

现代诉讼活动通过严格的司法程序，对主体间相互冲突的利益关系加以公正衡量并依法解决，从而恢复常态的社会关系。在查明案件事实真相的同时，不能忽略程序公正以及当事人的权利及其主体地位，否则，即使依据事实作出的裁决，也很难被当事人接受，无法实现诉讼的纠纷解决功能。[1] 刑事诊所的重要任务之一，就是通过实践教学，让参与刑事诊所的学生了解上述理念，并将这一理念贯彻、落实在具体的法律活动之中，其中最为重要的，莫过于庭审环节。模拟法庭的庭审活动，是刑事诊所实践教学的重要形式，是培养学生司法实践能力的重要平台，因此，有必要让学生掌握庭审各个环节的技术性要点。

第一节　诉讼争点的总结与诉讼策略选择

如果将庭审比喻成一场战争，那么，左右战争胜负的关键，就应该是通盘考量的诉讼策略、洗练集中的诉讼战术。二者缺一不可，又相得益彰。因为刑事案件中，检方需要承担证明犯罪构成要件全部成立的义务，相对来说自由选择的空间不大，因此，这里主要从辩方的角度切入。但值得一提的是，以审判为中心，将庭审作为整个诉讼的中心环节，法官依据证据裁判规则作出裁判，公诉检察官应以强有力的证据和牢固的示证体系对法官和其他庭审人员施加影响，充分履行指控犯罪的职能：一是在排除非法证据的基础上，注意瑕疵证据的补正、解释与完善，防止这些证据的出示影响指控效果。二是慎重选取出示证据的范围。我国刑事诉讼制度要求全面出示证据，公诉检察官既要保证遵循程序正义的要求全面出示证据，又要确保庭审效率。同时，辩护人基于自己的辩护策略，可能反复提出公诉人没有全面举证、断章取义的异议。因此，公诉检察官常常要面对举证的详与略之间的矛盾。对此，公诉检察官应在庭前对出示的证据进行仔细的筛选、取舍，原则上只选择最重要、最有证明力、最能支持公诉观点的证据，防止重复和累赘。对于庭前会议中控辩双方不存在异议的证据，可以适度简化出示，使控辩双方和法官集中精力查清有争议的问题及其他影响定罪量刑的重大问题，确保司法公正与高效。三是加强示证过程的说理。一方面，传统的以案卷笔录为中心的定案方式被改变，公诉人说服法庭的难度加大；另一方面，审判公开使得社会公众对庭审的关注增多，公诉人说服公众的任务加重。因此，公诉检察官的举证责任并不是对证据进行简单的排列组合，而是包括示证、论证等多方面内容。四是提高质证意识和能力。实践中存在几个突出问题：第一，公诉检察官对辩护人的质证意见不能及时回应或回应不足；第二，出示一份或一组证据后辩护人就不断地表示异

---

① 参见侯学勇、郑宏雁：《案件事实的修辞建构》，载《浙江社会科学》2015年第9期，第62页。

议，打断出示证据的顺畅思路，公诉检察官对是否答辩无所适从；第三，非法证据排除规则的确立强化了庭审质证的力度。对此，公诉人应掌握原则、把握尺度：对证据的合法性、客观性、关联性提出疑问的，坚决答辩；与证据证明力、诉讼主张无关的的枝节问题，一般可以不答；对突如其来的问题认为确有必要答辩，但一时难以思考成熟，可以说明在法庭辩论时一并综合答辩；对辩护人断章取义、以偏概全，摘录部分证据材料来否定公诉人出示的证据，应根据全面性、同一性的原则对证据进行综合论证以反驳对方的片面性。公诉检察官具有证明证据合法性的举证责任，应通过论证证据的证明力，反驳辩护观点，巩固指控证据……五是注重多媒体在举证中的运用。随着科技的进步，公诉检察官应当运用多媒体支持出庭公诉工作。多媒体系统展示的既有图文证据又有音像证据，既有静态证据又有动态证据，提高了诉讼信息的传递速度，强化了对案件事实的认知程度，体现出极大的优越性。①

一、庭审策略

刑事审判面对的是公权力。有律师曾说，“我辩护的案件，总是根据案件的进展审时度势，每一个案件的辩护策略都不相同，遇到司法机关故意制造冤假错案的案件，我死磕程序并敢于对司法机关的行为予以控告；遇到权力机关及领导干预的案件，我寻求媒体的关注，没有公开就不可能有公平、公正；遇到没有外来干预，检察官、法官文明办案的案件，我除了将案件事实和法律梳理清楚之外，尽量温文尔雅、循序渐进地让司法人员接受我的法律观点和辩护意见。”② 上述观点虽然带有一定的片面性，但依然可以较为真实地反映我国当今刑事司法的某种现实情况。的确，从宏观角度来看，上述理念具有很强的实用性与针对性，属于一种较为有效的战略安排。但在战略选择上，必须紧守道德底线，也就是说，必须要合理的策略运用，不仅是一种自保，更重要的是在对当事人的合理需求进行最大程度的满足，在法律允许的范围内减轻法律的制裁力度。这就要求辩护活动应当在法律所允许的范围内进行，辩护律师的辩护过程必须符合律师的职业道德，不超出相应的权限范围，不违背基本的职业道德规范。同时，辩护律师的辩护行为不得破坏法律的权威，影响司法公正。律师行业作为国家推行法制、实施依法治国的重要支持行业，不应将盈利放在首位，而是应当秉持公共服务的职能，争取在保证其法律的权威和公正的前提下的各方利益最大化。如果律师没有正确的道德伦理观念的限制和约束，其伶俐的口舌、高超的辩驳技巧、高明的辩护策略，会成为现代法庭的一场灾难。如果律师不守职业道德和伦理，律师本人也会陷入社会黑暗的漩涡当中不能自拔。刑事辩护活动中，律师职业性和伦理性本身就存在冲突，这更加凸显的律师恪守伦理底线的重要性。同时，律师的职业伦理还会和公共伦理、社会道德等产生冲突。在这些冲突中，律师本身的职业属性要为当事人服务、以当事人的利益为主，同时和当事人之间建立忠诚，这在刑事案件中往往会触及公共伦理和社会道德的约束。在伦理底线方面，我们要积极建立相应的伦理冲突解决机制，对律师在辩护活动中所遇到的冲突提供相应的解决方案，在某些冲突难以调和的情况

---

① 参见彭燕、刘晓辉：《以审判为中心背景下的诉审关系——以提升庭审检控能力为视角》，载《以审判为中心与审判工作发展——第十一届国家高级检察官论坛论文集》，2015 年。

② 王发旭著：《有效辩护之道》，法律出版社 2015 年版，第 3 页。

下，提出一定的权衡准则和依据，来帮助律师树立明确的伦理底线。[①]

从战术层面来看，辩护律师应当深入地调查研究，理清辩护思路，要避免两种错误现象：首先，没有对案件进行深入调查，轻易地相信他人的言语，造成认识的偏颇，或者是凭借自身的主观臆断来辨别案件；其次，是展开了调查但没有进行深入的分析，缺乏正确、深刻分析事物的能力，导致认识上的主观性，出现浅显的错误。要想形成清楚正确具有条理性的辩护思路，在法庭辩护前关于调查研究需要在四个方面进行开展：(1)查看案卷，了解案情。只有仔细研读案卷、了解案情，才能形成辩护思路的基础，辩方要对案件的整个过程、案件的性质、当事人的申诉和旁证的材料以及需要运用的法律条例等进行详细的了解，细致的进行研究。针对辩方通常无法将案件进行细致、具体、原始的调查以及对第一手材料缺乏认识等不足，可以采用查看案卷，了解案情的方法来弥补。(2)会见被告人，访问案件当事人和知情者，不仅可以掌握第一手的资料，实现辩方对案件全面、细致的了解，还能保证辩护律师对案件进行澄清，识别案件的真伪，从而为辩护寻找线索，排除其中的疑难问题，为法庭的辩论提供证据。(3)勘查现场并对证物进行查验。确凿的证据是法庭辩护最坚实的基础，所有和案件相关的物品都有可能会成为对确定案件情况有力的证物，掌握证物可以排除案件中主观因素，它是法庭辩护和审判的重要依据，在有的情况下具有决定性的作用。(4)适用正确恰当的法律，熟悉和了解同案件相关的法律知识以及辩护的基本要求。采用法律手段对案件实施综合分析关键在于两点：一是要确定矛盾的主次顺序，找到引起矛盾和冲突的原因。二是要分清楚当事人中人物的主次关系，并对他们的关系进行确定。最后要确定因果关系。律师进行刑事辩护的主要目的是为了辨明自己的当事人的行为是否合法，因此在辩护中要严格遵照法律的准则，在辩论中熟练掌握相关的法律知识。其次，制定论辩方向。辩护律师要具有一定的预测性和择优性。对论辩方案要进行合理的制定和选择，要全面对法庭辩论可能出现的不同后果进行预测，不能只想自己会辩论方面的因素，而且还要考虑到有可能会出现的不利因素，同时还要考虑到失败所带来的不利后果。辩护律师在辩论中要以公正、客观、谦虚的态度争取控方的理解，实现法官对辩论律师最充分的理解。辩论律师在辩护中要按照事实来进行客观的表达，在讲事实中不要添油加醋，在讲法中不要言过其实，关于案件的讲述和辩护要符合律师的身份，既要保证有理有利有节，还要仗义执言。有理是指律师要依据事实和法律对辩护的理由进行阐述，有利主要指坚持维护被告人的利益，有节是掌握好辩护的力度。在辩论中掌握适度的原则，注重分寸很重要，避免过火失去对度的掌握。律师在辩护中一定要抓住重点，掌握主动性，在辩论中不要漫天讲。要坚定地从案件的实际出发，认清辩护的重点，开展刑事辩护，结合案件的具体情况确定需要讲述的某一个重点。首先要对辩论的事实进行认定，如果起诉书中提出的观点和事实情况不相符，则要求对被告减轻罪责，或者向法庭提出延期审理的要求，如果起诉书中认定被告人的罪名和犯罪事实之间不同，或者是性质、情节等存在差异，都可以提出辩护。在适用的刑罚上进行变化，根据事实和法律对刑罚和量刑的合理性上进行考虑，争取被告人的刑罚减轻，根据被告人在犯罪中止、主动认罪和悔罪等表现下，依据被告人犯罪中止、立功、悔改、自首等法律内容，实行从轻、减

---

① 参见工都尉：《刑事辩护的策略及其伦理底线》，载《法制博览》2016年第09期，第169页。

缓或者是免除刑事处罚的辩护。[①]

二、庭审技巧

（一）语言技巧

随着我国《刑事诉讼法》等程序法的修改，对抗式庭审模式逐渐成形，越来越多的刑事案件开始摆脱过去书面审理为主的传统模式，逐渐过渡到庭审主义模式。这就要求刑事诉讼的参与人，特别是检察官和律师，能够很好地掌握语言这个武器。正如有的学者所言，“整个法庭审判的过程，基本上是由问答构成的，可以说是一个问答的过程。抓住了法庭问答实际上就抓住了法庭语言中最核心、最本质的东西。问题，就是法庭这个战场上最重要的武器。”[②] 法律语言学博大精神，这里仅举几例，提请大家注意。

例如，人称指示语的反先用常常表现为自称姓名、亲属称谓和身份称谓，弃用人称代词“你”“我”“他”等。在律师论辩中，律师常常用表示职业、社会角色等身份称谓的名词替代第一、第二、第三人称指示语，指称谈话中的己方或他方。例如，辩护人提出，“鉴于被告人认罪及全案的证据情况，辩护人对起诉书指控被告人的行为构成故意伤害罪并应当承担刑事责任不持异议，但是辩护人不同意公诉人给予被告人无期徒刑的量刑建议。辩护人认为，被告人应在有期徒刑幅度内进行量刑，并且被告人有法定从轻、减轻处罚的情节，综合考量各量刑情节的调节率，本案可以在有期徒刑 5 年至有期徒刑 10 年之间量刑。”在这一表述中，辩护人用“辩护人”代替了“我”，用“公诉人”代替了“你”，用“被告人”代替了“他(她)”。这强调了说话者的身份，突出职业角色，淡化个人色彩，避免给听众造成主观性和随意性的印象，充分显示了法律语言的庄重性、权威性和公正性。[③] 又例如，语速在情感表达中的作用不容忽视。有学者指出，中等语速下，每秒发出 5~6 个音节，快速语速下，每秒可发 6~7 个音节。如果少于这个数值，属于中等语速；如果大于这一数值，则属于快速语速。[④]

庭审活动以语言为载体，语言表达方式的差异会影响庭审效果的实现，质证程序也不例外。“以审判为中心”的刑事诉讼体制改革，造成说服义务增加、直接言词原则适用都需要以口头表达作为载体实现，所以合理运用庭审语言是公诉人实现庭审指控功能、应对庭审实质化的必然要求。庭审质证过程中，语言选择应当注意以下几点：第一，规范准确。公诉人在法庭之上代表国家行使追诉职能，用语应当力求准确、客观。尤其是质证环节，控辩双方针锋相对，气氛紧张，切忌感情冲动信口开河，应当注意用词规范严谨，表达准确恰当。第二，详略得当。公诉质证的核心是通过对辩方质疑的答辩，进一步揭示指控事实的证明体系，强化法官的心证。所以质证并非对示证的简单重复，而是针对辩方已有观点的驳斥，这就要求其语言注意详略得当，抓住辩方质疑、质问的核心进行答辩，突出答辩重点，强化法官内心确信。第三，论证严谨。无论是质疑辩方证据还是质证答辩，公诉人质证的目的都在于说服法官、强化心证，所以在质证中要突显逻辑严谨性，充分说

---

① 参见余亚亮：《律师刑事辩护思路与技巧》，载《法制与经济》2016 年第 2 期，第 151 页。

② 参见廖美珍：《法庭语言技巧》，法律出版社 2009 年版，第 15 页。

③ 参见李冰：《律师论辩中指示语反先用现象的顺应性研究》，载《现代语文》2015 年第 11 期，第 82 页。

④ 参见高思楠、陈海庆：《从庭审有声特质看特指问句的语用功能》，载《语言教学与研究》2016 年第 2 期，第 110 页。

理，强化论证，在最短时间内让法官了解论证逻辑，产生内心确信。[①]

（二）争点总结与概括

刑事案件中，检方需要承担证明犯罪构成要件全部成立的义务。反观辩方，却没有义务逐条驳斥，仅仅需要证明某项或某几项犯罪构成要素不成立即可。这样做，不仅可以节约司法资源，提升司法效率，亦可以有效建构争论，形成真正的交锋。

限于篇幅，这里仅选一真实刑事案例[②]，说明律师如何概括、总结诉讼焦点。

被告人曹某与其丈夫张某某是依法工商登记的上海前×实业有限公司的股东，其丈夫张某某还是该公司的法定代表人。同时，曹某又与其丈夫张某某，以及陈某某注册成立了上海尧×商务咨询公司、上海隆×咨询公司、上海弘×商务咨询公司等三家公司。2006年6月至8月间，曹某从上述四家单位提取资金1 085万元后，将该四家公司依法注销解散。然而，美籍台商章某某认为自己才是上述公司的真正老板，遂向上海市公安局嘉定分局报案，控告曹某、张某某伙同陈某某侵占他所有的公司财产1 000余万元，构成职务侵占罪。上海市公安局嘉定分局接到报案后，经侦查，于2007年8月10日对曹某执行刑事拘留，并于2007年12月29日将张某某、陈某某抓获。对于本案的争论焦点，控辩双方都集中在涉案公司的成立起因及其过程之上。

首先，检方提出，涉案公司原来是上海市某开发区垫资成立的空壳公司，被报案人看中后收购过来，但因为报案人台胞的特殊身份，碍于当时的政治因素，才由原来的股东继续担任公司的股东。被告人夫妇则利用报案人的信任，在欺骗原股东的情况下，将公司股东偷偷改成了他们夫妇二人，从而侵占了报案人的财物。对此，辩护人举证，提出在此之前，报案人已经于北京注册过了类似的公司，因此检方所主张的报案人因为政策原因不能担任公司股东的说法不能成立。检方继而提出了隐名股东与显名股东的概念，但辩方举证证明，无论是报案人，还是被告人夫妇，都没有出资记录，在这种情况下，公司究竟是谁的？辩方认为，本案充其量是一起股权纠纷，不属于刑事案件。

其次，检方指控被告人利用职务之便侵占，理由是被告人手里有单位法人章、公章，被告人利用了保管这些印章的职务便利。辩护人则指出，被告人是该公司的股东，掌握相关印章天经地义，其掌握公章的行为，不是职务行为，而是基于股东的身份行为。

第三，检方提出，既然公司是被告人的，为什么还要向报案人汇报工作？辩方提出，根据已经查明的证据，报案人代理美国某种产品，但只有在年销售额达到一定数额的情况下，才能享有优惠，于是报案人一方面增加销售网点，一方面又采取各种办法规避风险，在公司的管理上从不出面。到目前为止，无法以此证明报案人就是被告人公司的实际拥有者。

应该说，本案中，控辩双方针锋相对，围绕公司的实际所有者是谁，是否利用了职务便利等焦点问题进行了有效的争论与对话，属于较为成功的刑事案件争点总结。由此不难看出，刑事案件的争论点，就是对抗制中的“对抗”，不仅仅是控辩双方的对抗、公诉人和辩护律师之间的对抗，更是两种案件主张之间的对抗。案件主张就是一方对“真正发生

---

① 参见天津市人民检察院第一分院公诉处课题组：《以审判为中心诉讼制度改革对庭审质证的影响及应对》，载《以审判为中心与审判工作发展——第十一届国家高级检察官论坛论文集》，2015年。

② 案例及争点分析，转引自大成律师事务所编著：《当庭释放：无罪辩护成功案例精选》，法律出版社2015年版，第59—60页。

了什么”的描述。它是对案件的各种法律因素及事实背景作出解释，并将它们连在一起的一个概念。它存在于一方提出案情的中心部分。案件争点应该满足下列要求：应该简单和易于理解，应该是符合逻辑的，应该符合一方诉求的法定条件，应该和裁决者看待事实的眼光保持一致。对案件的辩护意见通常围绕着法律辩护展开，但由于法律辩护通常不足以解释案件事实，所以法律辩护并不是辩护意见的全部。在刑事案件中经常运用的争论点包括：

争论点之1. 被告并未从事构成犯罪的那种行为。

争论点之2. 被告采取的行动是正当的，因为他采取的是自救行为。

争论点之3. 被告从事了那种行为，但是并不具有犯罪意图。①

（三）逻辑论证

在刑事法律适用中，由形式正义所决定，逻辑方法是一切口头、语言表述的必备要素。以轰动一时的“吴英案”判决书为例，其所进行的演绎推理是这样的：

1. 确认有罪(以及何罪)

大前提(法律规则)：以非法占有为目的，使用虚构事实、隐瞒真相等欺骗方法集资，数额较大的，构成集资诈骗罪。

小前提(法律事实)：被告人吴英使用诈骗方法集资，数额特别巨大。

结论(判决结果)：吴英的行为构成集资诈骗罪。

2. 量刑

大前提(法律规则)：集资诈骗，数额特别巨大并且给国家和人民利益造成特别重大损失的，处无期徒刑或者死刑，并处没收财产。

小前提(法律事实)：被告人吴英非法集资数额特别巨大。

结论(判决结果)：吴英应被判处死刑，并处没收财产。②

一般来说，依据上述形式逻辑进行的论述，起码在论述本身，因为不存在逻辑问题，因此无法被有效驳斥，从而可以达到有力的表达效果。庭审中，辩证思维和逻辑思维的运用不仅可以使公诉人保持思路的条理清楚，及时判明供、证的真伪，还能使询问收到更好的效果。任何事物都有产生、发展和结束的过程，而其各因素之间必然的内在联系及因果关系是我们研究问题的根本。刑事诉讼活动也不例外，侦查、审查起诉和审判的基本工作就是查明案件事实真相的过程。澄清每一个环节，并使之立足于扎实的基础之上，必然会使各个要素及其间的关系得以充分明确，从而形成完整的证据锁链证明犯罪事实的存在及危害程度的大小。庭审中公诉人的询问是使这一过程得以深化和明确的必要环节。抓住了问题的本质和矛盾的主要方面，会使出庭公诉工作实现应有的效果。③

第二节　开场陈词

修改后的《刑事诉讼法》第一百五十五条要求公诉人在审判开始时当庭宣读公诉书，并

① 参见[美]赫伯特·鲍曼蒂兰、斯文森艾拉·柏恩敬：《庭审控辩技巧》，载《国家检察官学院学报》2005年第6期，第143—144页。

② 转引自任彦君：《刑事判决书论证的结构和方法》，载《河南警察学院学报》2015年第5期，第127页。

③ 参见周世伟、陆春晖：《浅析庭审中询问证人的策略》，载《法制博览》2015年11月号(下)，第127页。

且允许被告人和被害人对公诉书作出陈述。虽然第一百五十五条没有明确表示公诉人或辩护人可以作开头陈述，但是至少此条没有禁止开头陈述。在某些案件中，一名控辩人员会使法庭相信，某种形式的开头陈述有助于法庭理解将要提交的证据。即使修改后的诉讼法被解释为不允许进行开头陈述，但对于其他法律体系中如何进行开头陈述的讨论或许会对中国的庭审控辩实践有所帮助。这是因为准备开头陈述的过程迫使辩护律师形成一种"案件主张"，并且去组织对裁决者产生影响的事实。[①] "这种判断必须结合运用直觉、逻辑、经验、伦理与价值或自然科学方法，发现、判断事实的法律真实性、合法性、关联性。[②]

一、开场陈词简介

在许多对抗式的制度中，开头陈述是控辩双方在法官或陪审团面前陈述案情的第一次机会。开头陈述的主要功能是协助裁决者理解那些将要在庭审中提出的证据。对抗制下的庭审信息，是随着证人作证以一点一滴的形式传递给裁决者的。开头陈述就是将所有的零散信息组织起来向裁决者展示一种艰难局面。案件主张支撑着一方当事人对案件描绘的图景。每一次开头陈述都应包含对一方案件主张的说明。以描述形式提出陈述意见常常是最有效的。一个能干的辩护律师会找到一种方法将焦点集中在相关人员的身上。像普通人一样，法官们对这些人员及促使他们做出这些事情的缘由最感兴趣。在审判中将会有其他机会将焦点集中在法律争端上。好的开场陈述应该简单而明了。人们集中精力的时间是有限的。研究表明，人聚精会神的状态仅能持续15~20分钟。大多数人难以保持注意力高度集中而且记忆消失得也很快，在几个小时内，很多人就已忘了他们所听到的大多数重要事情，所有这些都意味着大多数开头陈述最多只能持续10~30分钟。如果法庭允许，应考虑运用直观的手段和证据。图像展示是强有力的、清晰的，能够给人们带来远非单独的文字表述所能带来的印象。有时，一幅图表或图解能够说明复杂事实的类型或彼此间的联系。然而，控辩双方在使用图表展示的方法时也必须小心慎重，以避免分散听众的注意力。控辩人员不应该夸大证据。没有什么比虚构无法实现的预期对一个控辩人提出的案件主张更有害的了。辩护人在开头陈述中不应该去争论。"争论"在这里是指要求法庭从证据中作出结论或推论、对证人证言的可信性作出评论或者要求法庭考虑证据以外的情况。到结束你的陈述以前都不要争论。一名控辩律师的个人观点不应成为开庭陈述或最终陈词中的一部分。因为他的个人观点与案件没有关系。只有在庭审中被当作证据提出来的信息。当然，还有能够从这些信息中得出的结论才应是法庭所关心的。因此，在开场陈述中，双方都要清楚地向法庭传递自己对案件的主张。希望法庭通过审理能够从他们提出的证据当中得出自己希望得到的结论。在很多情况下，法官在开庭前对案件的情况也了解的较少。这是为了给双方创造一个公平的竞争环境，也可以有效地防止法官在庭审前就对案件做出预先的判断。[③]

---

① 参见[美]赫伯特·鲍曼蒂兰、斯文森艾拉·柏恩敬：《庭审控辩技巧》，载《国家检察官学院学报》2005年第6期，第143—144页。

② 参见杨建军：《法律事实与法律方法》，载《山东大学学报（哲学社会科学版）》2005年第5期，第26页。

③ [美]赫伯特·鲍曼蒂兰、斯文森艾拉·柏恩敬：《庭审控辩技巧》，载《国家检察官学院学报》2005年第6期，第143—144页。

二、开场陈词的类型

有学者总结出几种常用的开场方式，或许具有一定的参考价值。[①]

（一）同情抚慰式

此类开场，先以抚慰的言词对犯罪行为造成的严重后果诸如人员的死亡、财产的损失等表示同情，并对被告人的犯罪性质加以确认，而后再以“但书”的形式转入本辩护的论题。在被害人及其亲属蒙受巨大痛苦的情况下，辩护人为履行职责，采用这种开头有利于缓解气氛、解除怨恨，收到好的辩护效果，但需要注意对罪行的确认不宜分量过重，以免形成控诉倾向，导致辩护方向的重心偏离。此法一般来说，对罪轻、减轻罪责的辩护较常使用。

（二）针锋相对式

针锋相对式是指在辩护词的开头将公诉人指控的论点及其论据摆出来之后，再表明辩护人对此所持的否定态度，形成一种对峙的势态。这种开场白，由于起句即将双方的分歧点明确摆出，针尖对麦芒，这就为下文辩护理由的阐述，提供了足够的立论根据，此法一般在进行无罪或免除刑罚辩护时较常使用。

（三）设问置悬式

设问置悬式是指将控辩双方分歧的焦点，在开头用设问语的形式提出，留下一个悬而未决的论题，以期引起听众的注意。这种设问式的开场，由于提出的是一个关于罪与非罪界限区分的关键问题，因而往往能引起人的极大关注，使人不得不顺着辩护人的思路听下去。

（四）总领全文式

将辩护的具体思路及要领在开场中先作一概括介绍，形成辩护提要式开场总领全文，便于突出辩护人的总意图。听众在未听下文之前首先把握了辩护的基本思路，从而为理解辩护发言提供了一把入门的钥匙。

（五）点明主旨式

开头以简要的文字突出点明辩护词所要论证的基本观点，“立片言以居要”。这种方式称作点明主旨式，开门见山地点明本辩护词所要说明的基本观点，“该起诉的予以免诉，该免诉的却予以起诉”，使人一下就把握了辩护的中心问题，这是辩护词开场陈词使用最频繁的一种方式。

（六）交代情况式

开庭后当案情发生了变化，辩护人需要修订自己的辩护要点时，可以在开场陈词中对这一变化了的情况作一概要交代，说明本案辩护缘由，而后再引入正题，这种方式称为交代情况式，这种开场显然是基于客观变化的需要所作的一种临时调整，即顺应了势态的变化为下文的辩护定好了基调。

第三节　诘问

我国修改后的《刑事诉讼法》对直接人证调查作出的有关规定，以及最高人民法院在

---

① 转引自宋健：《辩护词序言内容改进之我见》，载《政法论丛》1995年第3期，第40—41页。

《关于适用〈中华人民共和国刑事诉讼法〉的解释》第二百零二条、第二百一十二条、第二百一十四条、第二百一十五条，最高人民检察院在《人民检察院刑事诉讼规则（试行）》第四百四十二条、第四百四十三条，均为涉及交叉询问方面的规定，其主要内容可以归纳为三点：(1)调查被告人、被害人，应先由他们陈述案情，然后控辩双方可以对其进行发问。审判人员认为必要时可以发问。(2)在调查被告人、被害人以后，首先由控诉方举证，然后由辩护方举证。证人、鉴定人除由审判庭根据需要传唤的以外，可分为控诉方要求传唤的和辩护方要求传唤的。(3)调查证人、鉴定人，应当首先由审判长核实其身份及与案件的关系，告知法律责任并让其在保证书上签字。在这一开始程序结束后，即先由传唤证人的一方询问，然后经审判长许可再由对方询问。审判人员认为必要时，可以询问证人、鉴定人。我国刑事庭审中直接人证的调查，与典型的以英美为代表的交叉询问制度确有显著的区别，虽因缺乏某些因素，但在广义上仍界定为一种交叉询问。因为根据我国《刑事诉讼法》的规定和立法精神，刑事庭审由控辩双方向法庭举证，因双方立场相对，体现在直接人证调查上，只能采用具有抗辩式特点的询问方式，即主询问与交叉询问相结合的询问，符合交叉询问的基本模式；其二，立法和司法解释中对询问顺序和询问方式的规定，体现了一些交叉询问在技术方法上的重要特征。即发问以控辩双方为主进行，首先由传唤证人的一方询问，然后由诉讼对方询问。这种调查主体的多元性和询问内容及方法上一定程度的抗辩性，使得这种人证调查具有了交叉询问的基本的外部特征。由于特殊的制度背景和运行条件以及诉讼传统，我国刑事庭审中的交叉询问呈现出十分明显的自身特色，主要表现为直接人证调查的有限性，缩小了交叉询问的适用范围；交叉询问制与审问制的并存，限制了交叉询问的适用效力；交叉询问的“和合性”较强，抗辩性较弱等。[①]

一、诘问的重要意义

以审判为中心是对司法实践中长期存在的以侦查为中心传统格局的根本扭转。以往公检法三机关重配合轻制约，被告方的辩护权不能得以充分保障，难以形成控辩双方平等对抗的局面，造成审判过程虚化，起诉、审判成为将侦查结果固定化的程序。公正的审判需要诉讼各方当事人参与，所有证据都要在法庭上出示，双方举证、质证，证人出庭接受双方询问，平等地质疑、辩论，从中发现问题，法庭根据证据认定案件事实，对被告人定罪处罚。习近平总书记在党的十八届四中全会《决定》说明中强调：“充分发挥审判特别是庭审的作用，是确保案件处理质量和司法公正的重要环节。”以审判为中心改革的本质要求，就是要突出庭审在整个刑事诉讼中的地位和作用，司法机关和所有诉讼参与人的诉讼活动都要围绕庭审来进行。之所以说以审判为中心的实质是以庭审为中心，是因为庭审在诉讼活动中的中心作用决定的，而庭审则围绕证据来进行。证据是刑事诉讼的核心，刑事诉讼的侦查、批捕、起诉、审判都围绕证据的收集、审查、分析、判断、认定依法进行，就是要用合法有效的证据证明案件事实，用合法有效的证据证明批捕、起诉、审判的结果。而证据必须经当庭出示、辨认、质证等法庭调查程序查证属实，认定为合法有效后，才能作为定案的根据。在查明案件事实的法庭调查程序中，举证和质证是最核心的两个环节，举

---

① 参见薛正俭：《“审判中心”背景下刑事庭审质证交叉询问规则之完善》，载《以审判为中心与审判工作发展——第十一届国家高级检察官论坛论文集》，2015年。

证是对侦查机关(部门)已经取得、并经公诉机关审查、也经辩护律师查阅的证据以合理方式进行排列组合并予出示，质证是对所出示证据的证据能力和证明力进行质疑、辩驳、判断，并决定着法庭最终是否采信。无论是否认定被告人有罪，是否处罚及处以何种刑罚，要完全依据法庭上对定罪证据、量刑证据的调查、质证、认证情况。因此，质证对查明案件事实、对被告人的定罪量刑有着决定性影响。合理有序、明确有力地进行庭审举证和质证，才能实现庭审实质化，防止庭审走形式、走过场。质证是证据得以被采信的必经和核心程序，没有庭审质证环节，就无从实现以审判为中心。①

二、诘问的规则完善

(一) 明确诘问主体、范围和顺序

我国刑事诉讼的诘问仍然应该是控辩双方在法官的主持下，遵循一定的规则，在法庭上通过质疑、辩驳等方法对言词证据的可采性和证明力进行审查，从而影响认证的一种诉讼活动。交叉询问是质证的一个手段，必须有相关规则保障。②

1. 诘问的主体③

诘问的主体是指哪些人有资格在法庭上对言词证据进行质询以及哪些言词证据在法庭上被质询，分为诘问的询问主体和被询问对象。

(1) 诘问的询问主体有：公诉人、被害人、被告人、辩护人、法官。公诉人担负证明所控犯罪事实的任务，被害人作为犯罪行为侵害的对象，他们通过发问证明指控事实，以使犯罪人受到追究，应是交叉询问的询问主体。被告人虽处于被追诉的地位，但他的行为是否构成犯罪还处于待定状态，法律赋予其辩护权。辩护人因法律规定的辩护制度而辅助被告人行使辩护权，他们通过发问影响法庭，以证明被告人罪轻或无罪，也应为交叉询问的询问主体。法官是法庭的主持者，又负有查明案件事实的责任，对于控辩双方发问不到或不清楚之处可以补充发问，法官应为交叉询问的询问主体。附带民事诉讼原告人及其诉讼代理人等因为有公诉人代表国家对犯罪进行指控，不宜成为交叉询问的询问主体。

(2) 诘问的对象有：被害人、被告人、证人、鉴定人和侦查人员。被告人、被害人和证人包括辩方证人，都是知道案件真实情况的人，他们的陈述是否具备证据的可采性和证明力，需要接受控辩双方的质询，因而他们也是交叉询问的被询问对象。鉴定结论是否科学、可靠，鉴定人是否具备资格等需要控辩双方在法庭上对鉴定人询问以确定该鉴定结论是否作为证据采纳。侦查人员制作的讯(询)问、勘验等笔录的制作过程及其内容的真实性等需要控辩双方在法庭上对侦查人员询问，从而发现其矛盾和不实之处，故鉴定人和侦查人员是交叉询问的被询问对象。

2. 诘问的范围

证据类型的不同可能造成质证方法、策略的差异。当辩方对物证、书证、生物痕迹等实物证据提出质疑时，可以从取证主体、手段合法、收集保管链条等角度证实该证据的真实性；当辩护人对视听资料、电子数据等证据的真实性提出质疑时，在具有鉴定可能的情

---

① 参见王庆品：《以审判为中心与庭审质证》，载《以审判为中心与审判工作发展——第十一届国家高级检察官论坛论文集》，2015 年。

②③ 这一部分内容主要参见薛正俭：《"审判中心"背景下刑事庭审质证交叉询问规则之完善》，载《以审判为中心与审判工作发展——第十一届国家高级检察官论坛论文集》，2015 年。

况下，可以通过科学鉴定的方式证实其未经剪辑，进一步证实所载内容的真实性；当辩方质疑鉴定意见时，可以通过鉴定人身份、鉴定资质、鉴定方法、鉴定程序、鉴定标准等多个角度进行答辩，适当情况下也可以依法申请鉴定人出庭，解答鉴定疑问，强化法官心证；当辩方质疑证人证言、被害人陈述时，可以从证人、被害人陈述的自愿性、程序合法性、证言内容与其他证据的印证程度等多个角度进行答辩；当辩方指出证人证言之间存在矛盾时，可以从证人与本案利害关系、取证时间先后顺序、证人认知能力、证言与其他证据印证程度等多个角度进行质证分析；当被告人当庭翻供或者多份供述之间存在矛盾时，可以通过印证程度、翻供理由合理性、有罪供述自愿性、供证关系等多个角度分析口供的真实性；当辩方提出非法证据排除问题时，可以从取证主体、取证程序、同步录音录像、入所健康检查记录等多个角度综合全案证据进行应对。总之，证据类型不同、质疑角度不同，当庭应对的方法也会有所出入。公诉人应当熟练掌握类型证据的质证方式，灵活选用多种应对方法，从不同角度区别质证，保证质证效果。①

3. 诘问的顺序②

诘问的顺序是指庭审时控辩双方各自向法庭举证和对言词证据质询的次序，它是法庭调查的一个阶段。庭审安排质证的顺序，应由提请传唤的一方进行主询问，再由另一方进行交叉询问，之后再进行主询问、再交叉询问，如此交替连续进行，法官认为有必要的，可以在控辩双方询问之后进行补充询问。

（1）公诉人向法庭举证，控方证据接受调查。由公诉人对被害人进行主询问，引导被害人向法庭展示其所了解的对控方有利的事实；接着由被告人、辩护人对被害人进行交叉询问，交叉询问的范围应限于与主询问的内容有关的问题和与证人诚信有关的问题，目的是得到对交叉询问方有利的陈述和努力发现对方陈述的破绽，以降低其可信性。控辩双方可再主询问和再交叉询问，再主询问是给主询问方进行补充或解释的机会，询问的内容限于交叉询问中出现的事实，目的是对己方证人同意的有利于交叉询问的某些事实进行补充或解释，恢复被交叉询问破坏的陈述的可靠性。再交叉询问的目的与交叉询问的目的基本是一致的。这里宜将公诉人宣读起诉书后由被害人陈述规定改作控方证据举证并接受质询，因为现行刑事诉讼法虽提高了被害人的诉讼地位，将其列为案件当事人，但毕竟被害人与案件有利害关系，其陈述的客观性会受到影响而可能与起诉书指控的事实不一致，其不具有和公诉人共同原告的诉讼地位。然后控方再依次传唤证人、鉴定人和侦查人员到庭接受控辩双方的主询问和交叉询问。

（2）辩方向法庭举证，辩方证据接受调查。辩方可以提请传唤本方证人、鉴定人出庭作证。由辩方的辩护人、被告人对证人主询问，然后接受公诉人、被害人的交叉询问，辩控双方还可再主询问和再交叉询问。控辩双方对每个言词证据交叉询问后，审判人员认为需要可以进行补充性询问。

（3）两种特殊情况的质证顺序：第一，控辩双方均提请作证请求传唤的共同证人的询问顺序，应该规定“谁主张，谁主询问”。先让控辩双方对其所欲证明之事实分别加以说

---

① 参见天津市人民检察院第一分院公诉处课题组：《以审判为中心诉讼制度改革对庭审质证的影响及应对》，载《以审判为中心与审判工作发展——第十一届国家高级检察官论坛论文集》，2015年。

② 参见薛正俭：《“审判中心”背景下刑事庭审质证交叉询问规则之完善》，载《以审判为中心与审判工作发展——第十一届国家高级检察官论坛论文集》，2015年。

明，对于某一事项，由对该项待证事项负有法律上的举证责任的一方当事人先对此证人进行询问，再由另一方交叉询问。第二，对法官依职权所传唤的证人的询问顺序，应当先由法官对其主询问，核实证据性质，但这并不属于举证责任性质的主询问，然后由控辩双方对此证人进行交叉询问。法官依职权确定控辩双方的询问顺序，对案件的特定事项负有举证责任的一方一般应当先行发问。

（二）直接诘问与交叉诘问

一般来说，一方对于己方证人的询问叫直接询问。一方对对方证人的询问叫作交叉询问。因为我国目前尚没有建立起正式的直接诘问与交叉诘问制度，这里结合美国的相关做法，对此庭审诘问技巧加以介绍。

1. 直接询问

直接询问证人提供了通过证人的证言来展示他或她的诉讼主旨的机会。直接询问应当给裁判者，如法官或陪审团，从你方角度，重历事件经过的机会。证人应当呈现，而非告知法官或陪审团发生了什么，只有这样，才算是为了审判而重构事件。在作直接诘问的时候，必须牢记自己请求或辩护的事件、你的案件理论。应当让证人成为被关注的中心。不能分散他人对于证人的注意力。切记，证人是因为其举止以及证言的内容而被相信和记住，而非因为提问者有多高明。这人的可信度，取决于证人是谁、讲述了什么、如何讲述的。如果法官或陪审团记住了证人特别可信，但不确定是谁对他进行了直接诘问，就说明直接诘问是成功的。[①] 直接询问的组织方式要有逻辑，大多数人能够更好地理解按照时间顺序表述出来的一系列的事件或者信息，无论是按照何种顺序组织询问要点，都应是有逻辑的，以便法庭能容易地理解和更好地记住证人所说的情况。询问使用简短、开放性的问题来帮助证人用逻辑的、有组织性的方式讲述自己经历的案件版本。例："那天你去哪里了？""你觉得怎样？"不要使用诱导性提问。但可以使用证物展示来帮助询问，证物可以是地图、图表、照片、武器、衣服或者任何可以被证人证实和能被用来说明一个与案件结果相关事实的物品。使用证物展示的最佳时间通常是在证人完成其对于"行为"的叙述之后。然后要求证人描述并解释证物及这些证物是如何相互关联的。采取这一方法的控辩律师不会打断或转移对案情的叙述。[②]

2. 交叉诘问

有人说交叉询问是对抗过程的核心。这是因为，在任何一个案件中，你都有三次"作证"的机会：开庭陈述、交叉诘问以及最后陈述。如果加上陪审员资格审查，就有四次。交叉诘问之所以算作一次作证，是以为如果能使用正确的方式发问，那么就是对你来说，证人承认你说的一切都是真的，而不考虑他有多么不情愿。在成功的交叉诘问中，你才是证人。而站在证人席上的那一位仅仅在证明你的证言的准确性。[③] 并不是每个案件都需要进行破坏性交叉询问，而且当证人就那些有助于己方事实作证时，运用破坏性交叉询问反而会破坏控辩人自己所作的辩护。交叉询问不应是重复直接询问。庭审辩护中最重要的规

---

① 参见[美]托马斯·马沃特著：《庭审制胜》，郭烁译，中国人民大学出版社 2012 年版，第 84 页。

② 参见[美]赫伯特·鲍曼蒂兰、斯文森艾拉·柏恩敬：《庭审控辩技巧》，载《国家检察官学院学报》2005 年第 6 期，第 143—144 页。

③ 参见[美]詹姆斯·麦克尔哈尼著：《美国庭审宝典》，吴宏耀等译，中国人民大学出版社 2012 年版，第 278 页。

则就是“不要问任何连你都不知道答案的问题。”这一点在交叉询问中显得尤其正确。交叉询问的目的就是要引出有利于你的事实或者减少直接询问的影响。因为在交叉询问中，提问者经常被认为处于一个对质的地位上，而且在许多案件中，提问者与证人事实上是敌对的，所以很容易导致争辩。争辩不仅是不专业的，而且可能产生相反的效果。在交叉询问中，询问人应当力图扮演主要或主导的角色。事实发现者，也就是陪审团的注意力应当从证人转移到询问人身上。①

必须强调的是，在诘问环节，要特别重视交叉诘问。因为交叉询问制度对于证言检验具有优越性。两个世纪以来，普通法法官和律师已经把获得交叉询问的机会作为确保证人证言准确、完整的一项重要措施。如美国联邦最高法院所指“任何经历过审判的人都不会否认交叉询问在刑事审判中暴露虚假以及发现真实的价值”。“在律师的所有技能当中，交叉询问是最稀罕、最有用也是最难习得的，它被视为检验真相最有效的试金石，并且比证人的誓言更有保障。”交叉询问的一个重要目的就是质疑，即削弱被询问证人在陪审员心目中的可靠程度或诚实程度。同法官相比，对立的当事人因与案件有直接利害关系而更能发现证人所作证言不合理之处。借助各种质疑术，控辩双方可就案件情节对证人进行不同角度发问，以发现证言的不实与模糊，矫正证言偏差。对立面的设置让案件的薄弱环节和可抨击之处暴露无遗。在去伪存真、防范伪证的同时，交叉询问还可以通过“庭审中唤醒记忆程序”，用特定的提问有针对性地唤醒证人潜在记忆，补充因受紧张或遗忘规律等客观因素影响而被证人在庭前证言中忽略的案件信息。也就是说，交叉询问制度的运行能够在一定程度上成为一探证言真伪的试金石。② 很多公诉人认为，以审判为中心对于诉辩关系影响最大的表现在于，会有更多的证人、鉴定人出庭，交叉询问也会越来越多。以审判为中心，必然要求“全面贯彻证据裁判原则”、“完善证人、鉴定人出庭制度”，这也就意味着，证人、鉴定人出庭或将成为常态。与之相伴的，是对证人、鉴定人的发问也将变得越来越重要。因此，在以审判为中心的语境中，应引进并重点利用交叉询问制度。③

受证人、被害人的文化程度、自身素质、心理状态及对法律了解状况等因素的影响，他们在当庭的陈述可能会偏离正轨，抓不住中心环节，一味强调与自己利害关系大的一面。其表现之一是对危害后果、造成的影响及心理感受进行过分渲染，而忽视被告人的客观行为表现。公诉人就此应对证人正确施以引导，使其陈述围绕有关定罪量刑的关键情节进行，免于步入误区。这样做可以使整个庭审活动的重点突出，目标明确，节奏紧凑，当庭的询问过程也能体现出其全面性。但同时，应当防止诱导性的不当询问，保证证人如实作证。庭审询问中，要坚决避免使用任何带有暗示性、诱导性的语言。程序的合法是保证案件质量的根本所在，我们不能通过非法途径片面追求个案公诉的成功。询问证人时不能保持公正、严肃，严重的会造成冤假错案，或为以后的二审、再审留下隐患。就事论事而言，也会招致辩护人的指责，受到审判长的制止、反对而在庭上处于被动局面，甚至有损

---

① 参见[美]赫伯特·鲍曼蒂兰、斯文森艾拉·柏恩敬：《庭审控辩技巧》，载《国家检察官学院学报》2005 年第 6 期，第 143—144 页。

② 参见李章仙：《论交叉询问在刑事审判中的衍生空间》，载《南开法学评论》2015 年第 00 期，第 91 页。

③ 参见韩东成：《以审判为中心语境中新型诉辩关系之双重构建》，载《以审判为中心与审判工作发展——第十一届国家高级检察官论坛论文集》，2015 年。

于检察机关的形象。因而，应保证庭审询问过程的合法。[①]

第四节 结案陈词

需要强调的是，开场陈述和最后辩论是有差别的，开场陈述时的重点在于介绍，要把你的“故事”讲清楚，不要加入辩论和自己的看法。而且美国的法官也不会允许律师在开场时就请求陪审团就其提出的证据作出结论。不要讲“我相信我的当事人”等话。因为陪审团不会因为你相信你的当事人而相信你，他们最后决断的依据只能是证据。所以，一般在开场陈述和最后辩论时，控辩双方不能就证人的可信度发表意见。[②] 根据美国学者的总结，在总结陈词部分，切记不要将事实和法律陈述搞混。不要辩论和评论不可采的事实。不要让诉因掺杂你个人对司法的态度。不要以你个人的名义支持任何证人的可信性。不要因为一时的激情或偏见而上诉。不要竭力主张无关的证据。[③]

虽然目前我国庭审过程中并没有全然类似于美国庭审中的结案陈词，但可以用我国刑事审判中常见的辩护词，来对于上述规则加以检验。

一、较差的结案陈词

轰动一时的“快播”案中，围绕辩护律师的结案陈词，争议颇多，这里不想过多评论，仅仅针对快播案辩护词中两句“名言”，谈一下经不起推敲的结案陈词表述。[④]

（一）“制造菜刀的人不应该为那把菜刀杀了人承担责任”

首先，任何比喻都不是准确的解决问题方式。其次，菜刀与快播软件不同，因为制造菜刀的人在将菜刀出手后不可能再支配之后的菜刀如何被使用。一个人不为自己不能支配的行为承担责任，自然是说得过去的。但是，快播软件则不是一个下载安装后就完全脱离快播公司控制的物件，快播公司仍然可以随时支配客户端上该款软件在网络上的使用。最后，即使是卖菜刀的，在得知买刀者有明确的犯罪意图时，仍然为其提供刀具的，还是要承担帮助犯的责任。何况快播公司是在客户上传下载淫秽视频的行为过程中为其提供了打开视频的技术服务和服务器缓存服务。

（二）“技术中立”“技术本身并不可耻”

首先，并不是所有的技术都是价值中立的。有些技术从它的内容本身就应该被法律禁止，如“洗脑术”、研究如何制造使人类灭绝的终极病毒的技术、克隆人技术等。所以，并不是“搞技术就一定不可耻”，挑战人类生存体现的技术就是“可耻”的。其次，并不存在“天然中立”的技术开发和技术利用。开发者和利用者的目的是决定技术行为“好”或“坏”的标准。一个的士司机将准备杀人的行为人带至犯罪现场，他在交通高峰期仍然能按时送达行为人的驾驶行为就是“坏”行为。

---

① 参见周世伟、陆春晖：《浅析庭审中询问证人的策略》，载《法制博览》2015 年 11 月号（下），第 127 页。

② ［美］赫伯特 · 鲍曼蒂兰、斯文森艾拉 · 柏恩敬：《庭审控辩技巧》，载《国家检察官学院学报》2005 年第 6 期，第 143—144 页。

③ 参见［美］詹姆斯 · 麦克尔哈尼著：《美国庭审宝典》，吴宏耀等译，中国人民大学出版社 2012 年版，第 419 页。

④ 参见何照新、杜智娜等：《快播案控辩审起底》，载《法律与生活》2016 年 2 月（下），第 19 页。

二、较好的结案陈词

这里，仅举另外一起引发公众关注的案件，即“李怀亮故意杀人案”的辩护词，作为较好结案陈词的例证。

“……我们经过查阅案卷以及今天的开庭审理，提出以下无罪辩护意见，请合议庭慎重考虑。当局者迷，旁观者清。我们是来帮助李怀亮的，也是帮助大家解决问题的。在我们 2013 年 1 月参与辩护之前，本案已经陷入困局。查，查不清，也审不清，从 2001 年至今，折腾了十二年……既然平顶山市办案机关查办了十二年，我想应该是慎之又慎的。但是，根据新的《刑事诉讼法》的规定，案件不能无限期地审判，本案是了结的时候了。任何公民未经法院判决，刚被抓时，是嫌疑人，到了法院，是被告人，被告人不等于罪犯，何况，罪犯也有权利。冤冤相报，株连无辜，以暴制暴，是严重错误的。上访不能解决问题，闹访不能解决问题，我们一直是这样劝说李怀亮的家人的，要不然，被害人也不会端坐法庭。辩护人告诉他们要克制，但是，人的忍耐，毕竟是有底线的。人死不能复生，活着的人更应珍重。案件的判决，要经得起历史的检验，如果稍有差错，就会出现河北省高院审理的聂树斌案，河南省高院审理的赵作海案的严重后果。如果法治不彰，人人自危。今天的良民，明天就会被诬陷为被告人。”①

可以对比上述两个接近于结案陈词的辩护意见，参考之前提到的判断标准，高下立见。

第五节　刑事诉讼庭审模拟示例

根据上述介绍，请结合下述案例，采取模拟控辩双方分组对抗的形式，分别代表检方、辩方发表开场陈词，并针对由指导老师扮演的被告人、目击证人进行直接诘问与交叉诘问，最后发表结案陈词。整个过程需要录音录像，之后由负责老师逐个人、逐个环节进行点评。

一、模拟案例

视角一：2011 年 11 月 26 日，身为某县经济开发办主任的苏某，为了该镇一家窑场“纳税”一事，出面请该县国税局局长李某与窑场负责人一起饮酒吃饭。饭后，李某提出要去洗澡，苏某从窑场负责人那里拿了 2 000 元钱，陪同李某来到某洗浴中心。两人进了洗浴中心却没有洗浴，反而和老板娘争执起来。半小时后，李、苏二人先后走出了洗浴中心大门。还没有走出六七米，忽然听到有人在后面喊道：“不能让他们跑了……”走在后面的苏某回头一看，一个男人倒在大门边上，后不治身亡。

视角二：该县公安局在《起诉意见书》中写道：苏某结账后出门时，碰到正在拉玻璃自弹门让其外出的洗浴中心锅炉工林某(男,50 岁,系洗浴中心老板之兄)。林说：“你们这些干部，还不如我们干活的百姓。”苏回道：“关你什么事!”顺手向林背后推了一把。林向前一踉跄，腹部撞到正反弹过来的玻璃门把手上。林仰面倒在门厅台上，经抢救无效死

① 王永杰著：《刑事辩护的艺术：无罪辩护经验谈》，中国法制出版社 2015 年版，第 36—37 页。

亡。法医尸检证明，死者系腹部受钝性物体作用致胰腺损伤死亡。”

视角三：该县人民检察院起诉书称，苏、李等人酒后乘出租车至某洗浴中心洗澡，因价格及服务问题与经营人员发生争执。被告人苏某出门离开时，向洗浴中心锅炉工林某背部猛击一掌，致使林腹部撞击玻璃自弹门把手，造成胰腺破裂，经抢救无效死亡。上述犯罪事实清楚，证据确凿、充分。苏某的行为已经构成故意伤害致人死亡。

视角四：证人徐某系洗浴中心收银员，案发时正位于面对洗浴中心出入口的吧台处。她作证说当时洗浴中心大堂内除自己之外还有被告人及一名同伴。她目睹了受害人头部撞击玻璃门及随后倒地的全过程。

视角五：公安机关的侦查模拟实验表明，一般情况下胸部撞击玻璃门时，腹部受力很小，难以致胰腺破裂。

视角六：证人边某系洗浴中心服务生，其在检察院与公安人员共同取证的过程中作证说案发时自己在洗浴中心大堂，目睹了被告人推了受害人背部，受害人倒地不起的全过程。

视角七：该县人民医院脑外科医师蒋某系死者唯一的接诊医师，她认为林系脑外伤死亡或者患有高血压病史的可能性较大，对法医鉴定胰腺损伤很快死亡的结论持有异议。

视角八：坊间传言官员鱼肉企业之后找小姐，未果恼羞成怒杀伤人命。

二、相关要求

请作为本案被告人苏某的辩护人或者该县检察院检察员，从各自不同的角度，就被告人苏某是否构成犯罪，构成何种犯罪以及相关量刑情节，根据下列要求，提出各自的相关法律意见：

1. 检方或辩方的诉讼策略

主要结合案件事实，明确诉讼过程中应采取何种观点或态度对自己最为有利。

2. 检方或辩方的开场陈词

要求紧扣案件事实，不得出现论辩性意见，时间控制在 5 分钟以内。

3. 检方或辩方的诘问环节

针对本案中的证人及专家证人加以分组，分别由检方或辩方对其进行直接诘问与交叉诘问。其中，直接诘问不得使用诱导性问题，一问一答。时间控制在 10 分钟以内。

4. 检方或辩方的结案陈词

要求不得使用未经质证的证据作为根据，同时严格遵守相关法律对于罪名、法定刑及量刑情节的规定，时间控制在 5 分钟之内。

郑重声明